末松保和朝鮮史著作集 1

新羅の政治と社会 上

吉川弘文館

末松保和博士　学習院官舎にて

凡例

一　この第1巻は、著書『新羅史の諸問題』全一冊から収録した。これは東京大学から文学博士の学位を受けた論文「新羅史の新研究」(昭和二十六年五月二十六日)を増補して刊行したものである。分量の関係で本巻にはその冒頭から第六篇までを収録して『新羅の政治と社会　上』とし、第七篇より以下は第2巻に譲った。

一　本巻がよった底本『新羅史の諸問題』は、自家版の『青丘史草』第三(昭和四十七年六月刊行)である。同書は初め、東洋文庫から「東洋文庫論叢　第三十六」として発行された(昭和二十九年十一月二十七日)が、底本は著者がさらにその誤記・誤植を訂正して、影印重刊したものである。

一　本巻収録論文には、朝鮮・中国などに関して不適当と判断される用語があるが、執筆当時の時代背景を知る資料として、また著者が差別を意図していない点、および研究史上での学術的価値を尊重し、原文を訂したり削除したりしなかった。

一　著者による朱筆の書入れがあるものはそれらを採用した。それらは〈　〉の中に挿入し、原文との区別を明確にした。

一　明らかな誤記・誤植は改めた。

一　正字は原則として常用漢字に改めたが、文字それ自体を分析の対象とする場合は例外とした。旧仮名遣いは原文に従った。

一　編者による註記は〔　〕で示した。

一　漢字の朝鮮音とそのローマ字転写は、原著のとおり、それぞれほぼ『全韻玉篇』および小倉進平博士の「諺文のローマ字表記法」によった。その原則は次のとおり。

ㅏ	a
ㅑ	i͜a
ㅓ	ȯ
ㅕ	i͜ȯ
ㅗ	o
ㅛ	i͜o
ㅜ	u
ㅠ	i͜u
ㅡ	u̇
ㅣ	i
ㆍ	ɐ
ㅐ	a͜i
ㆎ	ɐ͜i
ㅒ	ia͜i
ㅔ	ȯ͜i
ㅖ	iȯ͜i
ㅚ	o͜i
ㅟ	u͜i
ㅢ	u̇͜i
ㅘ	o͜a
ㅝ	u͜ȯ
ㅙ	o͜ai
ㄱ	k
ㄴ	n
ㄷ	t
ㄹ	r
ㅁ	m
ㅂ	p
ㅅ	s
ㆁ	ŋ
ㅈ	č
ㅊ	č′
ㅋ	k′
ㅌ	t′
ㅍ	p′
ㅎ	x
ㅿ	j
ㅺ	sk
ㅼ	st
ㅽ	sp

一　本著作集の編集は、武田幸男と浜田耕策がこれに当たった。

目次

新羅史の諸問題 上

自序にかへて
――新羅史研究の回顧――

㈠

新羅は、朝鮮の三国時代を構成した一国であり、後に高句麗の南部と百済とを併せて、朝鮮に於ける最初の統一国家をなした国であるから、新羅史の研究は、三国時代の研究、朝鮮古代史の研究、更にひろく朝鮮文化の研究とともに進められて来た。

朝鮮古代史に、はじめて体系を立てた三国史記が、高麗仁宗の二十三年（一一四五）に撰進され、それから百三四十年ばかりおくれて三国遺事が編まれてから、三国の中に於ける新羅の位置は決定的となつた。其後、三国時代また新羅時代が回想される機会は、全くなかつたとはいへないが、あまりなかつた。高麗が滅んで李氏朝鮮の時代になつて六十年、文宗元年・二年（一四五一・一四五二）前朝高麗の歴史として、高麗史・高麗史節要が相ついで成り、更に二十余年を経た成宗七年（一四七六）に、三国史節要十五巻が撰まれた。それは三国史記のあとをつぐ高麗史が出来たのに、高麗史節要の前に、三国の編年体史がなくては淋しく考へられたからであらう。三国史節要は、三国史記を編みなほして編年体史としたものではあるが、まま、三国遺事や、其他の遺文に及んで採録してゐる。数年の後ち（成宗十五年、一四八四）三国・高麗二つの節要は新たな政治思想的立場から、合併されて一つの史書となつた、東国通鑑五十六巻がそれである。

右の如く、史書による史書の整備が行はれると前後して、現地報告をも顧慮した全国的規模の、地誌の編纂が企画され、遂行されたことは、また一面に於て、古代史料の新たな発掘として特筆される。それは史書に先んじて、世宗十四年（一四三二）に、一応、八道地理志として完成したけれども公開されなかつた。公開された地理書は、中宗二十五年（一五三〇）に最後に定着した新増東国輿地勝覧五十五巻で、それは八道地理志よりも、より一般化され、整理され、文化史的であつた。それによつて、当代李朝の人文が、新羅のそれの系を引く程度が、地に即して記述せられ、今日我我はそれを統計的に把握指示することが出来る。

三国史記が出来て五六十年の頃には、まだ新羅復興などを標榜する民乱が、慶州地方に起つたこともあるが、高麗を終り李朝に入つては、朝鮮文化の実際的発祥地として、慶州が認められ、新羅の歴史は慶州の地誌としてかへり咲いた。その慶州の地誌の代表的なものが東京雑記である。今日ある東京雑記は、李朝後半期に於ける三度の増修、即ち顕宗十年（一六六九）・粛宗三十七年（一七一一）・憲宗十一年（一八四五）の増修を経たものであるが、その原本は、恐らく李朝前半期に出来てゐたらうと推測される。

㈡

李朝が後半期に入らうとする宣祖朝（一五六八〜一六〇八）に至つて、新羅の金石文が注意されたことは特筆に値ひする。しかもそれは、新羅の本源地乃至その近隣ではなくて、咸鏡道の咸興と端川と、二ヶ所に於ける、真興王巡狩碑の遺存であつた。この遺存を、早くも史書にてらして考へたのが、久庵韓百謙（一五四七〜一六一〇）であつた。端川の碑は、間もなく所在を失し、殆ど忘却せられたが、咸興の碑は、久庵の後ち約二百年にして、秋史金正喜（一七八六〜一八五六）の出るに及んで、大いに研究された。誰よりも深く清朝考証学を身につけた秋史は、咸興の碑を精査精考したのみならず、新らしく北漢山碑峯に真興王碑を発見し、三国史記によつて碑文をよみ、碑文によつて三国史記をよんだ。その一応の成果たる、未定稿「礼堂金石過眼録」は、近代に於ける新羅史研究の発足を告ぐるものであり、新羅史の研究は、真興王碑から、金正喜から始まつたといふも、あながち言ひすぎではないであらう。

金正喜の後ち約五十年にして李朝の政治は終り、彼の学問が発展するひまもなければ、彼のあとをつぐものがあらはれるひまもなかつた（一九一〇）。その時は、近代日本の史学者が、朝鮮の歴史、特にその古代史の研究に着手して間もない頃であつた。

(三)

日本に於ける朝鮮古代史の研究が、明治十七年（一八八四）陸軍砲兵大尉酒勾景明による高句麗好太王碑拓本の将来に一期を画することは、誰も知るところである。しかし研究は、動機だけでは成り立たない。深くそして広い基盤を必要とする。明治九年（一八七六）江華条約による朝鮮開港以後、着着とすすめられた日本の朝鮮進出、所謂大陸政策の展開は、史学の徒をして、溯源的に古代に於ける大陸関係の歴史のあとづけに向はしめ、日清戦争（一八九四・一八九五）は、その方面でも一期を画した。菅政友の「任那考」三巻の稿が、明治二十六年（一八九三）に成つてゐること、那珂通世博士の「朝鮮古史考」が、翌二十七年三月から二十九年十月にわたつて発表されてゐること、それと殆ど同時的に、白鳥庫吉博士の一連の朝鮮古代史関係の論文（六編）が発表されたこと、これらは、右の消息を暗示するものであるが、同時に、朝鮮古代史の文献的研究に、偉大な土台をすゑたものといへよう。

つづいて朝鮮古代史は、現地現物について、即ちその遺蹟・遺物の面からも開発されることとなつた。関野貞博士が、韓国建築調査の依嘱を受けて、京城・開城附近と、慶尚南北道とを踏査したのは、明治三十五年（一九〇二）七・八月の間で、その結果は、翌翌年（一九〇四）「韓国建築調査報告書」（東京帝国大学工科大学学術報告、第六号）として公刊された。書中、故都慶州を中心とする新羅の遺物・遺蹟の主要なるものが、調査・記録され、それは其後の調査によつて補訂拡充されて「韓国慶州に於ける新羅時代の遺蹟」（東洋協会調査部学術報告、第一冊所収、明治四十二年七月）となり、更に広い地域にわたる「新羅時代の建築」（建築雑誌、第三〇二・三〇三・三〇五・三〇六・三〇七号、明治四十五年二〜七月）となつた。

㈣

遺蹟・遺物の調査は、朝鮮総督府の設置後数年を経た大正五年（一九一六）七月、機構化されて古蹟及び遺物保存規則が出来、古蹟調査委員会の設立となり、朝鮮の考古学的研究はこれより興つた。その一端が「朝鮮古蹟図譜」（十五冊）となり、逐年の「古蹟調査報告」（二十三冊）となつて、刊行されたことは、あまねく人の知るところである。

一方、現地慶州では、中央の古蹟調査委員会に先立ち、大正二年（一九一三）すでに半官半民の「慶州古蹟保存会」が出来、遺物の陳列館も備へられて、遺蹟の保護と遺物の蒐集がすすめられた（陳列館は大正五年六月、総督府博物館慶州分館となる)。

けだし慶州の古墳は、他所の古墳と異つて、無主の古墳ではない、広い意味で、後裔の住む土地にある古墳、後裔に守られた祖先の墳墓である。その発掘は、発掘のための発掘、調査のための調査でなく、保存のための調査・発掘でなければならなかつた。けれども、却つてそのために、はからざる収穫があつた。その種の発掘として、最もあらはれたものが、大正十年（一九二一）の金冠塚、大正十三年（一九二四）の金鈴塚・飾履塚、昭和四年（一九二九）の瑞鳳塚、と相つづいた。しかもそれらの発掘報告書が、当事者の努力と、時代の趣好と相俟つて、大半、順調に公刊されたことは、特に感謝し、且つ注目すべきである。出土した遺物は、三国史記や三国遺事によつて推察したところよりも、いたくかけはなれた、華麗な新羅を眼前に展開した。このことは、一面に於て、史記や遺事に対する信憑を喪失せしめんばかりであつたとともに、他面に於ては、史記や遺事などの文献研究の重要性を、改めて認識せしめた。文献は、直接に遺物を説明しなかつたけれども、しかも歴史の外に遺物はあり得ないと考へられたからである。

(五)

考古学的調査が、新羅故都の地に於いて、かくの如く展開される一方、否なそれに先んじて、文献的研究は、すでに独自の立場から着手されてゐた。即ち朝鮮総督府は、大正四年（一九一五）七月、中枢院に於ける附帯事業の一として「朝鮮半島史の編纂」を開始してゐた。その目ざすところは、官庁ならびに一般の参考となるべき程度の概説をつくることにあつたが、予定期限の三年を経て、一部の稿が成つたのみで中絶した。大正十一年（一九二二）の末、改めて、学術的で大規模の朝鮮史編纂委員会が出来、それは大正十四年（一九二五）六月に至り、更に権威ある組織として朝鮮史編修会の官制公布となつた。編修会は黒板勝美・内藤虎次郎両博士を主なる顧問として出発し、十ヶ年を限つて完成を期するものであつた。

大正四年の半島史は、第一編を上古三韓、第二編を三国、第三編を統一後の新羅と区分し、京都帝国大学教授今西龍博士が、その部分の担当者として嘱託された。また編修会では第一編部を新羅統一以前、第二編部を新羅統一時代、第三編部を高麗時代と区分したが、この三つの編部の主任としても、京城帝国大学教授として就任した直後の今西博士が嘱託された。

編修会の朝鮮史が、第一編を新羅統一以前とし、且つその部分のみ特に単なる史料集として、朝鮮史料・日本史料・支那史料の三巻に分けたことは、新しい工夫の結果であり、また朝鮮古代史の研究に対する史料的寄与でもあつた。それら三巻と第二編の綱文一巻とは、昭和八年三月までに印刷を終へたが、主任今西博士は、それに先立つて、昭和七年五月二十日に長逝された。

今西博士は、明治三十九年(一九〇六)、東京帝国大学文科大学の大学院に在学中(研究題目は朝鮮史)、早くも慶州の実地踏査を試み、大正二年(一九一三)三月、京都帝国大学文科大学講師となり、朝鮮史の講義を受持たれたが、大正四年(一九一五)度の講義は「新羅王朝史」、大正七年(一九一八)度の講義は「新羅史」と題した。その概要を併せて一編としたものが、遺著「新羅史研究」の巻首に収められた「新羅史通説」である。その後二十年間に発表されたところは、朝鮮史の全般にわたつてゐるが、中心は古代にあり、古代の中でも新羅に関するものが多きに居ること、既刊の遺著によつて明らかである。

今西博士の研究の中で、意義深い一篇は「新羅真興王巡狩管境碑考」である。それは金正喜が研究した黄草嶺碑、金正喜が発見した北漢山碑について、金正喜を紹述するとともに、金正喜が知るを得なかつた昌寧碑に及ぶ研究である。昌寧碑は、大正三年（一九一四）鳥居龍蔵博士が、総督府の依嘱を受けてこの地方の古蹟を調査した際に発見されたものである。研究資料として、既知の両碑にまさる価値あることが、今西博士によつて明らかにされた。

(六)

昭和四年（一九二九）九月、真興王の所謂端川碑が、六堂崔南善氏によつて再発見され、上記の昌寧碑のそれにもまして、学界を驚かせた。昌寧碑は、いはばそのあるべきところに発見されたのに、この端川碑は、かつて三百年の昔、一度世に知られて、そのまま肯定されたことありとはいへ、やがて影を没してしまつてゐた。再発見された場所は、咸鏡南道端川郡と利原郡の界をなす、磨雲嶺の中腹であつた。さうしてこの地が、真興王碑の所在地としてあるべからずとするに等しい論説が、再発見の直前に古蹟調査委員池内宏博士によつて発表されてゐたからである。

池内博士の古蹟調査特別報告第六冊「真興王の戊子巡境碑と新羅の東北境」なる研究は、三国史記を主とする文献的研究の、精緻を極めたもので、その意義は、文献研究を守る限り、咸興黄草嶺碑の所在地は、到底是認するを得ないと断ずる、報告書の前半の部分にある。しかるにジャーナリスチックには、報告書の後半の部分、即ち黄草嶺碑は、高麗尹瓘が九城の役に際して、江原道鉄嶺から移し置いたものであらうといふ解釈、乃至解決をつけた点が、第一義的にとりあげられた。黄草嶺碑さへさうであるとするならば、更に北方なる磨雲嶺に再発見された新碑が、文献と相いれないことはいふまでもない。新碑もまた移し置かれたものとするか、或はまた、新旧両碑の位置を採つて、文献を全く棄て去るか。移置説をくりかへしてすまされないと同じ程度に於て、文献を放棄することもゆるされない。仮りに文献を放棄するならば、その放棄さるべき所以を明らめて、しかるのちに放棄せねばならぬ。その手続きをとることが、とりもなほさず文献研究の使命である。しかし新羅の場合、この手続をとり行ふことは甚だむづかしい。新碑出現以来、今日に至るまで、まだ何人によつてもその手続は完了されてゐないのである。かくの如く考へれば、磨雲嶺碑の再発見と、池内博士の論説とは、両両相俟つて、新羅史の研究に画期的な課題を投じたといふことが出来る。

(七)

新羅の中央部をなした慶尚道の地理志、正統二大冊の謄本一揃ひが、慶州郡衙に伝存したことは、早くから知られ学界にも紹介されたのみならず、その原大の副本が作製されたり、写真による縮写本が研究者に頒たれたりしたこともあつたが、それは遂に昭和十三年（一九三八）総督府中枢院から校訂、出版された。しかるに、この地理志と同じ運命をたどり、同じ場所（慶州郡衙）に伝存した「慶州営主先生案」と「慶州府尹判官先生案」とは、まだ知るもの少なかつた。前者は高麗文宗三十三年（一〇七九）以後、李朝末期までの営主、即ち按察使・観察使などの題名記であり、後者は高麗高宗朝中葉（一二四〇頃）以後、李朝末期までの、慶州府の府尹・判官の題名記で、何れも中途に一二個所の断層があつて、直接の新羅史料ではないが、新羅の遺蹟・遺物、慶州の研究には、益するところ少なくない記録である。地理志が中枢院から出版された頃、藤田教授の尽力によつて、両先生案は慶州より京城の総督府博物館に移され、我我の研究に資することが出来るやうになつた。

これと前後する頃、博物館慶州分館主事大坂金太郎氏は、第三の先生案、即ち「慶州戸長先生案」一冊を慶州北部の旧利祇林寺に於て発見された。これは高麗忠烈王七年（一二八一）以後、李朝末期までの、慶州に戸長たりし人人の題名記であつて、また直接の新羅史料ではないが、その戸長が、六姓の交代制となつてゐること、しかも戸長団は通婚集団でもあること、それらの点に於て、新羅六部の行方を暗示するものの如くであつた。私は大坂氏の斡旋に待つて、その副本をつくり、研究に着手したが、未だその功を終らずしてやんだ。

(八)

立ちかへつて、個人研究に於て、専ら新羅を対象とした述作の、主なるものを、年代順に記してみるに、大正二年(一九一三)に福田芳之助氏の「新羅史」一冊が刊行されてゐる。百済史の概説も、高句麗史の概説もない当時、早くも本書が出来たことは特筆すべく、書中、統一時代の後半の部分に「奈勿王系の王代」一章をかかげたことは、附録に三国史記の地理志の全文と、職官志の一部分とを摘載したことと併せて、著者の卓見とすべきである。

大正十三年(一九二四)に至つて、小倉進平博士(当時、総督府編修官)が「郷歌及び吏読の研究」(京城帝国大学法文学部紀要、第一、昭和四年刊)を大成されたことは、画期的であつた。この研究が「新羅時代の言語の一斑及び新羅時代の言語と後世の言語との関係の一斑」を開拓された功は著しい。

昭和五年(一九三〇)藤島亥治郎博士の「朝鮮建築史論」が出た(建築雑誌、第四四輯、第五三〇・五三一・五三三・五五三・五三六号)。その内容についていへば、慶州を中心とする新羅時代の仏寺址の実測的研究が過半を占めるが、特に第一篇、新羅王京建築史論の中、第二章、新羅王京史、第八章、新羅王京復原論を見たことは、重要な収穫で、ここにはじめて中国及び日本の都城の制との比較研究が、その緒についた。氏によつて提出されたその条坊乃至条里のプラン、及び所用の尺度など、重大にして微細な問題に関しては、今後、実地実蹟についての論証が進められるならば、必ず興味ある展開が見られるであらう。

昭和六年（一九三一）鮎貝房之進氏の「雑考」第一輯「新羅王位号並に追封王号に就きて」が出た。新羅史上、特異な事実の一とされる王位号四種（居世干・次次雄・尼師今・麻立干）及び葛文王の言語学的究明を試みた本書を出発点として、爾後、昭和十三年（一九三八）までに、雑考は第九輯に及んだ。就中、第四輯は、新羅の「花郎考」であり、第七輯（上下二巻）は「日本書紀朝鮮地名考」であつて、雑考中、最も価値高く、日本書紀に見える新羅関係記事の、解明されたことすくなくない。

昭和八年（一九三三）今西博士の遺著第一冊として「新羅史研究」が出た。本書は博士の生前発表された新羅関係の論文と、講義の概要と、未定稿と、併せて大小二十七篇から成り、それらがここに、一冊にまとめられて、新羅史関係の、最も大きな論文集となり、今後の研究者にとつて甚だ有益、便利を与へることとなつた。

同じ年（一九三三）に白南雲氏の「朝鮮社会経済史――原始氏族共産体及び奴隷経済史――」が出版された。本書は著者が唯物史観の立場から企画する朝鮮経済史の首巻をなすもので、新羅に関する専著ではないが、原始部族国家を経て奴隷国家時代を構成する一国として、高句麗・百済とならべて新羅を取り上げた。唯物史観新羅史の最初の型が、ここに設定され、史記・遺事などの史料が、目新らしく、社会経済史的題目に従つてとりあげられた。

同じ年（一九三三）に崔浚氏の「東京通志」十四巻が出来た。本書は「東京雑記」の現代版ともいふべき形のもので、漢文をもつて書かれ、雑記が資料とした三国史記以下の文献を、改めて採りなほし、雑記に漏れたもの、また雑記以後の新出の資料を加へるなど、全くの新編である。

昭和九年（一九三四）には、京都帝国大学文学部考古学研究報告、第十三冊として、浜田耕作・梅原末治両博士の「新羅古瓦の研究」が刊行された。これは新羅寺院文化の物質的一面たる紋様瓦を採り、これを慶州一円、綜合的に研究し、新羅王京に於ける寺院配置の実情を示すとともに、新羅人の技術と美的感情の問題にまでふれるところがあつた。

昭和十三年（一九三八）前間恭作氏は「半島上代の人文」と題する私版の一書を刊行された。本書は、既刊の論文三篇をあつめたもので、うち二つは「新羅王の世次と其の名につきて」と「真興碑につきて」であり、特に前者は、暗示に富む雄篇で、別に史学雑誌（第三十六編第七号）所載の「三韓古地名考補正」とともに、新羅史乃至新羅古語に対する蘊蓄を傾けられた論文である。

昭和十七年（一九四二）に公刊された梁柱東氏の「朝鮮古歌研究」（内題、詞脳歌箋注）は、改めて独自の立場から、新羅・高麗の郷歌を詳考されたものであるが、上記、小倉博士の研究と相俟つて、新羅古語の言語学的研究の、著大な推進であり、それは裏がへしていへば、新羅の文学・思想・信仰の、開発にほかならなかつた。

昭和十九年（一九四四）三品彰英博士の「朝鮮古代研究、第一部、新羅花郎の研究」が出た。著者は、京都大学に於いて今西博士晩年の教へを受けた人である。新羅史上の一課題を、これほどまでに広くそして深く説いた述作はいまだ嘗てなかつた。

新羅に関する個人研究は、主なるもののみをあげても、右の如くさかんであつたが、他方、総督府の古蹟調査事業も、昭和六年（一九三一）の頃一転換して、総督府の外廓団体的な「朝鮮古蹟研究会」が黒板博士の主唱によつて成立し、同会は、北の平壌、南の慶州、西の扶余に、それぞれ研究所を置き、従来の調査と研究を推進した。その成果、乃至明治以来の調査研究の進展深化の一端を表徴するものとして、総督府の名に於て刊行された朝鮮宝物古蹟図録、第一「仏国寺と石窟庵」（昭和十三年刊）と、第二「慶州南山の仏蹟」（昭和十五年刊）とが高く評価される。

最後に私自身のこと、及び本書のなりたちについて、若干書きしるすことを、ゆるしていただきたい。

昭和二年(一九二七)の春、大学の業を終へた私は、黒板博士の推輓によつて、朝鮮史編修会に嘱託となり、翌年春、修史官補に補せられるとともに、第一・二編部に属し、主任今西博士の指導を受けることになつた。爾来満四ヶ年、今西主任のほか修史官稲葉岩吉・洪熹・中村栄孝諸氏協力の成果が、上記の「朝鮮史」第一編三巻、第二編一巻で、その過程また結果として、私は三国史記・三国遺事の校正に従事した。

当時、三国史記の活字本には、朝鮮群書大系本(明治四十二年、一九〇九刊)をはじめ、東京帝国大学文科大学史誌叢書本(大正二年、一九一三刊)、光文会の朝鮮叢書本(大正三年、一九一四刊)、朝鮮史学会本(昭和三年、一九二八刊)の四種があり、特に最後の史学会本は、今西博士の校定によるものであつたが、誤字誤植がすくなくなかつた。史記の古刊本は、所謂正徳壬申(一五一二)慶州刊本を溯るものがないといふこと、及びその慶州刊本の完本が、慶州玉山の李氏(晦斎李彦廸の後孫家)所蔵本を措いて他にないことも、その頃たしかめられてゐた。今西博士は、大坂金太郎氏の斡旋によつて、その原大の景印本を、古典刊行会から出された(昭和六年、一九三一)。この慶州刊本によつて校正することは、発明するところすくなくなかつた。博士の歿後、昭和十六年(一九四一)私はその成果を史学会本第三版として改版出刊した。

次に三国遺事の活字本は、三国史記よりも早く、明治三十七年(一九〇四)東京帝国大学文科大学史誌叢書の一として坪井九馬三・日下寛両氏の校訂によつて出版され、それを訂正したのが日本続大蔵経に収められた。遺事もまた正徳壬申（一五一二）慶州刊本を現存最古刊本とされてゐたが、それには、早くより板木数枚の闕失があり、刷成された古本には共通の缺丁があつて、いかんともすることが出来なかつた。しかるに大正五年（一九一六）今西博士は、京城に於て、缺丁なき慶州刊本を入手された。大正十五年（一九二六）京都帝国大学文学部は、この今西本を写真縮刷版をもつて公刊、三国遺事の完本はここにはじめて一般研究者の利用に供せられることとなつた。翌昭和二年（一九二七）崔南善氏は、雑誌「啓明」第十八号（特輯）に遺事の全文を載せ、詳細な解題を附けた。続いて翌年、今西博士も朝鮮史学会より、その校定活字本を出され、更に昭和七年、所蔵の完本を、上記の玉山李氏本三国史記と同じ体裁の原大景印本として古典刊行会から出された。私の遺事の校正は、今西本との対校をくりかへすことであつたが、その間、既刊の諸活字本に加へるものが、なくもなかつた。

ちなみにいふに、昭和十五年（一九四〇）の頃、今西本即ち正徳壬申本以前の古刊本が、不完ながら世に出で、一半は宋錫夏氏〈王暦より巻一まで〉、一半は李仁栄氏〈巻三以下〉の所蔵に帰した。昭和十六年（一九四一）崔南善氏はこの新出本をもつて校定を加へ、京城、三中堂より出版した。従来、不明文字の多かつた王暦の部分は、新出本によつて開明されたことすくなくない。

さて朝鮮史第一・二編部の印刷出版終了とともに、私は改めて第五編部に移り、主任の修史官稲葉博士のもとに、該編の最終巻、正祖朝一巻の編修に従つた。さうしてそれを終へた昭和十年（一九三五）六月、京城帝国大学助教授に任ぜられた。大学では、はじめ両三年間、新羅時代史、高麗時代史の講義を主とすることの出来たのは、藤田教授の厚意あるはからひによるものである。昭和十四年（一九三九）五月、教授に任ぜられ、朝鮮史学第二講座を担当するに及んで、李朝史に関する講義と研究を義務づけられた。しかし私の研究は、格別の進歩もみないうちに、昭和二十年（一九四五）八月の終戦となつて、私は朝鮮を去らねばならなくなつた。その間、李朝史に関する講義の、唯一の記念は「麗末鮮初に於ける対明関係」（史学論叢第二所収、昭和十六年刊）一篇〔本著作集第5巻所収〕である。

(十)

帰国後一年余を経た昭和二十二年（一九四七）春、はからずも安倍学習院長の知遇を被つて、学習院に職について から、私は再び朝鮮史の研究を続ける余裕を与へられた。当時の私には、着手したばかりの李朝史の研究が待つて居 り、また殆ど未知の高麗朝史が招いてゐた。けれどもそれらの新分野にわけ入る前に、京城在任二十年間の研究に、 何等かのまとまりをつけておきたいといふ考へが強くなつた。その頃、大八洲史書の編刊を主宰された丸山二郎氏の すすめもあつて、該史書の一冊として「任那興亡史」を書いた（昭和二十四年二月刊）。それと前後する頃、史学雑誌 （第五十七編第五・六合併号）に「新羅三代考」が登載された。この論文の原稿は、戦争末期に成り、東京に送られて ゐたものであるが、今、数年をへだてて校正に当つてゐるうちに、新羅史に対する感興が、新らしく湧いて来るのを 覚えるのみならず、従来私の発表した数個の論文が、この最後の「三代考」のもとに、配列されるやうにさへ考へら れた。かやうな次第をもつて編成されたのが、本書の本文九篇である。編成を終へてから、私はおこがましくも、こ れに「新羅史の新研究」と題し、学位請求論文として東京大学に提出した。昭和二十六年（一九五一）五月、幸にし てそれが通過をみたのは、主として和田清・坂本太郎・服部四郎三教授の好意によるものでなければならぬ。

右の論文を主体とした本書は、出版に際して新羅の金石文に関する短篇六つを附録するとともに、題を改めたもの で、附録第六を除き、他はみな嘗て一度、雑誌又は論文集に発表したものに、或は多く或は少く改訂を加へたもので ある。各篇の最後にかならず「結び」として、要約を記してあるが、更にそれを簡略にして、自序にかへんとするこの「回顧」の末尾に附記しておきたい。

〔第一篇　新羅三代考――新羅王朝史の時代区分――〕

新羅史について、古くから存する二種の時代区分法、即ち三国史記の上代・中代・下代と、三国遺事の上古・中古・下古との、共通点と相違点とに関する従来の理解は、甚だ不充分であつた。あたかも前者は史記の編者の見解、後者は遺事の撰者の意見の如く考へられた。しかし両者の比較を深くしてみると、㈠共通するのは、真徳王と武烈王との間に設けられた一線で、その線から上の諸王を聖骨、下の諸王を真骨といふ。私は、呼び名の意味を論議するよりも、転換それ自体が何の転換であるかを追究することが重要と考へた。私見によれば、これは王室における婚姻法の転換に基づくものと推定される。婚姻法の転換は、おのづから王統の分立をもたらす。㈡次に相違点のその一として、智証王と法興王との間に設けられた一線（遺事の上古・中古の別）は、新羅王国の政治社会の確立といふ歴史事実を示すものである。㈢相違点のその二として恵恭王と宣徳王との間に設けられた一線（史記の中代・下代の別）は、武烈王系の王統が絶えて、奈勿王系が復活したことを表明してゐる。総じていふに、史記の三代は、中代の主張、遺事の三古は、中古の主張の上に立つもので、何れも後代の歴史家が、設けたり見出だしたりした時代区分ではない。何れも当代の「歴史的現実」の問題であつた。けれども両説を併せ採り、且つ近代の研究の成果を参酌して、遺事の上古を更に奈勿王以前と以後とに二分し、新羅の全史を都合五期に分つことは、我我の新羅史の研究また叙述に、便益多い方法として採用される。

〔第二篇　新羅上古世系考〕

三国遺事に「上古」として区別される一期は、始祖から智証王までの二十二代で、㈠その構成をみるに、朴氏七王、昔氏八王、金氏七王と、三姓の王の交立が、最も著しい外形をなしてゐる。かかる外形のなりたち、乃至意味はいろいろに考へられる。㈡外形の三分を度外視して、二十二王を通じて、王の名の意味を忖度するに、明・赤・火・光など、太陽の属性に関する語として解釈されるものが多い。㈢王父・王母・王妃の名の意味についても、王名と或は一致し或は関連するものが多い。㈣王位の継承には、前王の娘の婿をもつてするもの、即ち女系的傾向が著しい。㈤上古のうち、半歴史時代と認められる部分（奈勿王以後）の王は金氏であるが、その金氏の始祖の名として伝へられるものに、新古四つがある。その一つ一つの意味を考へてみれば、それは一つの思想、太陽崇拝の思想の分化の所産ではないかと思はれる。

〔第三篇　新羅建国考〕

上古のうち奈勿王以後を半歴史時代といふのは、王代としては奈勿王以後は、歴史事実と認めてさしつかへないが、各年各条の個個の記事は、伝説的なものが多いからである。

かかる時代に到達した事情は、むしろ外国史料乃至対外関係によつて裏づけられる。㈠中国史料によれば、新羅が何らかの意味に於て、一国として成立した下限年代が、三七七年であること、更にそれより約百年前の、辰韓十二国の実態、及び辰韓の末路の動きが知られる。㈡高句麗との関係からみれば、新羅国の成立に対する、高句麗の政治的・軍事的援助の、極めて大きかつたことを認めねばならぬ。㈢新羅国の成立に対する、新羅自体の伝へは、断片的には事実と認められるものがないでもないが、全体的には殆どない。新羅国成立の表徴としての王号「麻立干」は、高句麗起原のものと解するのが至当であらう。

〔第四篇　新羅中古王代考〕

三国遺事に「中古」として区分される、法興王から真徳王に至る六王代について、特異な事実の第一は、㈠この期の三人の王妃、二人の王母、合せて五人が、何れも「朴氏某某夫人」と呼ばれてゐることであり、第二は㈡葛文王といふ特別な称呼を持つ人が、比較的（実は集中的）に多く存在することである。㈠については従来、殆ど考慮するものなく、㈡については論証甚だ多端であつたが、私は、朴氏の夫人と葛文王とは互に関連するもので、しかもそれらを、専ら「中古」のものとして考へるとき、それらが、当時の王室の婚姻法、即ち夫党・妻党の存在と、女系的継承の事実とにもとづくものではないかと思はれる。

〔第五篇　新羅仏教伝来伝説考〕

古代朝鮮の、政治・思想・文化各方面に至大の影響感化を与へた仏教の伝来については、先づ㈠高句麗・百済二国に於ける伝来年代、伝来者などに問題があり、新羅のそれに関しては、従来、比較的安易に伝来と公認とを、区別して説かれて来たが、㈡法興王十五年戊申（五二八）とする公認の紀年は、実は十四年丁未（五二七）と是正されねばならず、㈢公認の前提としての伝来の伝説は、新古四種をあとづけることが出来、それらの四種の伝説が、何れも三段階の発展を類型とするものであることに気付く。さうして四種のうち最も新しいと考へられる伝説に、はじめてあらはれる殉教者異次頓の説話が、また両次の展開をなし、これにも三種の説話が文献的にあとづけられる。そのあとづけには、古くから知られた栢栗寺石幢記を、書帖「元和帖」によつて、補読することが大いに役立つのである。

〔第六篇　新羅六部考〕

新羅の六部は、高句麗の五族五部、百済の五方五部とならべて、その政治・社会組織に関する中枢的問題とされて来た。六部は、時間的にいへば、少くとも四百年乃至五百年の長きにわたる事実である。従つてひとしく六部といふも、最古の六部から、最後の六部に至る間には、相当の発展・変質があり得るとせねばならぬ。私はこの予見のもとに、最も平凡な方法、即ち次の如き資料別に、六部のありかたを各個に認める方法をとつた。㈠三国史記に見える六部、㈡三国遺事に見える六部、㈢日本書紀に見える新羅の部、㈣新羅の金石文に見える部。その結論を綜合すれば、六部は金石文（五六一～五九一）に見える三部（喙部・沙啄部・本波部）より溯ることは出来ない。この三部は、在来の新羅（辰韓斯盧国）と、当時までに新羅が征服した諸国の中の、主なる二国との連合の形式による、支配者層の組織ではないかと考へられる。三部は数を増して、やがて六部となつた（大略、六〇〇～七〇〇）。百済・高句麗が滅んで、新羅の一統政治が始まると、急激に増大した土地と人民、就中、済・麗の上層者の吸収抱擁に当つて、在来の六部は、その機能を果さなかつた、六部に代るものは、普遍的な制度としての位階官職の制であつた。しかも位階の制は、すでに六世紀から用意されてあつた。六部は新しい統一国家の王京の地区別の名として残つた。さうして新羅が滅んで、その王京が高麗の慶州大都督府となつた時（九四〇）、改めて周辺の郡県を領属して、一つの地方行政区を形成したが、その編成の型として、また過去の王京六部の六分法が準用された。

〔第七篇　新羅幢停考〕

新羅王国の成立・発展は、政治的といふよりも、著しく軍事的である。その軍事組織の基本的単位として「幢」と「停」とがある。㈠幢の原義は旗であり、軍旗であり、軍隊・軍団を意味した。停は特に軍営を意味した。けれども実際上は、幢と停とは殆ど同じ意味に用ゐられた。軍団の名として幢字を用ふることは、また高句麗に起原するものの如くである。㈡軍団は、大小新古を列挙すれば二十三種を数へるが、そのうち最も古く、最も重要なものは、六停である。㈢それにつぐものは統一時代の中央軍としての九誓幢であり、㈣次は統一時代九州の郡県政治を裏づける十停（一州一停を原則とし、漢州のみ特別に二停）、㈤次は騎兵を特長とする五州誓である。私の考察は二十三種のうち、右、代表的な四種にとどまる。

〔第八篇　梁書新羅伝考〕

梁書の新羅伝は、中国の正史に於ける最初の新羅伝で、全文三百二十余字から成るうち、後半の部分はすべてユニークな記事として貴ばれる。けれどもこれを新羅史の研究資料として用ゐるには、(一)その成立年代をたしかめる必要がある。私は、五六八〜五七二年の間、連続四度に及ぶ入陳新羅使によつて得られた資料に基づくものではないかと推測する。この新羅伝が提出する問題は、(二)新羅王募名秦、(三)在内の六啄評、在外の五十二邑勒、(四)官名五種、などの解釈である。就中、六啄評は、すでに江戸時代以来、我が国に於ける新羅史研究の中心課題であつたが、私は新しく、六啄評に充当すべきものとして、統一時代新羅の王京周辺に存在した六停（軍団の六停とは全く別個のもの）を指示する。

〔第九篇　新羅下古諸王薨年存疑〕

下古即ち武烈王以後、最後の敬順王に至る二十八王のうち、(一)次の七王については、その薨年に疑ひを存し得る。第三十三代聖徳王、第三十五代景徳王、第三十六代恵恭王、第三十八代元聖王、第三十九代昭聖王、第四十代哀荘王、第四十一代憲徳王。(二)その疑ひを存し得る理由は、(イ)三国史記の新羅本紀（巻六以下の部分）、(ロ)当代の中国（唐）史書に見える新羅関係記事、(ハ)当代の日本史書に見える新羅関係記事が、互に比較対照されることに見出だされる。

〔附録〕（新羅の金石文に関する六篇）

昭和四年（一九二九）以後に於いて、或は発見せられ、或は再発見・再認識された新羅の金石文のうち、私自身紹介した五種の短篇をあつめた。最後の一篇はその総括である。

第一篇　新羅三代考

——新羅王朝史の時代区分——

序　言

新羅王朝の歴史に関しては、古くから二種の時代区分法がある。その第一は三国史記が伝へる上代・中代・下代といふ三分法である。史記の巻十二の新羅本紀の末尾に

国人自始祖至此、分為三代、自初至真徳二十八王、謂之上代、自武烈至恵恭八王、謂之中代、自宣徳至敬順二十王、謂之下代云。

とあるものこれである。

第二の区分法は三国遺事が伝へる上古・中古・下古といふ三分法である。遺事の王暦は新羅の段、第二十二智訂麻立干の条に

已上為上古、已下為中古。

といひ、第二十八真徳女王の条に

已上中古聖骨、已下
下古真骨。(1)

	聖骨	真骨	
史記	上代（1—28）	中代（29—36）	下代（37—56）
遺事	上古（1—22）	中古（23—28）	下古（29—56）
		聖骨	真骨

といつてゐる。遺事の区分法は、史記のそれと区分点に違ひがあるのみでなく、少くとも中古と下古との区分の根柢に、聖骨・真骨の別といふ事実が存在することを暗示するかのやうであることは、さしづめ注意を要する。史記は右に引用した条には何もこのこと（聖骨・真骨に関すること）を記さないが、別のところ、即ち巻五の真徳王紀の最後に附けて

国人謂始祖赫居世至真徳二十八王、謂之聖骨、自武烈至末王、謂之真骨。

と記し、更にまた巻二十九の年表（上）の冒頭、甲子（新羅始祖即位元年）の欄に

従此至真徳為聖骨。(2)

といひ、巻三十一の年表（下）の甲寅（新羅太宗王春秋即位元年）の欄に

従此臣下真骨。

と注記してゐる。臣下は巨下或は已下の刊誤であらう。これら聖骨・真骨に関する記載を、さきに引いた新羅本紀末尾の三代に分つ記述と併せて解釈すれば、史記の三分法に於ても、上代と中代との区分の根柢には、やはり聖骨・真骨といふ骨の転換が内在することを認めなければならぬ。ただし遺事の聖骨は、中古のみに限るかの如き記しかたであるに対し、史記は明らかに上代全体、即ち始祖から真徳王に至る全王代にかけて記してゐる。この相違はまた新た

なる注意に値ひする事実であつて、以上のことを表示すれば前頁の如くである。

右の如くにみれば、史記・遺事二種の三分法のうちに、二分法の時代区分の存在を認めねばならぬ。さうしてこのことは、単に二種の三分法を示すのみにとどまらず、三分法と二分法との重複として理解すべきを要求するものといへる。これまで二種の三分法は、随時、恣意的に利用されるに過ぎず、二分法との併立乃至重複の関係に於て把へられてゐない。故に本篇に於ては、先づ二分法について考へ、次に二種の三分法の成立・異同について考へてみることにする。けだしかくの如き時代区分は、歴史家が、各自の研究の便宜のため、或は研究の結果みちびき出した区分と同一視すべきものではなく、それは歴史的現実の問題として取扱ふとき、未だ新羅の歴史が終結しないとき、新羅の歴史が進行中、すでに時代の転換として、当代新羅人自身によつて、幾度か意識せられたと考へ得るからである。

第一章　上代・中代（中古・下古）の別

――聖骨と真骨――

史記と遺事と互に相異る三分法に於て、ただ一点のみが一致してゐることは注意すべきである。即ち史記の上代と中代の分れめは、そのまま遺事の中古と下古の分れめである。更にこの分れめを王の骨種としての聖骨から真骨への転換点とすることも一致してゐる。かかる二重の一致から考へて、この一点は区分の単なる一致点にとどまらず、新羅王朝の時代区分に於ける重点として認めらるべきではあるまいかと思ふ。

その所謂重点の内容を考へてみるに、先づそれは新羅の全王代（五十六王代）を二等分する点である。始祖より真徳王までが二十八王、武烈王より末王（敬順王）までがまた二十八王である。これをもしも偶然とするならば、問題とはならない。偶然でないとすれば、この区分点の設定は、新羅の全王代が終結した後ち、即ち王氏高麗時代に入つてからなされたものとせねばならぬ。その場合でも、考へかたは更に二つある。その一は、新羅の全王代が終つて高麗時代に入つた時、既に五十六王が確定してゐて、それを二等分したのであるか。その二は、同じく高麗時代に入つた時、武烈王から敬順王までの二十八王が明確であつたので、その明確な二十八の数字に揃へて武烈王以前に二十八王を作為決定したかである。但しその二の場合、武烈王以前の二十八王の全部を作為とすべきでないことはいふまでもないが、何れにしても、高麗時代に入つてから成立したものとせねばならないから、この算術的二等分点としての解釈を採ることは躊躇する。

次にこの重点は、上述の通り王の骨種の転換点として裏付けられてゐる。即ちこの点は、聖骨の王から真骨の王への換りめである。この方から考へてみればどうであらうか。史記も遺事も、聖骨の王から真骨の王への分れめを、真徳王と武烈王との間に置くことは一致してゐるが、聖骨の王代の範囲については一致しないやうである。といふわけは、史記は明瞭に、始祖から真徳王までを聖骨とし、武烈王から末王までを真骨とし、新羅の全王を完全に聖骨と真骨とに二等分してゐる。それにひきかへて遺事は、既に述べた通り、真徳女王の条に「已上中古聖骨、已下下古真骨」と記し、それ以外には全く骨種に関する記述をしてゐないから、これをこのままに解釈するとすれば、聖骨は中古、即ち法興王以下真徳女王に至る六王のみに限定したもの、といふほかはない。もしもさうとすれば、遺事に於ては、上古の二十二王（始祖より智訂＝智証まで）については、その骨種を指示してゐないことになる。一見これは遺事の不備で、史記の記述の完全なるに従ふべきであるかの如く思はれるであらうが、私はむしろ遺事の記述の方が、より古く、より真実を伝へるものではないかと疑ふものである。その所以はしばらく措いて、立ちかへつて、先づ聖骨より真骨への転換点そのものについて考へてみよう。

真徳王と武烈王との間に一期を劃する謂れとして、聖骨から真骨へと王の骨種の転換があつたとすることを考へるものにとつて、何より先きに気づかれるのは、真徳王とその前の善徳王と相つぐ二王が、新羅の歴史に前例のない女王であることであらう。よつてその女王継承の次第をあとづけてみるに、先づ最初の女王たる善徳王の即位の事情については、史記（巻五）に

善徳王立、諱徳曼、真平王長女也、母金氏摩耶夫人、徳曼性寛仁明敏、王薨無子、国人立徳曼、上号聖祖皇姑、云云。

とあり、文に「王薨無子」といふのは、前王真平王薨じて男子なし、との意味であること勿論である。同じ善徳王について、遺事の王暦には

名徳曼、父真平王、母摩耶夫人金氏、聖骨男尽、故女王立、云云。

と記し、この王の即位を聖骨男子の有無に帰結してゐる。これは換言すれば、善徳王は女子ではあつたが、聖骨であつたから即位した、といふ意味に解してよからう。

次に善徳王を承けて即位した真徳王については、史記（巻五）に

真徳王立、名勝曼、真平王母弟国飯（一云国芬）葛文王之女也、母朴氏月明夫人、勝曼姿質豊麗、長七尺、垂手過膝。

とあり、遺事の王暦には

名勝曼、金氏、父真平王之弟国其安葛文王、母阿尼夫人朴氏、□□□葛文王之女也、或云月明、非也、云云。

とあるのみで、両書とも即位の事情については、何等の理由をも示さない。けれどもここに一顧に値ひすると思はれることは、前王善徳王の最後に関する疑問である。前王は即位の十六年春正月八日に薨じた。史記（巻五）の当該年の条には

十六年春正月、毗曇・廉宗等謂女主不能善理、因謀叛挙兵、不克、八日王薨、謚曰善徳、葬于狼山。

と記し、王は毗曇等の叛兵に仆れたのではないかと疑はれるが、右の記事からそれを確証することは出来ないし、叛乱も失敗に終つてゐる。故にこの叛乱事件と王の薨去とは、偶然の継起であつたかも知れない。けれども叛乱が女王の在位を否定せんとするものであつたことは明らかであり、乱の主謀者毗曇は伊湌の位にあり、総理大臣ともいふべき上大等の官に在るものであつた。かかる人の、かかる叛乱事件の直後、数日を出でずして善徳王は薨じたのである。しかもその後を承けて、またしても女王が即位したのは、余程の事情によるものとみなければならぬ。余程の事情として想定し得ることは、善徳王の即位の事情の一つ、即ち聖骨男子が無いといふ状態が、なほ継続して存在したとされること、さうしてこの事情の前には、女王否定論が既に有力に展開してゐたにもかかはらず、再び女王を擁立せざるを得なかつたと考へられることである。しかし余程の事情として考へ得ることは、右の条条のみには限られない。私は第三に次の武烈王の即位の事情をみることによつて推測をすすめよう。

善徳・真徳二女王が相ついだ後をうけて、武烈王は即位した。そのことについて史記（巻五）には

太宗武烈王立、諱春秋、真智王子伊湌龍春〔一云龍樹〕之子也〔唐書以為真徳之弟、誤也〕、母天明夫人、真平王女、妃文明夫人、舒玄角湌女也、王儀表英偉、幼有済世志、事真徳、位歴伊湌、唐帝授以特進、及真徳薨、群臣請閼川伊湌摂政、閼川固譲曰、臣老矣、無徳行可称、今之徳望崇重、莫若春秋公、実可謂済世英傑矣、遂奉為王、春秋三譲、不得已而就位。

とあり、また同書（巻四十二）金庾信伝（中）には

永徽五年、真徳大王薨無嗣、庾信与宰相閼川伊湌謀、迎春秋伊湌即位、是為太宗大王。

とある。また遺事の王暦、新羅の段、第二十九太宗武烈王の条には

名春秋、金氏、真智王子龍春卓（謚）文興葛文王之子也、龍春一作龍樹、母天明夫人、謚文貞大后、真平王之女也、妃

訓帝夫人、諡文明王后、庾立(信)之妹、小名文熙也、甲寅立、治七年。

といふ。これらの記載について先づ指示せねばならぬのは、武烈王の即位に先立つて、伊湌閼川が推挙されたといふことである。真徳女王の薨ずるや、群臣は宰相伊湌閼川に政を摂せんことを請ふたが、閼川は自分よりも徳望崇重なる春秋を推したとか、金庾信と閼川との合議によつて春秋を迎へ立てたとかいふ史記の記載は、一応考慮に値ひする。蓋し閼川について知り得る事実は、早く善徳王五年に百済の兵を独山城に防ぎ、善徳王七年には高句麗の兵を七重城に敗り、下つて真徳王元年二月には上大等の位を得てゐることであるが、その国家に於ける地位を最もよく伝へるのは、遺事（巻一）の真徳王の条に、この王代の有名な六公（閼川公・林宗公・述宗公・虎林公・廉長公・庾信公）の席首であつたとすることであらう。真徳王の後継者として閼川が推されたのは、少くとも閼川の軍事上の功労と政治上の貫禄とが認められてゐたからであらう。もしもさうだとすれば、その閼川によつて推された春秋についても、それらの条件がある程度まで備はつてゐた筈である。事実、春秋は善徳王の十一年には高句麗に赴いて、百済討伐の助軍を請ふ大役を果し、善徳王の末年には日本に来り[3]、翌年には唐に赴いて[4]、高句麗・百済との抗争に備へ、画策すること大であつた。また年齢についてみても、春秋は真平王二十五年（六〇三）の生れであるから[5]、即位の時既に五十二といふ中老の齢にあつた。春秋がここにはじめて、将相の揃つてゐた当時の新羅に、王位に即くを得たのは当然ともいへよう。

普通の場合であれば、春秋は真平王の後継王としても充分の年齢（三十歳）であり、まして善徳王の後継王としては申し分のない年齢（四十五歳）であつたといはねばならぬ。しかるに春秋がそれら二度の機会に、後継者たり得なかつたのは、遺事のいふが如き聖骨の問題を考へなくても、内外の時局重大且つ困難な当時に於ては、年齢も熟し、政治上の貫禄も充分ついた三度目の機会を待たねばならなかつたとも解し得るであらう。かやうに考へれば、春秋の即位については、一般客観状勢からみて、極めて自然なまた当然な推移ともいへるが、一方骨の転換といふ面からも、なほ改めて考察する余地が残されてゐる。

それにつけて先づ問題となるのは春秋の父龍春（龍樹）の存在である。史記・遺事が等しく記すやうに、龍春は真智王の子であり、真平王の女（天明夫人、善徳王の妹）の配偶者である。史記の龍春に関する一般的な伝へを拾つてみるに、真平王四十四年、伊飡を以て内省私臣となり、五十一年秋八月、大将軍として高句麗の娘臂城を攻め、善徳王四年冬十月には遣はされて州県を巡撫し、また遺事の巻三によれば、善徳王十二年には皇龍寺九層塔の建立に幹事役をつとめた。龍春の生年は確かには知られないが、その父真智王の薨年から推せば、真平王薨逝の時、龍春が五十四歳をくだらなかつたことは確かである。かかる年齢とかかる血統とを持つた龍春が居つたにもかかはらず「聖骨の男尽く」とて善徳女王が即位したとすれば、龍春は聖骨でなかつたとせねばならぬ。「聖骨にあらず」といふことが直ちに「真骨なり」といふことになるとは断定し得ないけれども、その龍春の子が春秋で、しかも春秋は聖骨にあらずして真骨なりとされてゐるから、一応、龍春は真骨であつたとすることができる。龍春が真骨であるといふことを具体的に立証することは不可能であるが、さればといつて龍春は真骨として、聖骨とは差別さるべき理由を持つてゐなかつたと断ずることも早計である。今西博士は、龍春がもしも真骨であつたとすれば、それは父なる真智王に因縁するものかと考へられた[6]。その謂れは、真智王が天命を全うした王ではなくて、遺事に「御国四年、政乱荒婬、国人廃之」といはれる王であつたからである。故に仮りに何等かの理由によつて、龍春が聖骨にあらずして真骨であつたとすれば、武烈王を真骨とする理由は、一つの解答を見出だす、即ちその父龍春がすでに真骨であつたからであるといひ得る。これを言ひかへれば、真平王の薨じた時、龍春が後継王の候補者たり得なかつたのは、龍春が聖骨でなかつたからであり、その同じ理由によつて龍春の子春秋（時に年三十）も候補者から排除せられ、次の善徳王が薨じた時、龍春がなほ在世していたか否かは不明であるが、春秋は既に年四十五といふ男ざかりであつたにもかかはらず、なほ後継者たり得なかつたのも、また同じ理由にもとづくものであつたかも知れないと考へられる。かく考へることは、要するに春秋を真骨とする理由が、その父龍春の骨（真骨）に起因すると想定すること可能であるといふことになる。けれども龍春が聖骨でなかつた、また真骨であつた、といふことを立証し得ないから、問題の解決とはならぬ。

然らば次に春秋自身について、彼から真骨が始まつたとする理由、乃至は春秋は聖骨でないとする理由が、何か発見されないであらうか。

思ふに聖骨・真骨の区別を考究する場合、骨の字の暗示に従つて、その出生・血統に於て区別の理由を見出ださうとすることは、誰しもが企てたところであるが、その企ては我我を満足させるやうな結果を、提供してくれない。よつて更に思ひめぐらしてみるに、当代新羅の貴族社会に於ける一個人の身分は、その出自血統上のみから決定されるとは限らないであらう。そのほかに従来の研究者が見のがした重要な一条件がある。即ち配偶関係これである。しかもこの点に関しては、特筆すべき事実が武烈王春秋について言ひ伝へられてゐる。

武烈王の妃（文明夫人）は金庾信の妹であり、その名を文姫といふ。この結婚については有名な話がある。即ち遺事（巻一）太宗春秋公の条にいふ、

初文姫之姉宝姫、夢登西岳捨溺、瀰満京城、旦与妹説夢、文姫聞之謂曰、我買此夢、姉曰、与何物乎、曰、鬻錦裙可乎、姉曰、諾、妹開襟受之、姉曰、疇昔之夢、伝付於汝、妹以錦裙酬之、後旬日、庾信与春秋公、正月午忌日（分注略之）、蹴鞠于庾信宅前、羅人謂蹴鞠為弄球之戯故踏春秋之裙、裂其襟紐、曰、請入吾家縫之、公従之、庾信命阿海即宝姫也奉針、海曰、豈以細事軽近貴公子乎、因辞古本云因病不進、乃命阿之即文姫也、公知庾信之意、遂幸之、自後数数来往、庾信知其有娠、乃嘖之曰、爾不告父母而有娠何也、乃宣言於国中、欲焚其妹、一日俟善徳王、遊幸南山、積薪於庭

中焚、火烟起、王望之、問何烟、左右奏曰、殆庾信之焚妹也、王問其故、曰、為其妹無夫有娠、王曰、是誰所為、時公昵侍在前、顔色大変、王曰、是汝所為也、速往救之、公受命馳馬、伝宣沮之、自後現行婚礼。

これまでこの記事は、同じく遺事の巻二、武王の条に記す薯童の結婚譚とならべて、三国時代の恋愛小説の双璧として認められるにとどまつてゐるが、私はこの記事を以て小説以上のものと考へる。といふのは、私はこれを以て、春秋と文姫との結婚に対する新羅人の、新羅社会の批評にほかならないと解し、さうしてその批評の根柢に、重大な歴史事実を認めざるを得ないからである。重大な歴史事実とは何か。それは当代新羅の社会に厳存した結婚に関する掟である。春秋と文姫との結婚は、その掟を破るものであつた。さればこそ、その事前に於て文姫の兄金庾信は故意に、さうして策を設けて二人を近づけねばならなかつたし、事後に於て文姫を焚き殺すといふ擬制的しぐさを行つたといひ伝へるのであらう。蓋し文姫が加羅王系の身を以て、新羅王系の男子春秋に近づいたことは、加羅王系の誇りを棄てたといふか、新羅王室の尊厳を汚したといふか、とにかく種族の掟として最も重い婚姻のそれを破つたかどを以て制裁せられねばならなかつたであらう。

かやうに考へることを援けるものとして、今一つ新羅王系の女子と加羅王系の男子との結婚に関する伝へを指摘することが出来る。即ち史記（巻四十一）金庾信伝（上）に載する金舒玄（庾信の父）の結婚譚これである。曰く、

初舒玄路見葛文王立宗之子粛訖宗之女万明、心悦而目挑之、不待媒妁而合、舒玄為万弩郡太守、将与倶行、粛訖宗始知女子与玄野合、疾之、囚於別第、使人守之、忽雷震屋門、守者驚乱、万明従竇而出、遂与舒玄赴万弩郡。

右の文にいふ葛文王立宗は、法興王の弟であり、その子粛訖宗は真興王の弟である。この場合でも二人の結婚は「媒妁を待たずして」行はれたが故に、従つてまたそれが「野合」であつたが故に許されなかつたとしてゐるが、それは前の春秋の場合に「父母に告げずして娠した」こと、また「夫なくして娠した」ことを以て許されなかつたとい

ふのと同然で、これらは謂はば文献上の理由に過ぎない。舒玄の場合、万明が監禁されたのは、いふまでもなく新羅王系の女性の掟を破つたかどを以てのことであらう。

史記・遺事に見える結婚に関する伝へのうち、右にあげた二例は、最もまとまつたものであつて、しかもその型の同巧異曲の顕著なこと、誰しも承認するところであらう。さうしてかやうな類型的説話の成立した基礎的事実として、私は当時に存した厳格な婚姻制度、特に配偶圏の厳存を想定するものである。右の説話に於ては、一は王命により、一は天変により、その所謂野合は許容され、結婚は成立したことになつてゐるが、現実に於ては、これら二つの結婚は、何れの場合にも、一つの社会的破戒としてみられ考へられたに相違ない。従つてその社会的影響は、結婚それ自体について認められるが、歴史的にはその結婚の結果に於いて、より重大なものが指示される。そのことについては後に述べるとして、ここにひるがへつて、この結婚を破戒的なものと考へ得るとすれば、この結婚の成立年代はいつかといふことが重要な問題となる。即ち武烈王はいつから所謂破戒者となつたかといふことである。上に引用した遺事の記事そのものは、春秋と文姫との間の出来ごとが、善徳王代であつたことを明示してゐるが、それには無条件に従ひ得ない。何となればこの結婚の直接の結果ともいふべき男子法敏（文武王）の出生から推定すれば、結婚は真平王代、詳しくいへば真平王四十八年（六二六）以前とせねばならぬからである。法敏の生年は勿論、薨年の年齢も、史記・遺事には記されてゐないが、文武王陵碑断片の第三石に「寝時年五十六」といふ文字が見える。[7] これを文武王についてのものとすることが、無理ではないとすれば、その薨年（六八一）を五十六歳として、それから逆算して、真平王四十八年（六二六）の生れとなる。なほちなみにいへば、当時、法敏生誕の時、父春秋は二十四歳であつた。

要するに春秋はおそくも真平王四十八年には、既に所謂破戒者となつてゐたこと確かである。さうしてこの結婚に関する破戒を重大に考へれば、それから数年を経て真平王が薨じたとき、春秋が後継王の候補とされず、またその次の善徳王が薨じた時にも、後継王の候補とされなかつた理由を、そのこと即ち所謂破戒的結婚に見出だすことが出来るのではあるまいか。

しかも春秋は齢五十二にして真徳女王の後を継いで王位に即いた。この即位の実現は、この時まで彼の即位を拒否してゐた事情（破戒者たること）が、ここに至つて解消したからであるといへる。その解消といふのは、聖骨にあらずとして否定されてゐた彼の身分が、真骨として肯定されたことを意味する。更にいひかへれば、新羅王室の婚姻制度が、この時に至つては既に一変し、従来固く守られた族内婚的制度が揚棄されて族外婚的制度に進展したとみなし得るであらう。しかも婚姻は常に相対的な行為である。新羅の制度の改変は、同時に加羅のそれの改変でもあらねばならぬ。武烈王と文姫との結婚の裏附けとして、金庾信と智炤夫人との結婚が知られる。智炤夫人は、実に武烈王の第三女であつた。(8) ここに至つては文姫的結婚も、万明的結婚もすべてが許容される（附録系図第二参照）。

然らばかかる婚姻制の一大変革をもたらした原動力とでもいふべきものは何であるか。それはさしづめには、武烈王自身の年齢及び政治的力量の円熟であるが、より広くは、新羅の政治社会そのものの拡大強化であらう。具体的にいへば、新羅はこの時加羅を完全に併合せねばならなかつた、いな加羅を完全に併合したのである。更に言ひ換へれば新羅と加羅との対立乃至差別のない世代が到来したのである。かかる世代をきりひらいたのが武烈王の結婚であり、いな武烈王自身であつた。上来問題として来たところの新羅王系に於ける聖骨・真骨の区別の基づくところは、上述の如き歴史事実に在りと認めること出来ないであらうか。

さて右の如き解釈を提出するにつけては、聖骨・真骨の区別に関する既存の説を批判して置く必要があらう。その一は前間恭作氏が「新羅王の世次と其の名につきて」(9) に於て、真骨・聖骨の別は、我が日本の皇別・神別に類するものであるとされてゐることである。この解釈は極めて暗示に富むものであるが、その然る所以については、全く論及されてゐないのみならず、皇別・神別といふ国史上の問題に対する同氏の解釈を聞くを得ない今日にあつては、ただ暗示に富むといふ以上の批判は、さしひかへねばならぬ。

次に今西博士は「新羅骨品考」(10)にてこの問題を詳しく論究されたが、その中で聖骨と真骨とを、共に王種(王者の種、王者の骨)と認め「聖骨は真骨の上にありしといへば勿論一段高き骨にして、聖骨の末が真骨に下るは明瞭なれども両骨の区別を生ずる限界は全く不明なり」とされ、聖骨たりし善徳・真徳両王と、真骨たりし太宗武烈王との系統を考察するために、智証王より文武王に至る九代の女系を含む系図を製作し、しかもその系図からも聖骨・真骨を区別する理由は発見出来ないとされ、ただ「真智王妃の父が起烏公にして、葛文王の称号を有せざるによれば、或は母系に関係あるべきか」といはれ、結局「現在の調査程度に於ては、何かの事由ありて、武烈王が真骨の人たりしと解釈するの外なし」とされた。真智王妃の父起烏公は、龍春の外祖であつて、王妃の父は葛文王の称号を持つ例が多いことから、博士はかくいはれたのであらう。要するに博士は、聖骨・真骨の区別について「何かの事由」あるべきことを認めつつ、その「何かの事由」は研究未熟のため不明であるとされたのである。私が上に述べたところは、今西博士がその区別の存在を認められつつ、しかも内容全く不明とされた事由そのものについての、一試案にほかならぬといひ得るであらう。

次に池内博士は「新羅の骨品制と王統」(11)に於て、聖骨・真骨の区別については「新羅の上代、即ち上は上古より、下は真徳女王に至るまでの間の王族の骨品としての聖骨と真骨とは、結局同じものであつて其の間に階級上の相違があつたとは思はれぬ。ここに於てか聖骨は、上代の真骨に対する後世の追称に他ならぬとすべきである。ただいつ頃からどうしてさう追称するやうになつたかといふ疑に対しては、直ちに解答を与へる特別なる文献はない」と言はれ、語をついで「然らば新羅人が上代の諸王の骨品に聖骨の称を与へたのは、恐らく真徳女王を前に距ること遠からざる時代であつて、其の名称は支那思想の影響に依り、古代の王者を聖王として、崇尊する観念から生じたものであらうと思はれる。要するに聖骨と真骨とは、共に新羅の王族の骨品の称であつて、時代の前後を外にしては、実質的には、全然区別のないものである」と断定された。

池内博士の結論の前半、即ち王族の骨品としての聖骨と真骨とは結局同じものであつて、其の間に階級上の相違があつたものではなからうとされることに於ては、一応賛同し得るものであるが、結論の後半、即ち新羅人が上代の諸王の骨品を聖骨と追称した、その名称そのものは支那思想の影響により、古代の王者を聖王として崇尊する観念から生じたものであらうとされること、及びその追称の時期を、真徳女王を前に距ること遠からざる時代、真徳女王代の後ち間もなくの時代とされることについては、俄かに従ひ得ない。何となれば、聖骨なる呼称が、決定的に追称・崇尊の観念をあらはすものとは言ひ難いのみならず、支那思想の影響による追尊の思想の、新羅に於ける成立時期が、真徳女王を前に距ること遠からざる時代であるといふことを証拠立てることも不可能であるからである。結局、池内博士の追尊説は、王代が真徳王を以て限られたこと、始祖から真徳王までを上代として区切つたことの所以を立証せぬ限り、根柢薄弱といはねばならぬ。

要するに問題は、聖骨が終つたことよりも、真骨が始まつたことにあり、その点に於て、真骨を武烈王からとする伝への意味をとらへるべきである。所謂骨品制の中のものとして、聖骨・真骨を考へた従来の考へかたには、不備なところあり、骨品制もまた、改めて考へなほす余地があらう。(12)

第二章　中古と上古

新羅の全王代を三分する時代区分法で、最も古く期を分つのは遺事が第二十二代智証王と第二十三代法興王との間に設定した一線、即ち上古・中古の区分である。この区分についての考へかたは少くとも二つある。その一は上古の終止点として考へることであり、その二は中古の出発点として考へることである。この二つは結局一に帰するものであつて、何れか一つが肯定されるならばこの区分は成立するし、二つとも肯定されるならばなほさらである。私は先づこれを中古の出発点として考へてみよう。

法興王代二十七年間には、極めて顕著な事実がいくつかある。その第一は七年庚子（五二〇）の春正月、律令を頒示して、始めて百官の公服、朱紫の秩をさだめたことである。およそ律令の施行が、その国の歴史に一新紀元を画することは、何れの国、何れの時代にも認め得るところである。この法興王の律令頒示については、既に新羅末期の人に於て深い認識があつた。景明王八年（九二四）に建立された鳳巌寺智証大師寂照塔碑（崔致遠撰文）に、沙門阿度の新羅に入る年を記して「我法興王剬律条八載也」といつてゐる。文意はいふまでもなく、律令頒示の年を起準として数へたものである。

法興王代の大事の第二として挙げられるのは、その十四年丁未（五二七）に於ける仏法肇行である。ここに謂ふ肇行は、伝来ではない、国家的公認を意味する。東方古代諸国と仏教との関係が、至つて重且つ大なることは多言を要しない。このことについては、下文第五篇「新羅仏教伝来伝説考」で改めて述べる。

法興王代に於ける大事の第三は、その十九年壬子（五三二）の金官加羅の併合である。思ふに加羅諸国に関する朝鮮の伝へは、単に史料の量に於て貧弱といふばかりでなく、加羅諸国の本態を既に久しく見失つてゐる。その根本は、加羅諸国を以て新羅・高句麗・百済三国に対する一国とみなしての取扱ひをなすことにあり、加羅諸国に関する幾多の史料は、ために一国としての加羅国の史料として集合されてしまつた、その結果、先づ混乱したのは加羅諸国滅亡の年次である。滅亡年次の伝存したのは、わづかにその二国、金官加羅と高霊加羅とであるが、そのことを明示してゐるのは史記の地理志のみで、史記の新羅本紀はすでに曖昧に記し、遺事に於ては両者を混同して識別に苦しんでゐる。それらのことについては既に今西博士の詳しい考証「加羅疆域考」(13)があるから、今改めていはない。

金官国の併合は、新羅の加羅諸国併合の過程に於ては第二段階をなすもので、第一段階は同じくこの王によつて、これより数年前に実現された加羅東北部の併呑である。さてこの併合第二段階の意義は、加羅諸国と日本との関係を制圧し、やがて断絶に至らしめるに、極めて有効有利な形勢をもたらしたことにあるのみならず、加羅諸国全部の併合の大勢を決したとなし得ることにある。金官国は数ある加羅諸国中の一国とはいへ、内容的には最大の国ともいへる。それは加羅諸国存立の基盤たる日本勢力の本拠地であつたからである。かくて加羅諸国併合の第三段階、最後の段階たる高霊加羅の併合は、次代真興王の二十三年壬午（五六二）に遂げられるのである。(14)

法興王代の大事の第四は、その二十三年丙辰（五三六）に始めて年号をたてて建元元年といつたことである。このはじめての建元事実は、新羅の王位の確立、王国の確立が意識されたことの、最も有力な表現と考へられる。さうしてそれを最もよく裏書きするものは、次代真興王が、法興王を追称して「太祖」といつてゐることである。(15)上来列挙した法興王代の大事四条は、何れも新羅の国勢が、ここに飛躍的に増進したことを、断定せしめるに足る、空前の大事件であるが、就中第四条は、時代の転換の最も端的な証とされるであらう。

要するに中古の出発点を法興王代とすることは殆ど全面的に肯定される。然らば次にこの法興王から真徳王に至るまで六王代百四十年間が、中古といふ一の歴史時代として、把握されるか否かについて、考へてみる必要がある。

右に述べた如く、新羅は法興王代に急激に国家体制を確立し、これより対外対内両面にわたり、発展の一路をたどつて真徳王代に至り、かくて武烈・文武両王代に一転再展して、半島統一に成功したのであるから、法興王から真徳王に至る約一世紀半の中古は、これを新羅の勃興期として、特別にとりあげることに、何人も異論はあるまい。しかしかかるとりあげかたを、余りに抽象的であるとし、今少し実証的なものを求めるとすれば、私は前章の結論と連関せしめて、この時期＝中古を以て、新羅の加羅諸国併合の進行期として把握出来ると思ふ。さきに保留して置いた新羅と加羅との通婚の問題を、ここに改めてかへりみるに、それは新羅の加羅諸国侵略の開始が、歴史事実として認められる法興王代のはじめ、即ち法興王の九年から出発する。史記（巻四）法興王九年の条に「春三月、加耶王遣使請婚、王以伊飡比助夫之妹送之」とあるのがそれで、この加耶は高霊の加羅国である。といふわけは、崔致遠撰述の釈順応伝（新増東国輿地勝覧巻二十九、慶尚道高霊県の建置沿革の条所引）に

大伽耶国月光太子、乃正見之十世孫、父曰異脳王、求婚于新羅、迎夷粲比枝輩之女而生太子、則異脳王乃悩窒朱日之八世孫也、云云。

とあるのが、右の史記の記事に該当するからである。夷粲は伊飡、比枝輩は比助夫の対訳であること疑ひない。ただ前者はその妹とし、後者は女とする点が違ふ。この通婚については、また日本書紀（巻十七）継体紀二十三年の条にも見えてゐる、即ち同年三月の条、加羅の多沙津を以て百済に賜ふといふ記事に続けて

由是加羅結儻新羅、生怨日本、加羅王娶於新羅王女、遂有児息、云云。

とある。継体天皇二十三年は法興王十六年（五二九）に相当し、右の史記の紀年と七年のひらきがあるが、継体紀のこの年の加羅関係記事は、前後数年にわたる事件の発展を、一処にまとめて出来上つてゐるから、七年の前後はここ

では問題とはならぬ。たださきに或は比助夫の妹、或は女とあつたものを、書紀が新羅王女とする違ひが注意されるのみである。

とにかくこの通婚は、史記に「加耶王遣使請婚」とあるによつても明らかな通り、加耶王からの求めに応じたもので、それは加耶の新羅に対する服従の意のあらはれとなすを得るであらう。書紀では更にはつきりとそこの関係をあらはし、加羅王の聘を承けて、新羅王は許婚したと記してゐる。さすればこの所謂請婚は、新羅が加羅諸国に対する侵略的意志表明の結果、乃至侵略的行動の結果としてなされたものに違ひない。史記の同王翌々年十一年の条に「秋九月、王出巡南境拓地、加耶国王来会」とあるのによれば、法興王の加羅侵略の第一歩は、比較的容易にふみ出だされたといひ得るであらう。日本書紀の欽明紀には、最初に新羅に併呑された加羅諸国として「南加羅・喙己呑・卓淳」の三国名が見え、しかもその併呑された年紀は、継体天皇二十一年（法興王十四年、五二七）以前といふことが確認されるにとどまるが、或はこの三国の併合は、史記にいふところの、法興王十一年の南境拓地の内容をなすものではあるまいか。(16) ついで金官国の来降は、法興王十九年に行はれたこと、上述の通りである。

新羅と加羅との通婚の第二の例は、かの舒玄と万明とのそれである。舒玄は投降した当時の金官加羅王仇亥の孫である。この結婚の年代は、その間に生れた庾信の出生年たる真平王十七年（五九五）を溯ること数年内に想定すれば、金官の新羅投降後約六十年の頃である。武烈王と相ならんで新羅の統一を成さしめた金庾信、換言すれば「中古」を完結せしめた金庾信は、既に純然たる加羅系の人ではなかつた。その父の系は加羅にかかるといへども、その母は新羅人であつた。従つて庾信の妹（文姫）また母系は新羅の人である。文姫と武烈王との結婚は、加羅と新羅との通婚の第三例をなすが、両者の血は既に極めて近親したものであつた。武烈王の結婚が、形式上は破戒的とされつつ、しかも立派に成立し、やがてその破戒が破戒でなくなつたのも、かかる前程を考へれば自然ともいへるのである。かくて新羅と加羅との通婚の第四例として注意すべき金庾信と武烈王の第三女（智炤夫人）との結婚は、同時に新羅と加羅との通婚の完結としてみられるのである。この結婚の行はれた年代は、太宗武烈王の二年（六五五）のことである。(17)右の次第をかへりみれば、「中古」即ち法興王から真徳王に至る六代百四十年間を、新羅の加羅併合の進行期として、一つの歴史時代として肯定すること、必しも附会とはいひ得ないであらう。

さて遺事の所謂中古に如上の意義を認めることが出来るとすれば、その中古の前に設定された「上古」の意義は如何。それは、先づ中古以前として、また新羅の建国期といふ意味で、中古から区別されるに不都合ないであらう。然しその上古について遺事を検べてみると、第一代赫居世の居瑟邯、第二代南解の次次雄、第三代弩礼から、第十六代乞解に至る十四王は、王位の号として尼叱今が用ゐられ、第十七代奈勿から、第二十二代智訂までの六王は、王位の号として麻立干が用ゐられてゐる。それを史記についてみれば、第一代は居西干、第二代は次次雄、第三代儒理から、第十八代実聖までの十六王を尼師今、第十九代訥祇から第二十二代智証までの四王を麻立干としてゐる。居瑟邯が居西干、尼叱今が尼師今であること、及びそれら四種の号の意味解釈についてはしばらく措いて、尼叱今と称される王代数、従つて麻立干と呼ばれる王代数が、史記と遺事と異なる。従来の考察は、その相違の数字を指示するか、乃至は何れかを正伝、他方を誤伝とするにとどまつてゐるが、私をしていはしむれば、右四種の王号は、個別的には歴史的名辞として認められるとするも、総体的には、即ちその配列・順序は伝説的なものであり、従つてつくられたものとせねばならぬ。さすれば、問題は単に尼叱今（尼師今）の王代数、麻立干の王代数の相違乃至是非を云云することよりも、それら四種の王号を使ひわけたことそれ自体の意味如何にありといふべきである。

かかる観点から考へてみると、第一代を居西干（居瑟邯）、第二代を次次雄、第三代を尼叱今（尼師今）と、開国の最初に於て再転、三種の王号を列挙したことは、中国の古史に於ける三皇伝説の模倣とみなし得るのではあるまいか。

新羅の王系の構成に、古く（今の史記・遺事の王系の出来上る以前に）三皇伝説のあつたことは、前間恭作氏が鋭く指摘された通り、遺事の巻一、第二南解王の条に「此王乃三皇之第一云」とある一句をもつて推知され、そこでは第一代を南解、第二代を儒理、第三代を脱解としたと考へられるふしもある。(18) けれども三皇伝説は、そのままの順位を以ては残存しなかつた。ただその伝説の思想そのものは次に出来た王系、即ち今の史記・遺事のそれに残つて、国初三代の王号を、それぞれに異ならしめたものといふことも出来よう。

次に問題となる尼師今から麻立干への転換も、これを歴史事実として考ふれば、史記・遺事、何れかの記述を是とし、他を非とするか、或は何れも事実ではないとして第三の転換点を提出するかしなければならないが、私はこの転換を直接歴史事実とは考へず、一つの思想、換言すれば王代の転換に関する考へかたの表現にすぎないと考へるものであるから、互に異なる史記・遺事両書の記述は、何れもこれを是として肯定するものである。遺事が、尼叱今を第十六代乞解にてとどめ、第十七代奈勿から以降を麻立干と称したのは、奈勿から時世の一変したことを意味するものである。同様に史記が尼師今を第十八代実聖にてとどめ、第十九代訥祇以降を麻立干と称したのは、訥祇から時世の一変したことを意味するものである。後文に改めて言及するであらうごとく、尼師今（尼叱今）と麻立干とは、確然と時間的前後関係に於て区別さるべき王号ではなく、歴史事実としては、同時的に並存したことも認めらるべき二つの称呼である。前間氏は、奈勿王が、古くから新羅中興の祖と仰がれ、法興王以前で陵墓の知れてゐるのは始祖の外にはこの王のみであり、更に法興王以後、真骨金氏の名人の出自所伝が悉くこの王からその世代を掲げてゐることなどから、麻立干を奈勿から称した遺事王暦の伝へを是認し、史記の伝へを誤りとされた。私は遺事の伝への裏付けとしては、前間氏の説明を全面的に認めるものであるが、史記の伝へを誤りと断ずることには、賛成し得ない。何となれば、奈勿王が右の如き王であつても、奈勿王以後、王位が確立安定したとは考へられず、現に奈勿王の次の第十八代実聖王は、同じく金氏の王とはいへ、漠然と「始祖閼智の裔孫」として王位についたもので、しかもその子孫はない。王位の安定はむしろ次の第十九代訥祇王からみとめられるのである。その意味に於て、麻立干を訥祇王から始めて称する史記の伝へにも、充分の謂れを見出だし得るのである。

かくて私は、上古二十二王につけられた王号四種に、新羅の開国乃至王代の起原に関する古伝説の名残を認めるとともに、麻立干時代（その開始の王代については二説あるも）の設定それ自体に、新羅が半歴史的・半伝説的時期に進入したとする古い意識、時代転換の意識を認める。その上で、改めて奈勿王代が、中国の記録にはじめて新羅国の成立を著録せしめた時代であることを、特に重くみて「上古」のうちでも、奈勿以前と以後とは、一応区別して考へらるべきこと、即ち奈勿以後六王代百六十年を、一時期として考定する。

奈勿王は、史記によれば三五六年に即位し、四〇二年に薨じたといふ。その正確な年紀は、保証するによしないが、大略の年代は是認して不都合がない。同じ意味に於て、それ以下の五王の位置も一応是認してよからう。けれども各年月にかけて記された記事そのものは、或は信用すべく、或は信用すべからず、総括的に是非を論定することは出来ぬ。下文第三篇「新羅建国考」に、奈勿王の前後の事情を追究し、第二篇「新羅上古世系考」に於て、奈勿以前以後を合せて、王代世系の構成に関する解釈をこころみるであらう。

第三章　中代と下代

新羅王朝を三つに区分する二種の区分法に於て、太宗武烈王以後を二分するのは史記の説である。即ち武烈王より恵恭王に至る八代を中代とし、宣徳王より最後の敬順王までを下代とする。

先づ中代は、はじめの十五年間に、唐の武力を迎へ、それと合して百済・高句麗を滅ぼし、新羅建国以来の宿願であつたともいへる半島統一の第一段の事業をなしとげた。その善後処置は、数年にわたる唐軍との交戦[19]を終結してから九年、神文王五年（六八五）に完山州と菁州とを置き、翌年熊川州・武珍州を設置することによつて一段落した。其後約五十年、聖徳王の三十四年（七三五）の頃、その時まで所属不確かな地帯であつた所謂「浿江以南の地」即ち大同江以南、黄海道の西北地方を新羅の領土とすることを、唐によつて許容承認され、その新領土の編入は、景徳王の七年（七四八）に於ける大谷城以下十四郡の創置に至つて実現され、更に景徳王十六年（七五七）に於ける九州の整備整頓によつて、統一の地盤は完成した。中代の終り近い時である。統一政治の拡充、文化の発展は、右に跡づけた行政区画の拡大と平行して認められることは、いま一一列挙するまでもなからう。

かやうに中代百二十余年間は、歴史の大勢からみても、統一の完成期、文化の円熟期として、充分一期を画するに値ひする時代であるが、上古・中古に試みた如き意味附けを、この中代にも及ぼすとすれば、何がいへるであらうか。統一政治の拡充、文化の円熟、それらの根柢として最も顕著な事実は、王位の安定、王権の確立といふことであつて、本篇附録の系図第三に明らかに見られる通り、王位は極めて順調に男系男子をたどつて継承されてゐる。八代のうち二代（孝昭王・聖徳王）は兄を受けて弟を以て即位したものであるが、しかもそれは兄に男子なきの故を以てであつた。極めて順調といふわけは、これを前後の時代、即ち中古・下代と比較してみれば、思ひなかばに過ぎるであらう。更に中代が「武烈王系」の八代であるのに対して、下代は下に述べるであらうが、全く「奈勿王系」の王代として確認されることが、顕著にして且つ重要な事実である。

さて中代の最後の王は第三十六代恵恭王である。王は即位の時、齢わづかに八歳で、ために大后（金氏満月夫人）が政を摂した。在位十六年の間に、叛乱事件継起し、王は遂にその最後の乱、伊湌志貞の乱兵のために害せられた。

次に立つた宣徳王（金良相）については、史記（巻九）に左の如く記している。

宣徳王立、姓金氏、諱良相、奈勿王十世孫也、父海湌孝芳、母金氏四炤夫人、聖徳王之女也、妃具足夫人、角干良品之女也一云義恭阿湌之女。

遺事の王暦は、これに加へて孝芳の父を元訓角干とする。良相の経歴をみれば、前前代の景徳王代に侍中となり、恵恭王代には上大等となり、かの志貞の乱には、金敬信（後の元聖王）とともにその平定に功あつた。王の母（金氏四炤夫人）は聖徳王の女といふから、母系からすれば恵恭王とは同列に属する従兄弟の間柄である。恵恭王が非命に仆れた後をうけた金良相の即位が、一面容易であつたらうことは、この前王との従兄弟関係を考慮に入れることによつて察知出来る。しかも金良相の即位について把握すべき第一義の事実は、かかる従兄弟関係にはなかつた、直截的にいへば、上の引用文に所謂「奈勿王十世孫」たることにあつたと思はれるのである。そのことは次の元聖王の出自ならびにその即位の事情をみることによつて、はじめて了解されるであらう。

元聖王の即位について、史記（巻十）は次の如く記してゐる。

元聖王立、諱敬信、奈勿王十二世孫、母朴氏継烏夫人、妃金氏、神述角干之女、初恵恭王末年、叛臣跋扈、宣徳時為上大等、首唱除君側之悪、敬信預之、平乱有功、洎宣徳即位、即為上大等、及宣徳薨無子、群臣議後、欲立王之族子周元、周元宅於京北二十里、会大雨、閼川水漲、周元不得渡、或曰、即人君大位、固非人謀、今日暴雨、天其或者不欲立周元乎、今上大等敬信、前王之弟、徳望素高、有人君之体、於是衆議翕然、立之継位、既而雨止、国人皆呼万歳。

この記載について注意すべきは、第一に王が奈勿王十二世の孫であるとすること、第二に王の即位に際しては、周元が競争者の立場に置かれたが、天変によつて衆議は敬信に傾き、周元は敗退したとすることである。この史記の記載は、それを極めて現実的に叙し去つてゐるが、遺事（巻二）元聖大王の条には、夢占を借りて、奈勿王十二世孫の即位を暗示する一個の挿話として詳記されてゐる。前王宣徳王が奈勿王十世の孫であつたに対し、この元聖王はまた別個に奈勿王十二世の孫とされてゐることからすれば、両王は両系とはいへ、家を異にする生れであつたとせねばならぬ。さすれば右の引用文に「今上大等敬信、前王之弟」といふ国人の言葉は、そのままには受けとり難い。強ひていへば、両王が同じく奈勿王系の出の人であつたことに基づく、漠然たる表現にとどまるとすべきであらう。かくて両王が奈勿王系の子孫であることを主張する意味は、ひるがへつて元聖王の競争者周元の出自を検べることによつて、漸く明らかとなる。

上に引用した文中には、周元を前王（宣徳王）の族子としてゐる。然しこれは奈勿王十世孫としての宣徳王にかけて解すべきではなく、既述の如き母系をたどつて、恵恭王の従兄弟としての宣徳王にかけて解すべきであらう。何となれば、史記（巻四十四）の金陽伝に

金陽、字魏昕、太宗大王九世孫、曾祖周元伊湌、祖宗基蘇判、考貞茹波珍湌、皆以世家為将相。

と明記されて居り、これによつて推算すれば周元は太宗大王六世の孫である。(20) 私は周元と元聖王とが後継王の候補者として並び立つたことを以て、太宗武烈王系と奈勿王系との対立乃至抗争として理解せんと欲するものである。それにつけては、更にそれを裏づける一二の史実を指摘することが出来る。

遺事（巻二）によれば、周元はこの政争に敗れてから溟州に退居したと伝へ、史記（巻十）によれば、其後三十八年、憲徳王十四年（八二二）、その子憲昌は、父の敗退を恨みとして熊川州都督を以て叛乱を起した。それは結果に於て成功しなかつたけれども、下代に於ける最も大規模な叛乱であつた。即ち別に国号を立てて長安といひ、建元して慶雲元年と称し、任地熊川州を本拠として、一時は西南方面一帯の地（熊川・武珍・完山・菁・沙伐の五州）を占領した。

憲昌が敗死した後ち数年を出でず、憲徳王十七年、その子梵文は、なほ父の遺志を奉じて、都を平壌（南平壌。今の京城）に建てんとして北漢山州を攻め、却つて同州都督のために捕殺された。併せ考へて、周元から梵文に至る三代四十年にわたる一連の動向の底流として、奈勿王系に対する太宗武烈王系の復興運動を想定することは、必しも謂れなきことではあるまい。

立ちかへつていふに、宣徳王が奈勿王十世の孫、元聖王が奈勿王十二世の孫であるといひ、何れも遠く系を溯つて奈勿王からの世代数を数へてゐるのは、単なる記録上の事実にとどまらず、今少し積極的意味が認められるべきではあるまいか、即ちそれは当時かく主張された事実そのものではあるまいか。といふのは、奈勿王の子の訥祇王以後の諸王は、すべてそれぞれに奈勿王何世かの孫である。けれども武烈王が上に述べた如き加羅系の女性との結婚をしてから、特にその間に生れた文武王及びその子孫は、自から一別系をなしたわけである。その武烈王の系が絶えた後ちを継ぐ宣徳王・元聖王が、共に奈勿王何世の孫と称したのは、再び武烈王以前の系に立ちかへつたものであり、換言すれば奈勿王系の復活にほかならぬ。

宣徳王から始まるとされる下代は、通じていへば復活奈勿王系の時代であり、更に適切にいへば元聖王系の発展の時代である。その実情は本篇附録の系図第四に明示されてゐると思ふ。その場合、宣徳王は、上に述べた如く、母系に於ては極めて明瞭に太宗武烈王系で、恵恭王とは従兄弟関係にあるにもかかはらず、別に奈勿王十世孫を標榜し、元聖王とは、漠然たる表現に従へば、一種の兄弟関係を伝へられてゐる。これは父系に基づいた主張であつたらう。さすれば宣徳王は正しく過渡期的存在で、前なる中代（武烈王系）に後附してもよく、後なる下代（奈勿王系）に前附しても差支へない王であるが、私はこれを史記に従つて下代に前附して考へる。蓋し下代の終り近い頃の新羅人みづからが、既に当時を元聖王系の王朝として認めてゐた形迹がある。といふのは、元聖王の薨後百年を経た真聖女王代に作られた崇福寺碑の文（崔致遠撰）に「烈祖元聖大王」といふ文字が見える。[21] 所謂烈祖は修辞的文字以上の意味をもつものと考へられるのではあるまいか。

　なほ下代を元聖王系の時代と解するにつけて、更にひろく下代が如何なる時代であつたかを理解するために考証すべき問題が幾多あるが、左にその二三を列挙して置かう。

　第一は、第四十八代景文王の即位の事情である。史記はこの景文王を「僖康王子啓明阿飡之子也、母曰光和一云光義夫人」と記し、男系によつて第四十三代僖康王につないだ説明をしてゐるにとどまるけれども、遺事（巻二）景文大王の条に詳しく伝へるところによれば、この王が即位に至つた第一条件は、王の夫人が、前の第四十七代憲安王の第一公主であつたからである。

　第二は第五十代定康王及び第五十一代真聖女王の世系についてである。史記によれば憲康王は景文王の太子、定康王は景文王の第二子であり、真聖女王は憲康王の女弟である。即ち憲康・定康・真聖の三王は、みな景文王の子女である。然るに遺事の王暦には定康王を以て第四十四代閔哀王の同母弟とし、真聖王を定康王の同母妹と記してゐる。この全く相異る伝へは、何れを是とすべきであらうか。閔哀王が在位二年にして阿飡祐徴（神武王）の兵に害せられてから、定康王が即位するまでには四十六年の年月が経過してゐる。その年数のひらきのみからは、同母弟であるともないとも断定し難いが、もしも定康・真聖二王を以て閔哀王の同母弟妹とすれば、その中間には、王代にして五代、年歳にして四十六年が介在するのみならず、世代にして三代を遡ることになるから、この問題に関しては、遺事の記載は誤りとすべきであらう。因みに憲康・定康・真聖三王の兄弟関係及びそれら三王と景文王との父子関係は、史記（巻十一、真聖王即位の条の分注）に引かれてゐる崔致遠文集第二巻所載といふ文書二通（謝追贈表・納旌節表）及び東文選（巻三十三）に載せられる同じ頃の同じ撰者の手に成つた三通の文書（謝嗣位表・謝恩表・謝賜詔書両函表）によつて証明される。

第三は、第五十三・五十四・五十五の三代が何れも朴氏の王であることである。はじめての朴氏の王神徳王の前二代は、中古の最後なる善徳・真徳両女王このかた、久しくその例なかつた女王真聖王と、所謂庶子孝恭王とである。さうして孝恭王が男子なくして薨逝したので、景暉が推戴された、即ち神徳王である。この王について史記には

神徳王立、姓朴氏、諱景暉、阿達羅王遠孫、父乂兼一云鋭謙事定康大王為大阿飡、母貞和夫人、妃金氏、憲康大王之女、孝恭王薨無子、為国人推戴即位。

とある。ここに注意すべきことは、姓を朴氏とすること、阿達羅王の遠孫とすること、妃金氏は憲康王の女とすること等である。王が朴氏であるならば、当然その父乂兼（鋭謙）も朴氏でなければならぬ。しかるに史記の憲康王元年の条に「大阿飡乂謙為侍中」と見え、同王六年の条に「春二月、侍中乂謙退」とあり、また孝恭王三年の条に「春三月、納伊飡乂謙之女為妃」とある乂謙が、神徳王の父なる乂兼（鋭謙）その人であらうと思はれる。乂と鋭、兼と謙、互に同音 iŏi-kiŏm であるからである。さすれば、乂謙が朴氏を称したことを立証し得ないのみならず、史記の書きかたの通例から推せば、かやうな肩書で記された人は、殆どすべて金氏として間違いないやうである。即ち神徳王の父は朴氏を称しなかつた、否な金氏を称したかと推察されるにもかかはらず、その子神徳王は明らかに朴氏といはれることはいかに解すべきか。この疑問の解決に一縷の光明を投ずるのは、またしても遺事である。遺事の王暦の第五十三神徳王の段には

朴氏、名景徽、本名秀宗、母貞花夫人、夫人之父順弘角干、追諡成虎大王、祖元厸角干、乃阿達王之遠孫、父文元伊干、追封興廉大王、祖文官海干、義父鋭謙角干、追封宣成大王、妃資成王后、一云懿成、又孝資、壬申立、理五年、火葬、蔵骨于箴峴南。

とある。この記事を図示すれば次の如くなるであらう。

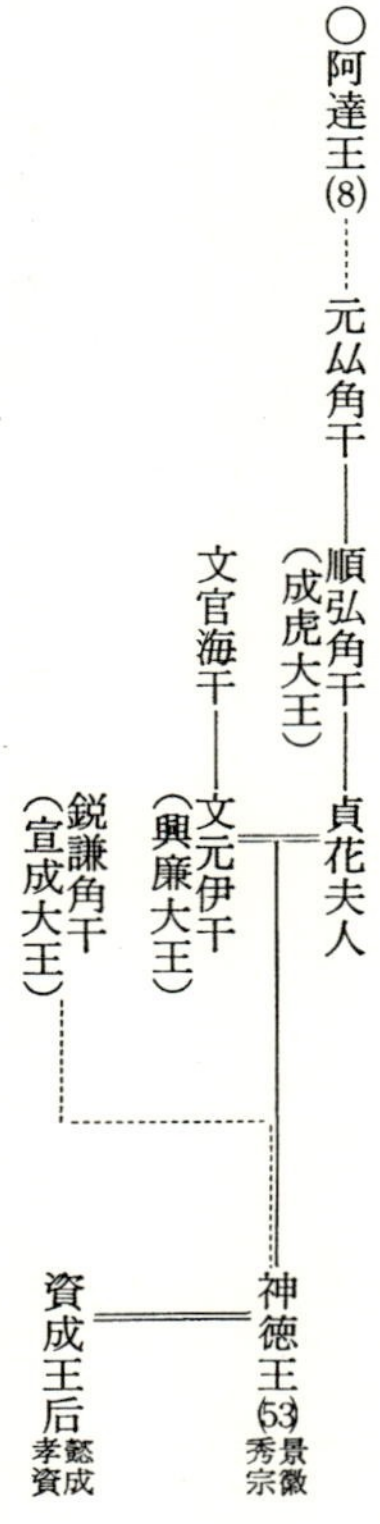

もしも右の通り理解すれば、この王の姓を朴氏とすることも、阿達羅王の遠孫とすることも、みな母方のものといはねばならぬ。また史記が王妃を憲康王の女と明記するに対し、遺事にはそのことを全く記さない。また史記が父として記す乂謙（鋭謙）が、遺事では義父といはれ、別に生父を文元伊干としてゐることは重要な点と考へる。よつてその、義父といはれる実情を推察するに、最も普通には、鋭謙と神徳王とは養父養子の間柄であつたかと考へられ、次には、神徳王の母（貞和夫人・貞花夫人）がはじめ文元伊干と婚して神徳王を産み、後に鋭謙と婚したのではないかと察せられる。鋭謙と貞和夫人との間に生れた一女子があり、それが孝恭王の妃となつてゐるからである。何れにせよ、女王なる真聖王・庶子なる孝恭王の後をうけて推戴された神徳王の即位は、尋常なものではなかつたであらう。故にその出自についても史記・遺事の何れを是、何れを非と決定することは出来ない。ただ右に述べた如き理由によつて、神徳王の姓朴氏を母方のものと考へることは、極めて可能性あることといへよう。さうしてその即位の条件となつたものは、史記の所伝によつて、王が憲康王の女を妃としてゐたことにあるか、或は神徳王が、前王孝恭王妃の義兄弟であつたことに認むべきであらう。さすれば従来、神徳王の即位を以て単純即座に易姓と考へてゐたのは、過ぎたる断定といはねばならぬ。少くともその当時に於ては、易姓といふほどまで重大には、考へられなかつたのでは

あるまいか。また仮りに伝への如く、神徳王を朴氏とし、その朴氏たることが、即位について幾何かの沮止的条件となつたとしても、その条件を打ち消してなほ充分なる許容条件が備はつてゐて、以て王位をかち得たものと考へ得るのである、その許容条件といふのは前述の通り、その妃（義成王后）が憲康王の女であつたこと、及び王が前王妃の義兄弟であつたといふことである。

神徳王の即位を以てかく解すれば、次の景明王、更にその次の景哀王の即位もまた従つて新たなる意味を見出だすべきである。即ち景明・景哀両王は、朴氏神徳王の男子として即位したが、その内面の事実は、憲康王女金氏義成王后の所生としての即位である。

第四は新羅の最後の王、第五十六代敬順王（金傅）の系についての問題である。史記によれば、敬順王は第四十六代文聖王の裔孫孝宗伊飡の子で、母は桂娥太后。この敬順王は、甄萱の王城蹂躙の後ち、萱によつて立てられたものであるから、正常の順位によつて王となつたとは保し難い。けれどもまた従来の血統や王統を全く無視したものでもなかつたであらう。然らば敬順王は史記（巻十二）の記すが如く、ただ文聖王の何代か代数不明の裔孫といふだけで王位についたもの、金氏の王統につながるものであらうか。伝へはそれのみではない。史記の他の個所（巻五十、甄萱伝）には「以王族弟金傅嗣位」とある。王とは甄萱に捉へ殺された景哀王のことである。またそこに載せる甄萱が高麗太祖王建に寄せた書の中では、金傅の推戴を

奉景明王之表弟・献康王之外孫、勧即尊位、再造危邦。

とも書いてゐる。ここにいふ献康王が、史記の憲康王であることは、崔致遠所選の聖住寺碑や崇福寺碑にも例証が見出されるから疑ひない。(22)即ち敬順王金傅は、前王景哀王の「族弟」であり、第五十四代景明王の「表弟」であり、且つ第四十九代憲康王の「外孫」でもあつたといふ。これらの諸伝を理解するに役立つのは遺事の王暦の敬順王の条で

ある。曰く

金氏、名傳、父孝宗伊干、追封神興大王、祖官□角干、追封懿興大王、母桂娥□□、憲康王之□□□乙未、納土帰于□。

と。この重要な記載は、不幸にして原板の闕字多く、そのままでは用をなさぬに近いが、少くも後半の部分は

母桂娥太后、憲康王之女、清泰乙未、納土于麗。

と補ひ読むことが出来る。太后は史記の敬順王即位の条に拠る。その太后を憲康王之女とすることは、史記の別条（巻四十八、孝女知恩伝）に

孝宗時第三宰相舒発翰仁慶子、少名化達、王謂雖当幼歯、便見老成、即以其兄憲康王之女妻之。

とあるに拠り、この文中の王が真聖王であることは、同じく孝宗郎のことを記した遺事巻五の末尾なる貧女養母の条に拠る。かくとすれば、上に引いた史記の甄萱伝にいふ景哀王の「族弟」、「景明王之表弟・献康王之外孫」は次の如く図示されるであらう。

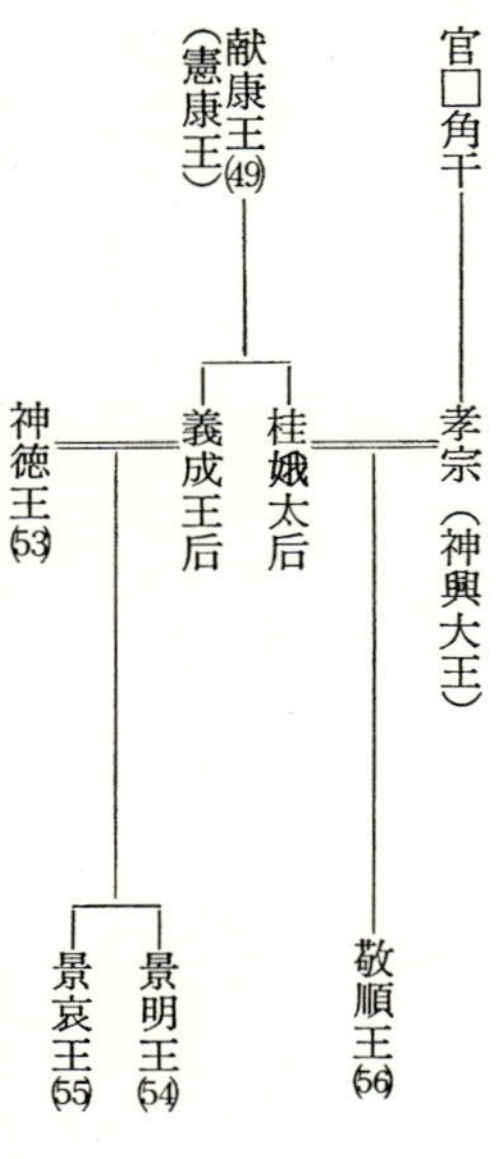

かくして敬順王の系については、史記が明記する「文聖王の裔孫」といふ一条を否定する資料はなく、また強ひて

それを否定する要もない。(23) 敬順王が王の位に即くを得たのは、右の図表にあらはれた通り景明王の表弟、憲康王の外孫といふ因縁に基づくものであると思はれる。

要するに、右に列挙したところを史料についていへば、下代の王系に関しては、遺事が、或はより詳しく、或はよりよく、より正しく真相を伝へてゐることを第一・第三・第四に於て立証し、遺事の誤りとされる点を第二に於て論究し、以て従来、下代の王系を専ら史記によつて記し、また考へてゐたことの不備を反省したつもりである。また史実の検討といふ面からいへば、王位の争奪をはげしくくりかへした下代ではあるが、継承には屢々母系乃至女系がものをいつてゐることを発見した。このことは、前の中代が正しい男系男子による承襲であつたのと、恰もよい対照をなしてゐるといへるであらう。その意味に於て下代は、単に系に於て奈勿王系復活の時代であるのみならず、王位継承法に於ても大きな転換が想定される。

結び

以上の所説を要約するに、新羅王朝の全歴史の、古来の時代区分法として、これを三ツに区分して把握する史記・遺事の両説を提挙し、両説の一致する点と一致しない点とを比較することによつて、その各三分された時代時代の意味を追求することに終始したのであるが、先づ第一章に於ては、両説の一致する区分点、共通の区分点、即ち史記の上代・中代の間と、遺事の中古・下古の間に於ける区画線の謂れを考へた。この一線は史記の中代＝遺事の下古のはじめに置かれる太宗武烈王代が、新羅王朝の最後の飛躍的発展期に当つてゐるといふ一般大勢論からしても容易に承認されるけれども、更に別途にその謂れを探求することを催促するかの如く、史記も遺事も、この区画線より上の王を聖骨、下の王を真骨といひ、恰もこの一線が聖骨王の時代と真骨王の時代との分れめであるかのように記してゐる。よつて私の追求は一歩をすすめて、武烈王が何故に「骨」の上で区別されるかを考へてみた。いろいろに考へられるなかにも、武烈王の身上に於て特異な事実であるところの、加羅王系の女性（文姫、文明王后）との結婚といふことを、最も重大な理由として提案した。これは「骨」とは何ぞやといふ問題に対する根本的な解明にはならぬが、少くとも聖骨・真骨区別の問題に対する一試案とはなるであらう。

第二章は武烈王以前を更に二分する線、それは遺事のみが設定するもので、即ち上古・中古の区分線であり、二種の区分法に於ける相違点の其の一である。この一線については、先づ中古の起点とされる法興王代の四大史実を列挙し、この王代が新羅王朝の第二次の発展期に当つてゐることを一般大勢論から跡づけ、更にこの中古を通じての歴史の流れを、新羅の加羅諸国に対する武力的・政治的侵略、乃至社会的同化の進行期として解釈出来ることに論及した。次に中古の前に置かれる上古については、その中葉なる奈勿王代を以て、新羅王朝の最初の成立期とすることが、既存の歴史研究の結果に基づいて承認されることを述べ、奈勿王以前の時代の理解と奈勿王以後の時代の理解とは別個になされねばならぬことを注意した。

第三章は、武烈王以後を更に二分する線、それは史記のみが設定するもので、中代・下代の区分線であり、二種の区分法に於ける相違点の其の二である。この一線については、先づ中代が武烈王系の時代であり、王位の安定確立期であることを強調し、下代は奈勿王系復活の時代、元聖王系の時代であることを確認し、しかも中代では純粋なる男系男子の継承が認められたに対して、下代では女系相続の場合がいくつか発見されることを指摘し、特にその終り近く実現した所謂朴氏三王の即位についての考へかたを反省し、それは内面的にみれば、金氏より朴氏への易姓といふには当らぬと考へざるを得なかつた。

さて新羅王朝の時代区分としての二種の三分法は、右に述べた如き区分点の検討に終始するのみでは、充分なる理解に到達したといふを得ない。よつて私は最後に総合的解釈を試み、以て本篇を結ぶこととする。

思ふに三代の区分は、史記のそれにせよ遺事のそれにせよ、何れも単なる研究者の便宜のための設定ではなく、また研究者の研究の結果として設定されたものでもあるまい。実にそれは、何れかの時代の人が、新羅王朝の歴史を、或は全面的に、或は部分的に解釈した、その解釈のしかたそのものをあらはしてゐると考へる。即ちそれらの区分法は、それぞれに現実的意味を持つてゐるとせねばならぬ。区分法の現実的把握が必要である。しからばそれは何時の現実であらうか。上来、私の試みた謂はば分解的解釈から、この問題に対する一つの暗示を見出だすことが出来ると思ふ。即ち史記の三分法に於ては、その所謂中代＝武烈王系の時代を、前後の時代から区別することが中核となつてゐる。それに対して遺事の三分法に於ては所謂中古＝加羅王系を混入せざる時期を主張するのを本旨としてゐると解される。もしもかやうに解し得るとすれば、武烈王系の時代を特別に云為する意欲の時代、また云為する必要ある時代は何時であつたか。それについては、先づ以てわが世の春を謳歌する武烈王系の時代に入つて間もなくの頃、現世を武烈王以前の時代と区別する意識のきざしあつたらうときが考へられ、次には武烈王系の時代が過ぎ去つた後ち、武烈王系の時代を追憶して世が世であつたならばと愚痴る時代、即ち下代を以て、中代主張の意識の完成した時と考へ得るのである。

次に遺事の如き中古主張の現実は何時であらうか。私は中古の終つた後ち、即ち下古の初め（中代）を以て中古思想の起りとし、下代即ち奈勿王系復活の時代に至つて中古思想は完成されたと考へる。

かくて中代の主張に於ても中古の主張に於ても、共に真徳王と武烈王との間に、確たる区別の一線を画することが必要となる。換言すれば聖骨・真骨の区別は、史記の所謂中代に入つて間もなくの頃、遺事の所謂下古に入つて間もなくの頃、池内博士の所謂「真聖女王を前に距ること遠からざる時代」に起つたとみなし得るであらう。

新羅三代の区分法の歴史的意義を以てかくの如く解するとすれば、その区分法をそのまま、或は史記により、或は遺事に従つて我我自身の新羅王朝史研究に適用することは危険である。

分期	（王　代）	史記	遺事	自—至
第一期	(1)始　祖—(16)訖　解	上代	上古	BC（五七）—三五六 AD
第二期	(17)奈　勿—(22)智　証			三五六—五一四
第三期	(23)法　興—(28)真　徳		中古	五一四—六五四
第四期	(29)武　烈—(36)恵　恭	中代	下古	六五四—七八〇
第五期	(37)宣　徳—(56)敬　順	下代		七八〇—九三五

けれども新羅王朝の推移発展は、その王権の盛衰、王統の変遷と相表裏してゐるから、王朝史的歴史叙述に当つては、これらの時代区分法を応用することが便利であり、また合理的でもある。私は上来の所論に基づき、史記・遺事の両区分法を併せ用ふると同時に、なほ今日までの研究者の結論に従つて、右の五期に分つを至当と考へる。

なほ最後に一言して置きたいことは、三代といひ三古といひ、一つの王朝乃至一つの国の歴史を三分して把握せんとすることの、その思惟方法それ自体の、もとづくところが那辺に在るかといふことである。それは誰しも考へ及ぶであらうところの、中国古代に於ける歴史の思惟型態として顕著な「三代」の思想に在るであらう。

〔附録〕　新羅王室系図

ここに附録として「新羅王室系図」をつくり且つ登載するのは、第一には本篇の所論と照らし合せて、所論を瞭然たらしめんがためであり、第二には従来新羅王朝史に関する系図が、殆ど男系系図にとどまり、女系を包含した系図

〔第一　上古系図〕

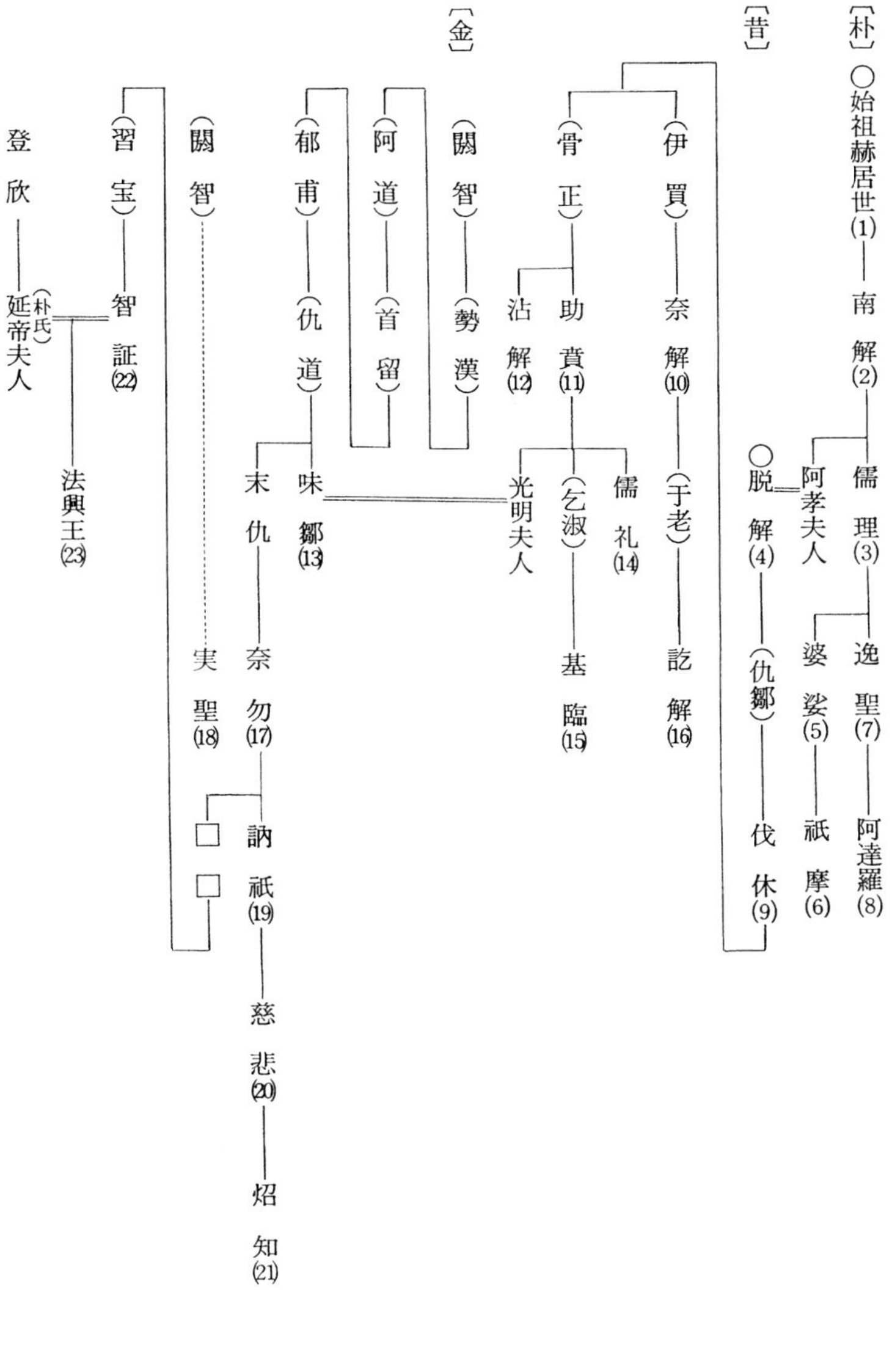
〔朴〕
○始祖赫居世(1)
南解(2)
儒理(3)
逸聖(7)
阿達羅(8)
阿孝夫人
婆娑(5)
祇摩(6)
〔昔〕
○脱解(4)
(仇鄒)
伐休(9)
(伊買)
奈解(10)
(于老)
訖解(16)
(骨正)
助賁(11)
沾解(12)
儒礼(14)
(乞淑)
基臨(15)
光明夫人
〔金〕
(閼智)
(勢漢)
(阿道)
(首留)
(郁甫)
(仇道)
味鄒(13)
末仇
奈勿(17)
訥祇(19)
慈悲(20)
炤知(21)
(閼智)
実聖(18)
□
□
(習宝)
智証(22)
登欣
(朴氏)
延帝夫人
法興王(23)

〔第二　中古系図〕

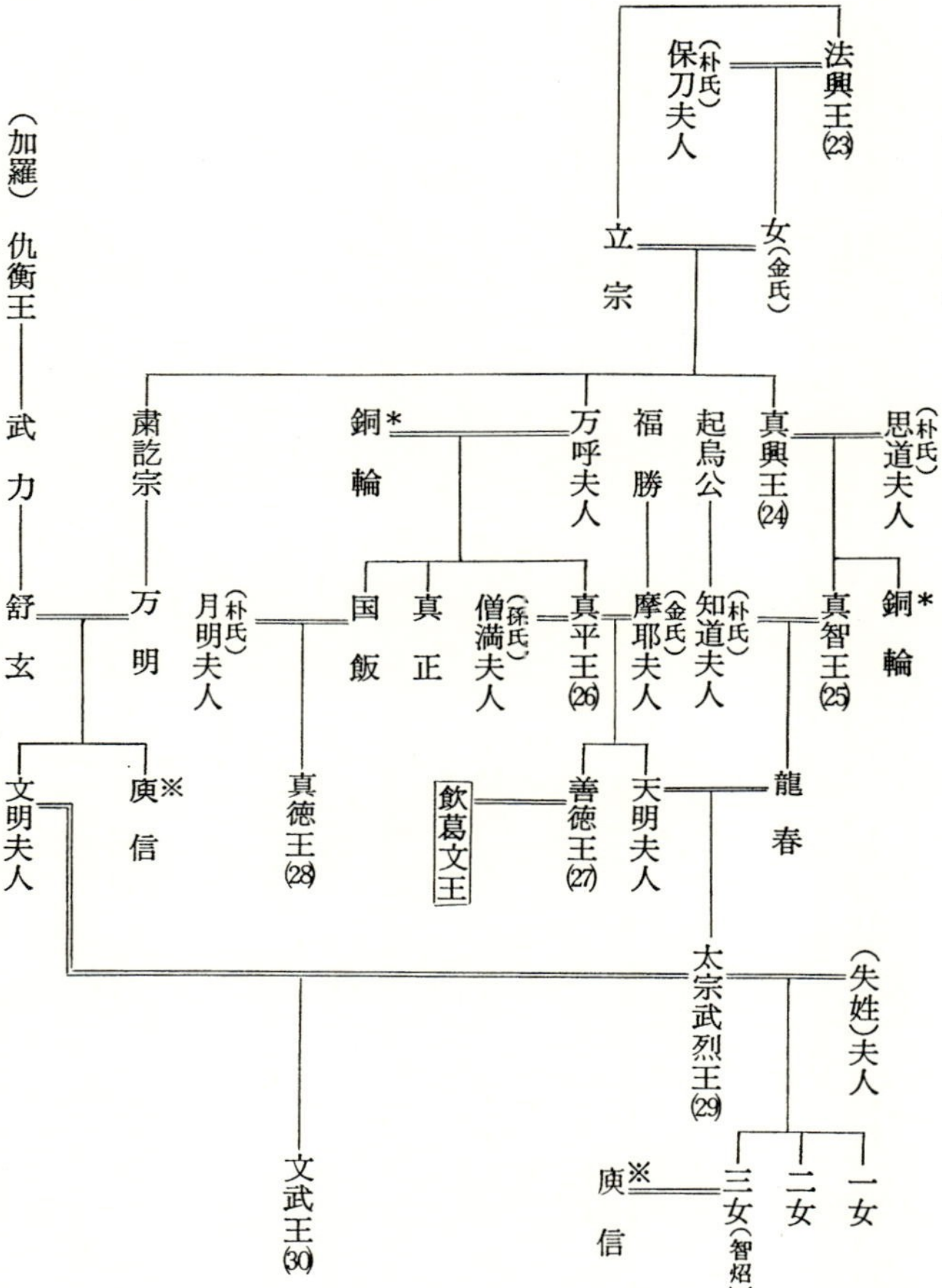
法興王㉓
（朴氏）保刀夫人
女（金氏）
立宗
真興王㉔
（朴氏）思道夫人
起烏公
福勝
万呼夫人
銅輪＊
粛訖宗
銅輪＊
真智王㉕
（朴氏）知道夫人
（金氏）摩耶夫人
真平王㉖
（孫氏）僧満夫人
真正
国飯
（朴氏）月明夫人
万明
舒玄
龍春
天明夫人
善徳王㉗
飲葛文王
真徳王㉘
庾信※
文明夫人
太宗武烈王㉙
（失姓）夫人
一女
二女
三女（智炤）
庾信※
文武王㉚
（加羅）仇衡王
武力

〔第三　中代系図〕

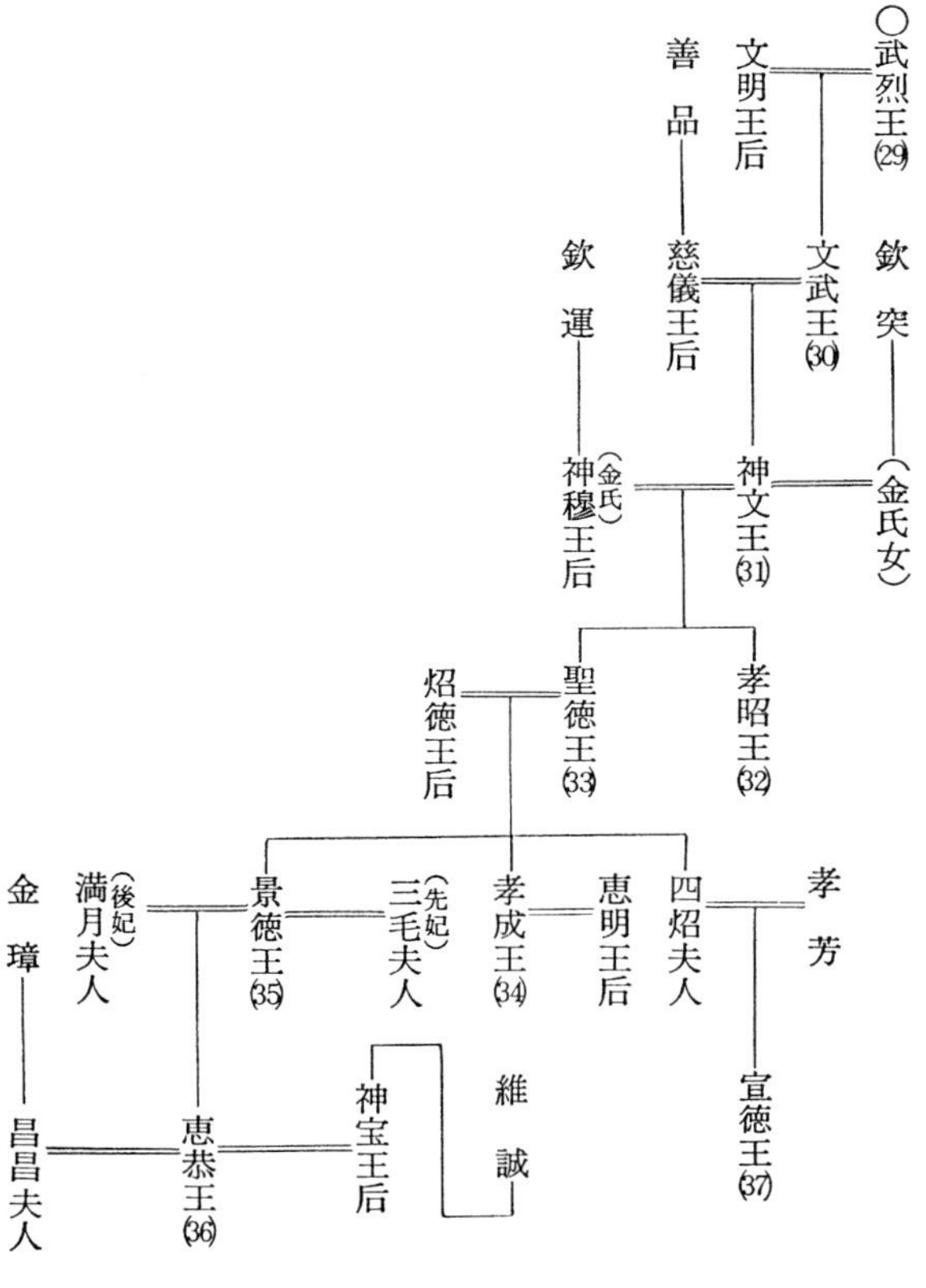
○武烈王(29)
文明王后
善品
文武王(30)
欽突
慈儀王后
(金氏女)
神文王(31)
(金氏)神穆王后
欽運
孝昭王(32)
聖徳王(33)
炤徳王后
孝芳
四炤夫人
恵明王后
孝成王(34)
(先妃)三毛夫人
景徳王(35)
(後妃)満月夫人
金璋
宣徳王(37)
維誠
神宝王后
恵恭王(36)
昌昌夫人

〔第四　下代系図〕

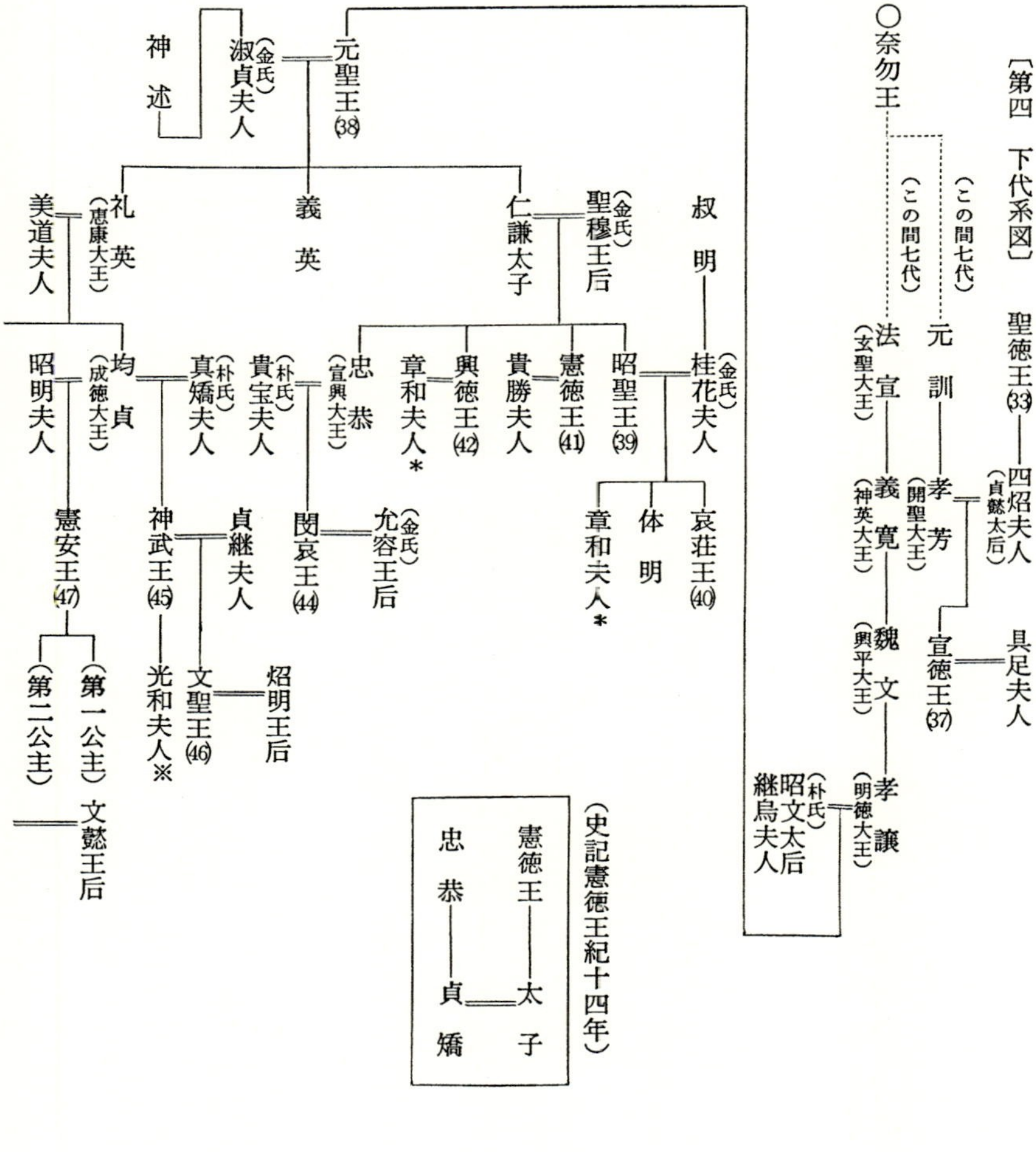
聖徳王(33)
四炤夫人
(貞懿太后)
宣徳王(37)
具足夫人
○奈勿王
(この間七代)
元　訓
孝　芳
(開聖大王)
(この間七代)
法　宣
(玄聖大王)
義　寛
(神英大王)
魏　文
(興平大王)
孝　譲
(明徳大王)
(朴氏)
昭文太后
継烏夫人
元聖王(38)
(金氏)
淑貞夫人
神　述
叔　明
(金氏)
桂花夫人
仁謙太子
(金氏)
聖穆王后
義　英
礼　英
(恵康大王)
美道夫人
昭聖王(39)
憲徳王(41)
貴勝夫人
興徳王(42)
章和夫人＊
忠　恭
(宣興大王)
(朴氏)
貴宝夫人
(朴氏)
真矯夫人
均　貞
(成徳大王)
昭明夫人
哀荘王(40)
体　明
章和夫人＊
(金氏)
允容王后
閔哀王(44)
貞継夫人
神武王(45)
憲安王(47)
炤明王后
文聖王(46)
光和夫人※
(第一公主)
(第二公主)
文懿王后
(史記憲徳王紀十四年)
憲徳王
太　子
忠　恭
貞　矯

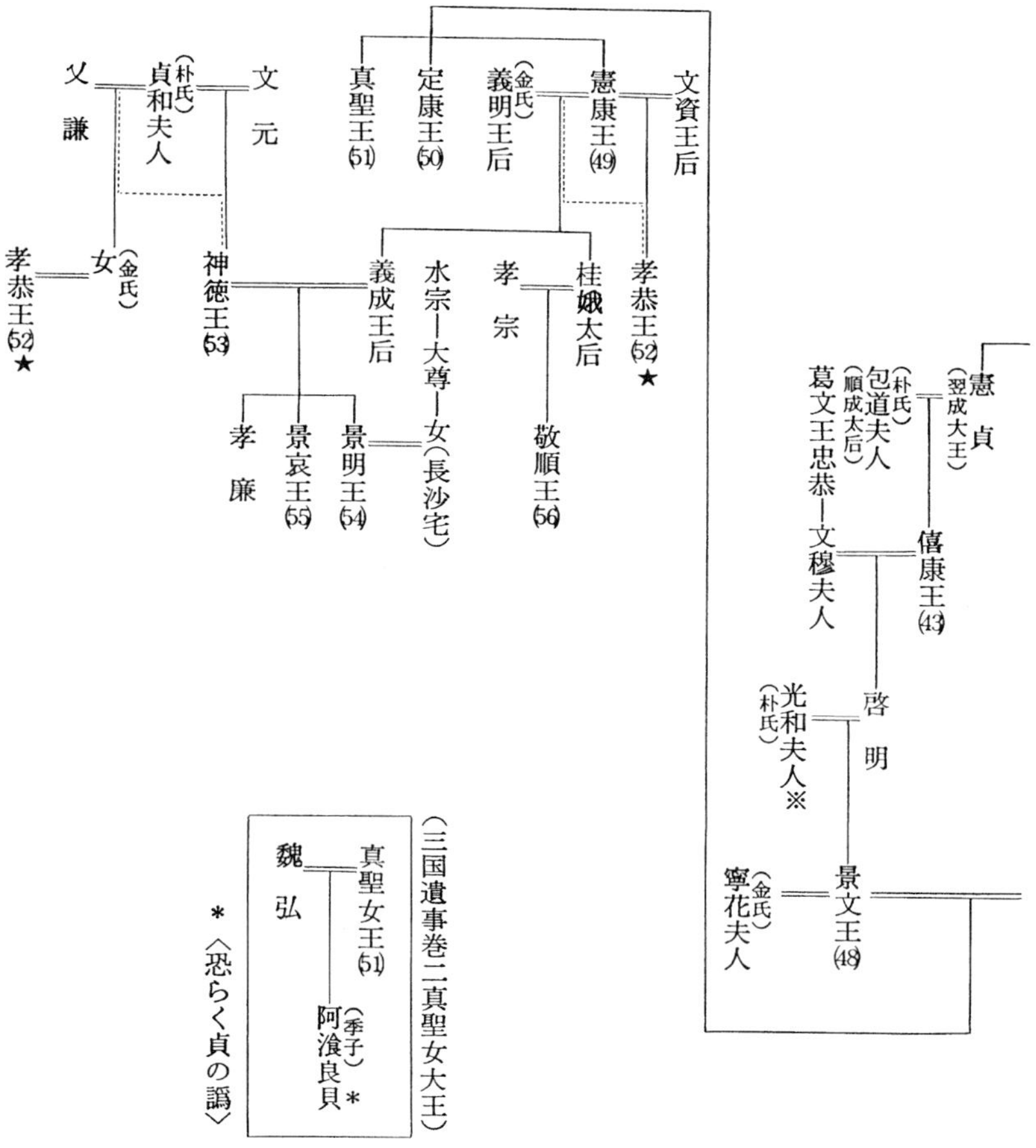
憲貞（翌成大王）
包道夫人（朴氏）（順成太后）
葛文王忠恭
僖康王(43)
文穆夫人
啓明
光和夫人（朴氏）※
景文王(48)
寧花夫人（金氏）
文資王后
憲康王(49)
義明王后（金氏）
定康王(50)
真聖王(51)
孝恭王(52)★
桂娥太后
孝宗
水宗
大尊
女（長沙宅）
義成王后
神徳王(53)
敬順王(56)
景明王(54)
景哀王(55)
孝廉
文元
貞和夫人（朴氏）
乂謙
女（金氏）
孝恭王(52)★
（三国遺事巻二真聖女大王）
真聖女王(51)
魏弘
阿湌良貝（季子）＊
＊〈恐らく貞の誤〉

が流布してゐないから、その缺を補はんがためである。蓋し羅・麗・済、半島古代三国のうち、女系を比較的詳しく示し得るのは新羅のみであり、また新羅王朝の歴史は、女系を度外視しては根本的理解に困難である。本篇に於ける所論が、多く女系考察に根拠を置くものであつたことは、読者の既に了解されたところであらう。

第一図は始祖より智証王に至る「上古」二十二代の系図。この部分に於ては、女系に関する異説最も多く、何れを是とし何れを非と断定することは不可能であるのみならず、取扱方法に於ても、以下の部分と大いに趣きを異にするものであるから、ここには概略を示すにとどめた。詳しくは第二篇「新羅上古世系考」に譲る。

第二図は法興王より真徳王に至る「中古」六代の系図。この部分について注意すべきことの一端は、朴氏の夫人の顕著な存在である。詳しくは第四篇「新羅中古王代考」に述べる。

第三図は武烈王より恵恭王に至る「中代」八代の系図である。

第四図は宣徳王より敬順王に至る「下代」二十代の系図。この部分に於ては、議すべきものの多いこと、「上古」の部分と同然である。然しここには一応の仮作図として提示する。従来の史記のみに拠つた系図と大いに異る部分があるが、それは本篇に於ける所論と対比して覧られんことを。

第二篇　新羅上古世系考

第一章　三姓の交立

新羅の上古について、第一に気附かれる顕著な構成は、その二十二王が、附加された姓に於いて、朴・昔・金の三姓に帰属するといふことである。史記・遺事両書の記載は、この点、王の姓別に関する限り、相異あるを認めない。二十二王の内訳は左表の通りである。

朴氏	(1)始祖	(2)南解	(3)儒理	(5)婆娑	(6)祇摩	(7)逸聖	(8)阿達羅	
昔氏	(4)脱解	(9)伐休	(10)奈解	(11)助賁	(12)沾解	(14)儒礼	(15)基臨	(16)訖解
金氏	(13)味鄒	(17)奈勿	(18)実聖	(19)訥祇	(20)慈悲	(21)炤知	(22)智証	

昔氏の初代の王は第四代で、また一旦朴氏の王にかへり、第九代から昔氏の王を以て続き、金氏の初代の王は第十三代で、また一旦昔氏の王代となり、第十七代から金氏の王を以て続いてゐる。但し金氏と昔氏と異なる点は、金氏が、その初代の王の前に、相継ぐ六代の祖名を伝へてゐることである。朴・昔・金の移り変りは、その意味に於いて単純ではないけれども、その同一手法による継承を承知してこれを大観すれば、王位は朴氏から昔氏へ、昔氏から金

氏へと移り、而も王代数は七・八・七の割り当てである。上古、即ち新羅の創世紀が、かかる比数の三姓の諸王によつて始められてゐるのは、如何に解すべきであらうか。

全体の解釈に先立つて、三姓の始祖伝説そのものを比較概観してみるに、三始祖の出現の時間的順位は、明らかに朴・昔・金の順である。先づ朴氏始祖は新羅の原住民を意味すると見られる辰韓六部の一なる高墟村長蘇伐公によつて見出だされたといふのが史記の伝へであり、六部の祖達によつて見出だされたといふのが遺事の伝へである。昔氏始祖は、朴氏始祖の治世中、辰韓阿珍浦に至り、一老母に取養され、次代南解王に登庸されたといふのが史記の伝へで、南解王の時に阿珍浦に着いたとするのは遺事である。金氏始祖（金氏初代の王でない）は昔氏始祖脱解王の治世中、金城の西、始林に見出だされた。

次に、出世の形式に於いては、朴氏は天より降れる一紫卵（また青大卵といふ）から生れ、昔氏は海より漂ひ着いた櫃の中から出で、しかもその前身は龍城国（正明国・琓夏国・多婆那国）に於いて卵から生れたものであり、とにかく昔氏は二重出世の形をとつてゐる。金氏は天より降れる黄金の櫃から生れたのであつた。卵と櫃とは大なる相違であるが、しかも櫃は卵の観念と形態との美化・発展したに過ぎないもとの考へられ、金櫃はまた金車・金輿とも書かれた。(24)

次には出自の問題である。朴・金両氏が天から降つたといふ点で一致するに対し、昔氏は海外の一国から漂着したもの、而もそれは金官国を経由したものとされ、この点でも二段の形をなしてゐる。次には出世の場所である。朴氏は楊山の下、蘿井の傍の林間に出現し、金氏は月城の西里、始林の中に見出だされた。昔氏は東海岸阿珍浦に着き、吐含山に登り、ここより地を相して下り月城に入つた。朴・金両氏が閼川（南川）をさしはさむ南と北との平野に出発するに対して、昔氏の経路は、海を渡り山を越えて、閼川のほとりに出でた。最後に、各始祖出現の話に附記された姓そのものの来歴をみよう。

先づ朴姓について、史記は「辰人謂瓠為朴、以初大卵如瓠、故以朴為姓」といひ、遺事も同じ意味のことを記してゐる。瓠は後世、今に至るも pak といふから、それと朴の音 pak との音通による解説である。昔姓については、その始祖の置かれた櫝が来た時、一羽の鵲が飛び鳴いてそれに随つた、故に鵲字を省して昔を以て氏となすといふのが史記の説であり、遺事は他の一説として、その始祖が山から下りて月城に入つた時、先住者たる瓠公に対して「これは昔の吾が家である」といつて詐り取つたからに因る、と記してゐる。また金姓については、その始祖が金櫝から生れたから姓を金としたといふのが、両書の説である。何れも、上述した出世伝説の一部分に附会してそれをくりかへした、極めて単純な説明に過ぎない。伝説から生れた姓ではなくて、漢字姓からつくられた伝説といふべきで、結局、姓の由来は、これら三つの始祖伝説の要素としては、附けたしの意味しか認められぬ。

もしもかくの如しとすれば、三姓始祖の伝説は、形の上では、例へば時間的前後とか、姓の差別とかいふ点では三分三立の形を示してゐるけれども、伝説の内容そのものに於いては、決してさうでない。ただ昔氏のそれが、出世の形式・出自・場所等に就いて、やや対立的な特色を持つてゐることに気附かれる。中でも昔氏の始祖が海外からの渡来者であり、後に東岳、即ち吐含山の神として祀られたことは(25)、閼川のほとりに天降卵生し、そこは祀られた朴・金二始祖と異なる主なる点である。その意味に於いて、三始祖伝説の内容は、三元的ではなくて、二元的であるといふことが、わずかに言へるのである。

要するに上古の王位の表徴としての三姓は、かくの如くはかないものであつて、上古の構成の主旨は、やはり金氏の王位の淵源を説くことに在り、而もその目的は、充分達せられてゐる。形の上では朴・昔・金三元的となつてゐるけれども、内容では金氏の世系が中心をなしてゐる。それは、金氏にして王位に即いた最初の王が第十三代味鄒王とされながら、その王以前六代の祖が明示されてゐることによつて知るべきである。第一代朴氏始祖から味鄒王までの間に、王代としては朴・昔二氏の十二代があるけれども、試みに史記の決定するところによつて姓別に世代を数へれば、朴氏は五代で終り、昔氏は七代で終り、更に横の列によつてみれば、味鄒と同列に位するものは昔氏の儒礼王であるから、それ以前は五代となる。即ち金氏を叙することに、決して不足してゐないと思ふ。

一歩退いて、この三始祖伝説を通じての、第一の特色ともいふべきは、新羅の王たるものは、金氏・昔氏はもとより、朴氏の始祖といへども、決して第一次的な存在でないとすることである。新羅は、新羅の王から出発しない。先づはじめに六部の長があつて、その六部の長達によつて朴氏の王は見出だされたのである。この六部についても、史記は「朝鮮の遺民」として、現実的出自を挙げて余韻を残さないが、遺事は「六部＝六村の長の天降」から説き出してゐる。新羅の起原は、文献上ではこの天降六村長より古きはない。この事実は、単に朴氏のみに関することにとどまらず、上古の構成そのものが、六村・六部の上に依拠することを暗示してゐるのではあるまいか。

しかしその構成の問題に立ち入る前に、上古の世系の全体に通ずる第二の特色ともいふべきものを指摘しておかねばならぬ。それは三姓のつながりの形式である。次に示す如く、試みに史記によつて世系図を作つてみれば、昔氏の初代の王は、朴氏の王の女婿であり、金氏の初代の王も同じく昔氏の王の女婿である。且つ冒頭に言及した如く、朴氏の王から昔氏の王にうつつても、一代で再び朴氏に還り、朴氏数代を経て再び昔氏となる。昔氏から金氏へのうつりかはりも、全く同じ形式をとつてゐる。この形式は、上文「新羅三代考」第三章に於て述べた如く、下代の一部に認められる事実であり、また下文の第四章に於て述べるであらう如く、上古の終り、半ば歴史時代に入つてからの事実でもある。それら後代の事実の投影であること疑ひない。

上古二十二王代のうち、半伝説的・半歴史的時代は第十七代奈勿王以後のことである。従つて金氏の王位が定まつ

〔上古三姓継承表〕

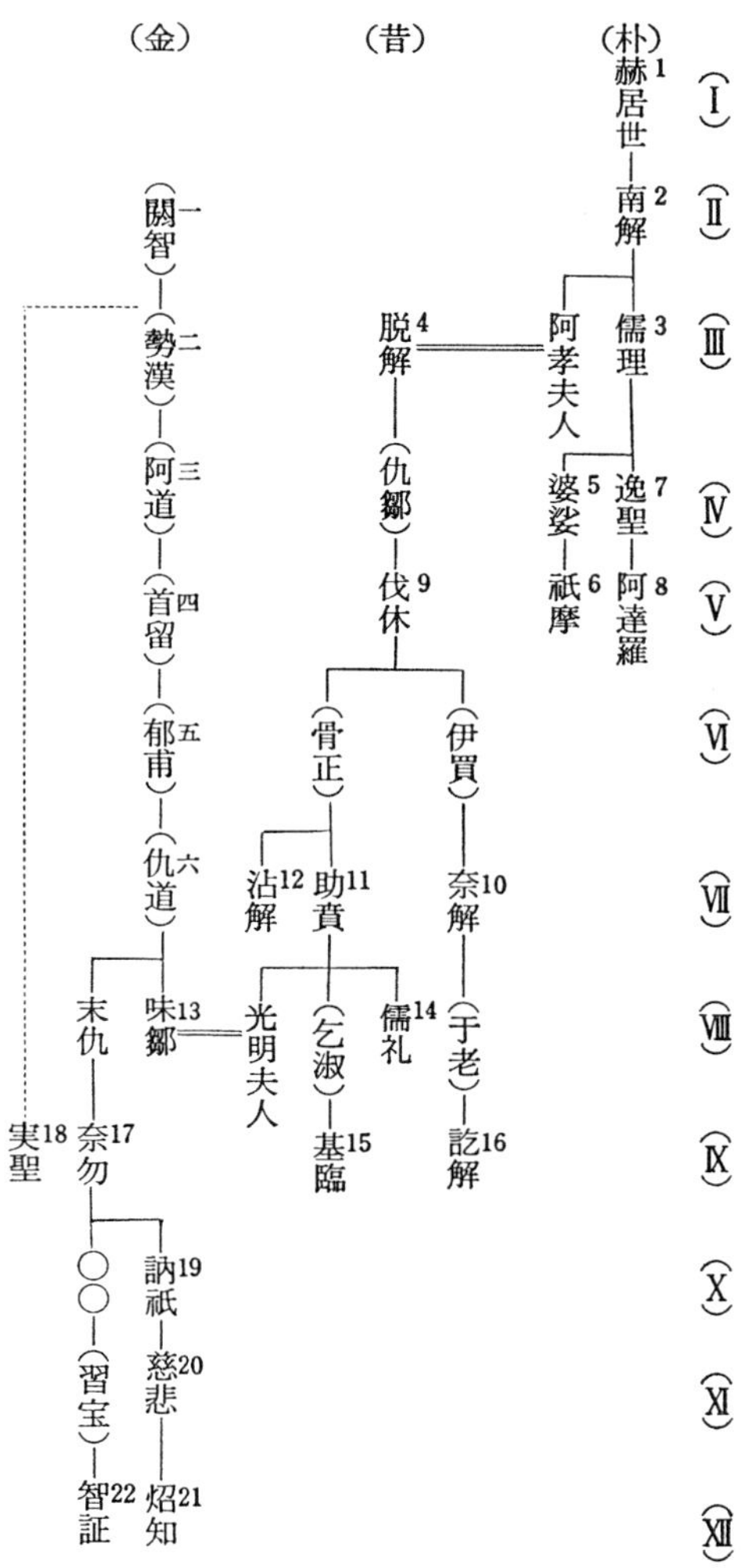

てからのちのことである。しかも上の如く、奈勿王以前の世系として伝へられるもの、十六王代にのぼるのであるから、これが構成的考察が必要となつて来る。

考察の第一は、これをこのまま、金王朝の古伝として承認することである。その場合、直ちに問題になるのは、しからばそれはいつ頃の古伝であるかである。その下限は、勿論この伝へを著録する三国史記の編修当時、即ち高麗仁宗二十三年（一一四五）にある。(26) それに対して上限は全く不明である。けれども上古の構成の最古の機会としては、真興王六年（五四五）に着手された国史修撰の事績が知られてゐる。(27) この修撰は、成果の片鱗をも残さぬが、極めて信じ得べき事実であり、少くとも第二十二智証王と第二十三法興王との間に於て時代を画することは、この修撰に於て、すでに決定されたであらうと思はれる。上古の成立についていひ得ることは、右の如き断片的なことにとどまる。然るに従来の研究の結果として、この問題に関する有力な一説がある。それは前間恭作氏が首唱され、後に池内博士が同調されたもので、[28]即ち三姓交立の大系は、新羅の末期に即位した朴氏王三代（神徳王・景明王・景哀王）十六年間（九一二〜九二七）に於ける歴史改作の結果であると断定された。前間氏の論証の過程には、幾多貴重な創見があるが、その結論に対しては軽々しく賛同すること出来ない。私は第一篇「新羅三代考」の第三章に述べた如き理由によつて、右三代の朴氏の王の即位を、前間氏や池内博士のやうに、易姓的変革とは考へ得ないのみならず、三姓交立の最初の王系が朴氏になつてゐるからといつて、朴氏の王が位にある時の歴史改造に帰せしめるのは、安易に過ぎる考へかたであると思ふ。

上古の考察の第二は、金氏王朝の成立が、他の同僚諸国の併合によつたものと考へられるから、その諸国併合の事実の残痕ではないかとすることである。軍事的また政治的併合が、開国伝説の併合にまで及ぶことは充分考へられるから、金氏の前に昔氏、昔氏の前に朴氏の王代を置いたことは、新羅が併合したいくつかの国の、代表的な二つの開国伝説を加上して、つくり上げたものかもしれないともいへよう。

上古の考察の第三は、純然たる歴史時代に入つてからの新羅の社会の事実の投影ではないか、即ち後世、三姓的分立とその統一との事実があつて、その淵源を説き、その事実の歴史的裏づけとして作られたものではないかと考へることである。この考へかたは、上文、三姓の王系のつなぎの形式が、後代の歴史事実の借用と認められることなどから推して、可能な考へかたである。少くとも中古の時代に認められる通婚団体としての金氏と朴氏（第四篇「新羅中古王代考」参照）は、上古三姓の金・朴両氏の説明に資することが出来るが、しかも昔氏を入れた三姓の説明は困難である。

いま一つ考へられることは、真興王諸碑が立証する三部、喙部・沙喙部・本彼部の存在は、三姓交立の上古の世系の成立を、真興王代の修史に置いて想定するものにとつては、まことに好都合な事実といはねばならぬ。ただしこの三部は、完成されて六部となり、そこでは明らかに朴・昔・金を排除して、李・鄭・孫・崔・裴・薛の六姓に配せられてゐる。私は嘗て三姓交立の基礎的事実として、この六部をとりあげ、六部の前相・前段として仮設されたのが三姓ではないかと考へたが、六部に対する考へかたが変化した（第六篇「新羅六部考」参照）今日に於ては、むしろ真興王諸碑に見える三部を、六部の中の三部とせず、当時はまだ三部のみしかなかつたのではないかと考へることによつて、三姓の基礎的事実を、そこに想定する可能性を認めるものである。

上古の考察の第四は、これを全く観念的・智識的な造作とすることである。例へば歴史時代の新羅人の、歴史的思惟の形式の具体化としてみることである。上文「新羅三代考」第二章に言及した如く、新羅の創世紀に、中国史上の三皇伝説をかたどつた形迹あることなど、この考へかたを援けるものである。その類のこととして、夏・殷・周三代の継承の史伝の如き、また新羅人を拘へた歴史観ではなかつたらうか。こころみに、夏・殷・周の継承関係を図表化してみれば、次の如くなる。

（夏）（1）――――（17）
（殷）（一）――――（十三）（1）―（30）
（周）（一）――――――――（十四）（1）―――（37）

新羅の三姓交立の有様を、同じく図表化してみれば、次の如くである。相似たところなしとはいへない。

〔朴氏〕
〔昔氏〕
〔金氏〕

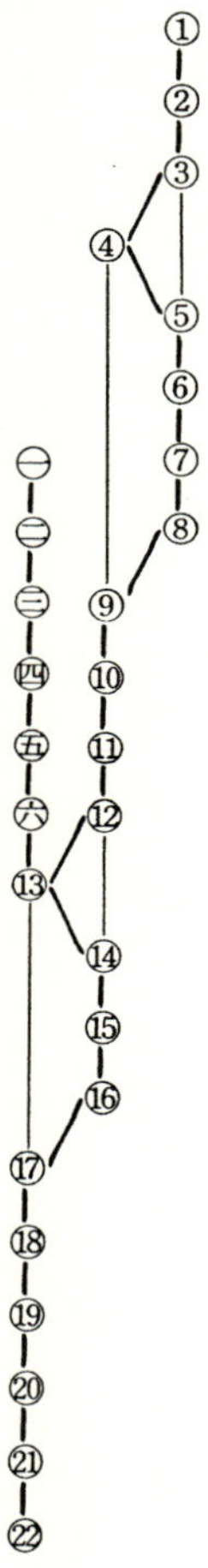

要するに三姓交立の意味するものは、右の如く、いろいろに考へられて、これと断定し得るものがない。向後の研究に待たねばならぬ。

第二章　二十二王の名義

新羅上古の構成の第一項としての三姓交立の解釈についで、その第二項として、上古二十二王の名義を考へてみたい。しかし王の名義に先立つて、王号の名義を考へておく必要がある。すでに第一篇「新羅三代考」第二章において、上古の王号居西干以下四種の王号に言及したが、そこでは史記・遺事が王号として記すものをそのままに王号として認め、全体的意味づけをこころみるにとどめた。故にここでは改めて個個の語義について述べる。

けだし太古期の伝説的王名と称号とは、本質的差別なきものが多く、しかもある歴史時代の、治者・王者に対する同一思想・同一観念のうつしであるに過ぎないことあり、或は名とし、或は称号として区別するのは、後世の歴史編纂者の作為によることが多いと考へられる。百済に於ては王に対する特別の呼び名として「於羅瑕」また「鞬吉支」あり、王妃に「於陸」あつたことが、周書の異域伝百済の条に記されて居り、そのうらづけとして、日本書紀の朝鮮関係の記事中では、王の字は百済のみならず新羅・高麗の場合でも、すべてコニキシまたコキシとよみ、またまれな例あるのみながら、王をオリコケ、后をオルクまたオリククとよんでゐる。[29]

しかるに史記・遺事には百済に関してかかる事実を全く伝へず、逆に新羅についてては、外国史料に見えぬ特殊な称号を、上古の部分に於て四種までも記してゐる。このことは歴史の実際を伝へる伝へぬの問題からはなれて、新羅の上古が、文献上いかに取扱はれてゐるかを考へるものにとつて、注意に値ひする事実でなければならぬ。故に従来これらの王号に関しては、白鳥博士の「朝鮮古代王号考」以下、近くは梁柱東氏の「朝鮮古歌研究」など、諸家の屢々試みられたところで、就中、鮎貝房之進氏の専著「雑攷」第一輯（新羅王位号並に追封王号に就きて）をもつて、最も詳しいものとする。[30] しかも結論は単一でない。いまその実情を概説すれば次の通りである。

第一　居西干（史記・遺事）

居瑟邯（遺事）

史記は居西干を辰言（辰韓語）で王の意、或は貴人を呼ぶの称といひ、遺事は、始祖の位号を居瑟邯、或は居西干に作るといふ。

居西干は音 kȯ-siȯ-kan. 居瑟邯は音 kȯ-sŭr-xan. 前間氏は居世を ke-si とよみ、乞士（kȯr-sɐ, kȯ-sɐ）・居士（kȯ-sɐ）の謂とし、仏家が始祖といふためにつけた尊号と解された。梁氏は居世を kɐs とよんで、kɐs-nan-i（初生児）、kɐs-pɐrk-i（始明）などに於ける kɐs の義、即ち「初・始」で、居西干（kɐs-xan）は始君・元君の義とされた。鮎貝氏は居西・居瑟などを、敬称の尾辞として用ゐらるる skȯi-sȯi の古形 kȯi, また kȯi-siȯ に充て、その kȯi の語原として、動詞 kiȯi-si（在上者の挙動を称する辞、「居」もしくは「在」の敬称にして、日本語に訳せば、オラル、イマス等の義）を提示された。小倉博士は鮎貝氏の論証を承けて、その論理の混乱を指摘すると同時に、居・在の敬辞説に賛成し、居西のよみかたを精しくして、kiȯ-sin, また kiȯ-sir とよみ、その義は「居らるる」・「います」とした。この解釈は、おのづから、上につく「赫居世」のよみかたと関連せざるを得ない。そのことについては、改めて下文に言ふであらう。

第二　次次雄　（史記・遺事）
　　慈　充　（史記・遺事）

この語の義については、古く史記の註に、金大問の「方言謂巫也、世人以巫事鬼神尚祭祀、故畏敬之、遂称尊長者為慈充」といふ説明を引用してゐる。金大問が慈充について説いてゐるのをみれば、はじめ慈充と書かれ、後に第二代の王号としての意を寓し、対訳字として次次雄と書き改められたのではあるまいか。次次雄は音 č'ɐ-č'ɐ-uŋ. 慈充は čɐ-č'i̯uŋ であるが、鮎貝氏は、次雄二字をもつて反切借字として č'uŋ とよみ次次雄は即ち č'ɐ-č'uŋ とし、その義は、金大問の説に従ふほかみちなきも、後世の僧の訓 či̯uŋ は č'ɐ-č'uŋ の約音ではあるまいかとされた。梁氏は更に一歩をすすめて、杜詩諺解（一四八一年撰）に、巫を sŭ-sŭŋ といひ、訓蒙字会（一五二七撰）に師・傅を何れも sŭ-sŭŋ とあるを指摘して、この sŭ-sŭŋ は、次次雄また慈充といふ漢字によつてあらはされた古語の転化したものとされた。

第三　尼師今　（史記・遺事）
　　尼叱今　（遺事）
　　歯叱今　（遺事）
　　尒叱今　（遺事二）（駕洛国記）

尼・尒は何れも音 ni. 歯は訓 ni. 前間氏は、新羅語で nim は「主」の義、それに um の語尾を附して敬意を表した nim-kum を、主君の尊称とした。尼師今以下四様に書かれてゐるのがそれであるとし、またこの nim-kum に当てた古い用字として、日本書紀に見える新羅王波沙寐錦の「寐錦」があることを指摘された。鮎貝氏は ni（尼・歯・尒）は敬称の接尾語、s（師・叱）は敬辞として語尾に附するもの、kum（今）は主君の義なりとし、書紀の寐錦は尼師今と同語とされた。しかるに梁氏は、尼師今・尼叱今を nis-kŭm とよみ、nis は継・嗣の訓 nij の転として、嗣王・継君の義に解し、更に寐錦は別個に mit-kŭm とよんで、mit は本の訓とし、始祖の義に解された。

第四　麻立干　（史記・遺事）

　　麻袖干　（遺事の註記）

麻は音 ma. 立は音 rip. 袖は音 siu で、訓 se-mai であるから、鮎貝氏は袖は恐らく裡（音 ri）の訛であらうとされた。

麻立については古く史記の註に金大問の「麻立者、方言謂橛也、橛謂諴操、准位而置、則王橛為主、臣橛列於下、因以名之」といふ説がある。これは橛（クヒ）の訓 mar をもつて麻立に当てた解釈であるが「橛謂諴操」の四字の意味が不明であつた。遺事の引用では、その四字を「橛標」の二字に作つてゐる。よつて今西博士は史記の操字を標に改め、さきの四字を「橛ハ諴ノ標ヲ謂フ」と読み、諴の字義が和なるにより、諴は和白を意味する、諴標は和白の時の標木なりとされた。[31] しかし、史記のかの四字は、もと遺事の如く「橛標」二字であつたのではあるまいか、即ち中間の謂諴二字は誤写衍入ではあるまいか。諴を和白の義とするは、余りにうがち過ぎた憶説と思ふ。前間氏は mar に宅の義あり、麻立干は族長を意味すとし、上代は人名の下に付する尊称にもつかつた、借音字で「末」と書き、借訓字で「宗」と書いたとされた。鮎貝氏は橛の mar のほかに、頭・主の mar, 宗の mare, ma-ro, 棟の ma-ra, 脊梁の ma-ra, 庁の ma-ro, ma-ru など、同語原と思はれる語が多いことを示し、その義は「頂上・極所」であつて、美称の語原としては、橛よりも適切であるとし、或はまた、新羅の人名につけられた宗の字・夫の字、いづれも mar とよまれたと推測されるから、麻立は、この美称としての宗・夫の mar と同義とすることも可能であり、下つては李朝時代に、貴人の尊称（接尾語）として瑪楼下・抹楼下主などの語あり、その瑪楼は高座の義なれば、麻立・瑪楼同語原と解することも可能であるとし、更に高句麗の最上の官位号としての莫離支も麻立と同語であらうとされた。梁氏また鮎貝氏と略々同じ解釈をされた。

麻立の語原解釈は大要以上の如きものであるが、なほ、いはば歴史的解釈の余地があると思ふ。私はそれを下文、第三篇「新羅建国考」第三章に於て述べるであらう。

次に二十二王のそれぞれの名義を考へてみようと思ふが、この企てに勇気を与へてくれるのは、第二十一代の炤知麻立干の名である。

炤知は、史記・遺事にいろいろに書きあらはされてゐること、次の通りである。

照知　（史・目）
昭知　（史・年表）
炤知　（史・三）
炤智　（遺・一）
毗処　（史・三・四。遺・王暦・一）

照・昭・炤は字義も同じく、字音も同じく čio であるから、対訳たること明らかであるが、毗処は音 pi-č'ó で、前三者（čio-či）と音の上では全く通じない。ところが照の訓をしらべてみると、新古諸書に次の如く見える。

訓蒙字会（下巻）　照　pɐ-jɐir.　暉　pi-č'uir.
（万暦）千字文　照　pi-č'uir.　曜　pi-č'uir.
朝鮮語辞典　照る・映る　pis-č'oi-ta, pis-č'ui-ta.

さすれば毗処（pi-č'ó）は、照るといふ言葉の語根（pɐ-j, pi-č', pis-č'）にあてられた借音字と解され、ひるがへつて炤知・照知・昭知は同じ言葉の借訓字とすることが出来る。知の字は、尾音（i, ɤ またその変格）をあらはすとともに、新羅人名の末尾に添へる尊称ともなつてゐる。照知・昭知・炤知・毗処の関係かくの如しとすれば、二様三様にも書かれることの多い上古二十二王の名義は、従来の随意的・個別的考察から一歩をすすめて、一貫して解釈してみる可能性があり、またそのことは、上古の世系を構成的に考へるものにとつて、重要な課題となるであらう。

〔1〕始祖赫居世居西干　（史・目）
　始祖朴赫居世居西干　（史・年表）
　赫居世王　（遺・一）
　赫居世　（史。遺・王暦・一）
　赫居王　（遺・一）
〈赫居　（遺・一、馬韓）〉
〈赫世　（史・甄萱伝）〉
　弗矩内王　（遺・一註）
　閼智居西干　（遺・一註）

（出所を示す略号として、史記を史、遺事を遺、目録を目とした。数字は巻次を示す。）

史記は赫居世（音 xi̯ȯk-kȯ-si̯ȯi）を始祖の諱とするのみで、何等の説明をも加へてゐないが、それは漢字のままによんで、一応、意味の通ずる名である。けれども遺事によれば、更に位号を居瑟邯といつたとし、註記に居瑟邯は或は居西干に作ると記してゐる。

赫居世の居世が、王号居西（居瑟）と同語の重複したものであることは諸氏の等しく認めるところであるから、問題は赫の字のよみかた如何にある。赫を「赤」の義にとれば、その訓は pŭr-kŭr で[32]、その語根 pŭrk が、そのまま弗矩内王の弗矩（音 pur-ku）によつてあらはされてゐるといへる。また赫を「明」の義にとれば、その訓は pər-kər で[33]あるから、弗矩はまたその語根 pərk の音訳ともいへる。

次に弗矩内の内の字はいかによむか。前間氏が「西の字の誤か」とされたのは、或は「矩西」として、居西に充てんとされたのではないかと推察される。鮎貝氏は内を訓でよんで an とし、弗矩内は pŭrk-an また pərk-an, 即ち pŭrk また pərk の分詞格（連体形）とされ、小倉博士はこれに賛同、役矩内王を pərk-an 王とよみ「かがやかしき」王の意とされ、他方、赫居世干を pərk-ŏi-kiŏ-sin-xan. 即ち「かがやかしくいます君」の意とされた。

始祖の別名閼智（音 ar-či）に関しては、遺事の註に

初開口之時、自称云閼智居世干、一起因其言称之。

とあつて、生誕当時の自称とされて居り、また同じ閼智は、下文にいふ如く、金氏の始祖の名でもあつて、そこでは「閼智即郷言、小児之称也」と説明してある。梁氏は、遺事のこの説明を採つて、幼児の義の a-či, a-ki に充てられた。鮎貝氏は、後世、王及び王世子の子女の敬称として阿只氏（a-ki-ssi）あり、単に阿只（a-ki）といへば幼児を称することを指示された。前間氏は閼は閼川の名をとりしもの、智は長上の義なる ča をあらはすと解された。しかし ar には、なほ別に広い意味を見出だすことが出来るやうで、そのことについては、下文、本篇第五章に改めて言ふであらうが、閼智については、その原義のいかんに関せず、最も重要なことは、それが朴氏始祖の一名であるとともに、金氏始祖の名でもあるといふことであつて、これは金氏始祖名から複写して朴氏始祖の一名とされたのではあるまいか。

〔2〕南解次次雄　　　　　　（史・目・一。遺・王暦）

南解居西干　（遺・王暦・一）

南解王　（遺・一）

南の字を訓でよんで arp=ar とすることは通説であるが、解の字は前間氏は訓によつて pür とよみ、梁氏は音によつて xai̯ とよみ、新羅の人名の末尾に附けられる xai̯, xui̯（善化の化、美海の海、巴胡の胡、阿爾兮の兮など）の借字とされた。下に述べる如く、二十二王中、第二字に解の字を有する王名は、この南解をはじめとして脱解・奈解・沾解・訖解、都合五王がある。しかも南解の朴氏を除けば、他の四王はすべて昔氏であることには、何か作意を感ずる。これらの解の字を pür と訓むか xai̯ とよむかは、かかはるところ大きいといふべく、仮りに前間氏に従つて pür を採るとしても、その義は何であらうか。前間氏は南（arp）は、閼川の閼を採りしものとし、解（pür）を村邑の義に解されたが、私はむしろ pür を pur として「火」の義に解し、〔1〕の赫・弗矩（pürk）に通ぜしめて解すべきかと思ふものである。この王について特記すべきことは、前間氏が注意された通り、遺事の巻一、第二南解王の段に「此王即三皇之第一云」と伝へられてゐることであつて、この逸文は、古く新羅の開国伝説に於て、第一代即ち始祖を南解とするものあつたことを暗示してゐる。後には南解の王号を次次雄（慈充）とするけれども、遺事が「南解居西干」と呼んでゐるのは、三皇の第一としての王号を、伝へるものではあるまいか。その意味に於て、王号居西干は、始祖赫居世にも、第二代南解にも用ゐられたと解すべきではなく、南解のがもとで、それが移されて赫居世のそれとなつたと解すべきであらう。

〔3〕儒理尼師今　（史・目・一）

弩礼尼叱今　（遺・王暦・一）

努□　（遺・王暦）

儒礼王　（遺・一）

奴礼王　（遺・一）

儒は音 iu̯, 弩・努・奴は何れも音 no, 理は音 ri, 礼は音 rioi̯ である。前間氏はこれを nu-ri とよみ、č を添へて nu-ri-č' は新羅語で世嗣の義とし、李朝初期まで nu-ri が世の字の訓として存したことを指示された。儒理王を前間氏が推察された如く、三皇伝説に於ける第二代の王名とすれば、高句麗に於ても第二代の王を琉璃王（類利・孺留）といひ、琉璃・類利・孺留が何れもまた儒理の対訳とみなし得ることと併せ考へて、nu-ri に世嗣の義を認めることは当れるが如くにも思はれる。けれどもこの儒理王の即位に関して、王が脱解に先んじて即位したのは、脱解よりも年長であつたからに由る、といふ伝説[34]のあることから考へれば、儒理・弩礼などは、延ぶ・殖ゆ・拡がるの義の nür, また老の義の nürk に当てて解することが出来る[35]。

〔4〕脱解尼師今　（史・目・一）

脱解歯叱今　（遺・一）

吐解尼師今　（史・一。遺・王暦・一）

脱は音 t'ai̯, また t'ar. 吐は音 t'o であるから、音相近しといへなくもないが、前間氏は、吐の訓 pat, 脱の訓 pas として対訳とした。さうしてそれは、新羅人が最も神聖として崇拝した吐含山を pat-mu-ri とよむことによつて、脱解の pas は吐含の pat に因むとされた。梁氏は脱の字を音でよみ、且つこの王の姓（昔）とつらね、昔を訓読して、昔脱・昔吐何れも nioi̯s-to なりとし、旧基の義とするとともに、解を音読（xai̯）して、人名の末尾に附する xüi̯（胡・希・休・兮など）に充当された。

〔5〕婆娑尼師今　（史・目・一）

婆娑尼叱今　（遺・王暦・一）

婆娑は音 p'a-sa である。前間氏は上の脱解の脱（pas）の対訳とし、日本書紀の新羅王波沙寐錦の波沙にあたるとされた。

〔6〕祇摩尼師今　（史・目・一）

祇磨尼叱今　（遺・王暦）

祇味　（史。遺）

祇麻王　（遺・一）

祇の音 ki, či, 摩・磨・麻は ma, 味は mi である。前間氏は下の〔15〕基臨・基立と同じく kim とし、金王朝の「金」の謂とされたが、いかがであらう。

〔7〕逸聖尼師今　（史・目）

逸聖は、音 ir-soŋ, また ir-sióŋ. 聖字を伴ふ名には、下に〔18〕の実聖王がある。逸・実が字義に於いて対蹠的であるのをみれば、この二名は漢字そのままの意味に解してよいかと思ふ。

〔8〕阿達羅尼師今　（史・目）

阿達尼師今　（史・年表）

阿達王　（遺・王暦）

阿達羅は音 a-tar-ra. 下の〔11〕助賁を「若い」義とすることが出来れば、同じ意味で、阿達羅は a-ter, a-tur（男の子の義）の訳字ではあるまいか。(36)

〔9〕伐休尼師今　（史・目）

発暉　（史・二）

伐は音 pȯr, 発は par, 休は xiu̯, 暉は xui̯ である。何れも〔1〕の弗矩の対訳ではあるまいか。

〔10〕奈解尼師今　（史・目）

奈は音 na, また nai̯. 前間氏は奈解を nar-pur と読み、奈（na）は大の義で大王とも読み得るが、nar, また na-ri とも称した辰韓北部の国邑の名（後の奈已・奈霊・捺李・奈城）とされた。しかし na は「出」の義であり、産む（nas）、顕はる（na-t'a-na）等の語根をなすものであるから、その意味に解することも出来る。(37)

〔11〕助賁尼師今　（史・目・二）

助□尼叱今　（遺・王暦）

助貴王　（史・三四）

諸貴　（史・二）

諸賁　（遺・王暦）

助は音 čŏ, 諸は čȯ, 賁は pi, また pun, 貴は kui̯ である。貴と賁とは字形の近似から、何れか一方が誤り記されたものであらう。仮りに賁を採れば、助賁（čo-pi, čo-pun）・諸賁（čȯ-pi, čo-pun）は「狭」の義 čop-ta の čop に充てることが出来(38)、また貴を採れば、助貴（čo-kui̯）・諸貴（čȯ-kui̯）は、「小・少」の義 čak-ta, cȯk-ta の čak また čȯk にあてることが出来るかと思ふ。(39)

〔12〕沾解尼師今　（史・目・二）

理解尼叱今　（遺・王暦・一）

詁解　（遺・王暦）

沾・理・詀の三字は、字形相似たものであるから、写刊の間に訛して三様に書かれるやうになつたのであるかも知れない。ただ沾は音 čiòm, 詀は音 čam であるから、沾と詀とは対訳とも考へられる。もしもこの čiòm, čam を採れば、それは「若」の義の čòrm-ta の čòrm にあてることが出来るかと思ふ。(40) 理は字形の上では沾・詀に近いといへるが、その音は ri であるから、沾・詀と相去ること遠いといはねばならぬ。しかし遺事に於ては、王暦でも巻一でも理解を第一に採用してゐるから、これに即して考へてみる余地がある。さすれば、高麗時代の文献では、史記でも遺事でも、第六代成宗の諱なる治を避けて理に作る例あることに気づく。例へば資治通鑑を資理通鑑とするが如きこれである。これから推せば、理解はもと治解と書かれたのではないかといふ疑ひがもてる。のみならず、更に沾字はもと治（治字の最後の一画を缺いだもの）と書かれたのが、訛つたのではないかと疑へる。治の音は čʻi. その義未考。

〔13〕味鄒尼師今（史・目・二）
味照（史・二）
未鄒尼叱今（遺・王暦）
末鄒（遺・一）
末雛（遺・三）
未祖（遺・王暦）
末祖（遺・一）
未召（遺・王暦）
末古（遺・一）
味炤（遺・王暦）

末はすべて未の誤りとすれば、味・未はともに音 mi であり、鄒・雛は č'u, 照は či͜o, 祖は čo, 召は či͜o, si͜o, 炤は si͜o, či͜o（高麗の文献では、第四代光宗の諱昭を避けて、昭・照を屢々炤に作る）。前間氏が味鄒以下、何れも mis 又は mit の音訳で「元・本」の義とされたことは卓見で、それはこの王が金氏にして最初に王位に即いた王とすることから来た名にほかならず、味鄒王は即ち始祖王の謂である。

〔14〕儒礼尼師今　（史・目・二）

世里智王　（遺・王暦）

儒理　（遺・一）

儒礼・儒理については〔3〕に述べたところである。世の字の訓が nu-ri であるから(41)、世里で nu-ri と読み、里は尾音 ri を送つたもので、智は、新羅の人名の末尾に附する美称・尊称の č である。

〔15〕基臨尼師今　（史・目・二）

基立　（史・二。遺・王暦）

基は音 küi, 臨は rim, 立は rip. 前間氏は基臨は即ち kim として、〔6〕の祇摩と同じく金王朝の「金」の謂とされたが、私は küi-rim, küi-rip に共通する原語として「長」・「永」の義なる kir-ta の kir にあてたい(42)。

〔16〕訖解尼師今　（史・目・二）

乞解　（遺・王暦・三）

訖は音 xür また kür, 乞は küi また kür また kör であるから、通音対訳である。さうしてそれは、「太」の義なる kurk-ta の kurk とすることが出来る(43)。解は〔2〕南解の解と同じく pur と訓む。

〔17〕奈勿尼師今　（史・目・三）

奈勿麻立干　（遺・王暦）

奈密王　（史・四四。史・四七）

那密王　（史・三。遺・一）

奈・那は音 na, 勿は mur, また mor, 密は mir である。崔彦撝撰の真空大師普法塔碑（九三九建）には郍勿と書かれてゐる。この語義については既説がないが、私は奈・那の na と勿・密の終声 r を採つて nar 即ち太陽の義とすべきではあるまいかと思ふ。下文、本篇第五章参照。

〔18〕実聖尼師今　（史・目）

実聖麻立干　（遺・王暦）

実主王　（遺・王暦）

宝金　（遺・王暦）

実は音 sir, 聖は si̯oŋ. 主は či̯u. 宝は恐らく実の訛。実聖は、そのままでは、上述した如く、〔7〕の逸聖と対蹠的な名で、漢字通りの意味が認められる。

〔19〕訥祇麻立干　（史・目）

内只王　（遺・王暦）

訥は音 nur. 内は nai̯, また nap. 祇は či, また ki. 只は či, 俗音 ki であるから、訥祇・内只を共に nur-ki と読んで、さきに〔3〕で述べた nurk（老の義）にあてたい。

〔20〕慈悲麻立干　（史・目）

慈悲は音 ča-pi. 仏教伝来以後なれば漢字のままの義となし得るが、ここではさうでないから、音によつて義を考ふべきであらう。もしもさうとすれば、〔11〕の助賁・諸賁の対訳として、čop の音訳とはされまいかと思ふ。

〔21〕照知麻立干　（史・目）
照知王　（史・四）
昭知摩王（摩王は麻立干の刊誤）（史・年表）
炤知　（史・三）
炤智王　（遺・一）
毗処王　（史・三・四。遺・一）
毗処麻立干　（遺・王暦）

照知（昭知・炤知）と毗処との関係については、すでに述べたところであるが、毗処が古く、照知などが新らしい書きかたであることは、遺事の王暦が毗処麻立干を第一に採つてゐるのによつても知られる。史記でも、炤知本紀では「一云毗処」と注して、毗処を従属的にしるすものの、法興王本紀では十五年の仏教肇行のところに「至毗処王時、有阿道和尚」云云と記してゐる。

〔22〕智証麻立干　（史・目）
智祖摩王（摩王は麻立干の刊誤）（史・年表）
智訂　（遺・王暦）
智澄　（遺・一）
智大路　（史・四・三二。遺・一）
智度路　（史・四・四四。遺・一）

智哲老　　　　　　　　（史・四。遺・一）

智は音 či, 証はču̇ŋ, čȯŋ, 祖は čo, 訂は tio̯ŋ, 澄は tiŋ であるから、智証・智祖・智訂・智澄は対訳である。また大は音 tai̯, 度は to, 哲は č'ȯr, 路・老はともに ro であるから、智大路・智度路・智哲老も互に対訳であること明らかである。さうして前四者は、後三者の美字省訳とすることも、誤りないところであらう。

či-ču̇ŋ（čȯŋ）
či-čo
či-tio̯ŋ
či-tiŋ
←
či-tai̯-ro
či-to-ro
či-č'ȯr-ro

この智哲老以下の音義について、梁氏は「長命」の義の ki-tȯ-ri の俗音 či-tor とされた。

さて以上は、上古二十二王の名が、いかに書きあらはされてゐるかをみることを主旨とした追求であるが、その書きあらはされかたの異同の中から、各王名の原義乃至原語が、附随的に考察された。原義・原語の解釈は、私の貧弱なる朝鮮語知識をもつてしては、甚だ不充分なるものにとどまることを、自から認めざるを得ないとはいへ、上古の王名解釈に、一縷の方向を見いだすことが出来たと思ふ。

けだし上古二十二王代といふが、その最後の六王代、即ち奈勿・実聖・訥祇・慈悲・炤知・智証の六王代は、大略、歴史時代である。故にその六王名だけは、それ以前の十六王名と切りはなして、一応、実在の王名として考へてみる余地がある。かくて今一度、奈勿以下の六王名の原義についていへば、

(一)　奈勿王は、統一新羅の一たんの成就者であるから、歴史上の始祖といへる。その王を呼ぶ名としての奈勿を、上に記した如く、太陽の義 nar の音訳字とすることは、必しも不合理ではない。けれどもこの nar といふ呼称は、

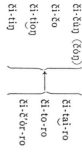

未だ必しも実在のものと確言することは出来ない。何となれば、下文、第五章に詳述するであらう如く、新羅人は始祖降誕地を奈乙と呼び（史記新羅本紀及び祭祀志）、また下つては三国統一以後の新羅の第一位の聖山（大祀三山）の一を奈歴また奈林と呼び（史記祭祀志及び遺事巻一）、それら奈乙・奈歴・奈林が、何れもまた nar の音訳字とされ、これらの事実は、統一成就の当代の王を nar と名づけたことを否定するものではないが、同時に nar の名が、多分に思想的・伝説的性質を持つてゐることを示してゐるからである。但しかかる思想（太陽崇拝及びその発展として、王者を呼ぶに太陽を意味する言葉を以てすること）は、比較的古く成立したものと考へ得るであらう。

㈡　実聖王については、漢字の字義のままに解したけれども、他の五王名から推して、朝鮮語による解釈の余地なきを保し難い。

㈢　訥祇王は、生年不詳とはいへ、その在位は四十二年に及んだ、と記される王である。その名が「老」の義なる nurk を以て解き得るとすれば、まことにふさはしい名といへる。高句麗第二十代の長寿王の謚も、その七十九年といふ長い在位の事実に由ることが思ひ合される。

㈣　慈悲王の名は、漢字名として最も自然な名であるが、朝鮮語によつて考へて čop の音訳とすれば、父王の名訥祇（老の義）に対する少王として、実在の名といひ得るであらう。

㈤　照知王の本名と考へられる毗処を、上述の如く pi-č とし「照る・かがやく」の義とすれば、それは奈勿の名（太陽の義）に通ずるものである。

㈥　智証王の本名智度路（智大路・智哲老）が、梁氏の解釈の如く「長命」の義なりとすれば、それは王の長命を祈つた名であるか、さもなくば前の訥祇王の如く、事実長命であつたからに基づく名であらう。

奈勿王以後の六王の名がかくの如く解されるとすれば、次に立ちかへつて、それらと奈勿王以前の所謂伝説時代の十六王の名との関連は如何。それについては次の如き数条が指摘されるであらう。

㈠　奈勿・毗処に関連するもの

〔1〕赫居世の「赫」(pùrk)　(明・赤の義)

〔1〕弗矩内　(pùrk-an)　(同上)

〔9〕伐休(発暉)　(pùrk)　(同上)

〔2〕南解
〔4〕脱解
〔10〕奈解
〔12〕沾解
〔16〕訖解
} の「解」(pur)　(火・光の義)

㈡　実聖に関連するもの(その反対語)

〔7〕逸聖

㈢　訥祇に関連するもの

〔3〕儒理
〔14〕儒礼
} (nùrk)　(老の義)

㈣　慈悲に関連するもの

〔12〕沾解の「沾」(čòrm)　(若の義)

〔11〕助貴　(čòk)　(少の義)

〔8〕阿達羅　(a-ter)　(児の義)

㈤　智証に関連するもの

〔15〕基臨　(kir)　(長・永の義)

〔16〕訖解の〔訖〕　(kurk)　(太の義)

㈥　其他

〔13〕味鄒　(mis, mit)　(元・本の義)

㈦　未詳

〔6〕祇摩

〔5〕婆娑

奈勿王以前、所謂伝説時代の十六王名の大多数が、かりに右の如く、奈勿王以後の六王名と関連ありとされるならば、それは何を意味するであらうか。私は必しも奈勿王以前の王名のすべてが、奈勿王以後の王名の分化であり、重複であり、反映であるとするものではない。同時にまた分化や重複や反映でないと断言するものでもないが、総していへば、むしろ分化や重複や反映として理解すべきものが、より多きを占むるのではないかと疑ふものである。伝説時代の十六王名と比較されるべき第二のものは、味鄒王以前の金氏の世系にあらはれた、六つの祖名である。それは史記と遺事とによつて、所用文字に一二の異同があること次の通りである。

〔史記〕閼智—勢漢—阿道—首留—郁甫—仇道—味鄒

〔遺事〕閼智—勢漢—阿道—首留—郁部—俱道（仇刀）—未鄒

これら六つの名の原義を考へ、かの十六王名との関連をしらべてみるに、最初の閼智は、〔1〕の始祖赫居世の一名として見えたが、実は、この金氏の始祖名閼智がもとになつて、かの朴氏始祖名が出来たのではないかと思はれること既に記した。次の勢漢と熱漢とは、何れを採るべきか。私は下文第五章に改めて詳述する如く、熱と同義の爇(焼く)に、古訓 pur-pŭt-t'ŭr あるにより、熱を採り、熱漢は pur-xan とよまるべきではないかと考へる。もしもさうとすれば、それは〔1〕の赫居世・弗矩内、〔9〕の伐休(発暉)等と同じ名となる。

次に阿道は音 a-to で〔8〕の阿達羅・阿達に近く、次に首留は音 siu-ru で、〔3〕の儒理・儒礼・奴礼などと対訳と考へ得る。次に郁甫は音 uk-po で、郁部(uk-pu)と対訳。次に仇道・倶道・仇刀は、何れも音 ku-to で対訳。但し郁甫と倶道との義は未だ考へ得ない。郁甫と仇道とは、十六王名との関連がないやうである。

第三章　王父・王母・王妃の名義

王名を個個別別に取り上げて、その意味するところを推考する仕事は、自然、次にはそれら二十二の王の繋がりを調べることに導いてくれる。王名の語解に於いて、朧げながらも、上古の王の属性に触れることが出来たと思ふが、その結論は別として、その結論に立ち到つた方法乃至過程が、もしも妥当性を缺かぬものであるとしたならば、次の繋がりの問題に於いても、何等かの、直接間接に前節を裏書きする結論が見出ださるべきである。果してそれは可能であらうか。

上古に属する二十二の王の前後の繋がり、即ちその血縁・親縁関係の追求は、二十二の王のみについてなされただけでは、充分ではない。先づ上古に続く中古及び下古、新羅全代を通じてみて上古のそれは中古・下古のそれと、如何なる総体的差違または一致点を示してゐるかを見極め、次には同じ文献上の百済・高句麗のそれと比較してみる必要がある。

下古、武烈王以降の部分はしばらく措いて、上古・中古を併せたものと百済・高句麗の全時代とを、それぞれの王の世系について対比してみると、百済と高句麗との間には、格別の差違は認め得ないのに、それら二国と新羅との相違は著しいものがある。それは一概にいへば高句麗・百済では父子関係が記されてゐるに止まるのに、新羅では父のみならず母・妃の関係が明記されてゐるものが多い。このことは、高句麗・百済の史料の残りかたと新羅のそれと、事情を異にした結果であるといへば、ことさらの意味はなくなるであらうが、それにしても、少くとも新羅の王系をたどるものにとつて注意すべき、また恵まれた事実でなければならぬ。史記・遺事によつて、羅・麗・済三国の王室系図を引いたものは数ある。然し、上述の新羅の特に恵まれた点を発揮した結果を示してゐるものは殆どないといつてよい。言ひ換へれば、父子の関係のみから引き記したのでは、新羅も百済も高句麗も、同じ様な形の系図になつてしまふからである。今ここに新羅の上古の部分について、各王の父・母・妃に関する記載を列記して、所伝の豊富と異同の著しさを示し、各の名の意味についての解説に及ぶであらう。

〔1〕始祖赫居世居西干（朴氏）

（妃）閼英夫人　（史・一）

娥英　（遺・王暦）

娥伊英　（遺・王暦）

娥利英　（遺・一）

閼は音 ar, 娥は a, 伊は i, 利は ri, 英は音 iŏŋ, 訓 skos-pu-ri,（はなぶさ）。前間氏は英を pu-ri と読み、閼英また娥英以下を ar-pur と読んで、王名の南解（ar-pur）をそのまま后妃の名としたものとされ、且つ閼英・娥英・娥利英は、その ar-pur をあらはすのに、堯女に因む字を集めたものとされた。堯女に因むといふのは、堯の二女を娥皇・女英といふからである。従ふべき卓説であらう。

〔2〕南解次次雄（朴氏）　（史・一）

（父）赫居世王〔1〕　（史・一）

（母）閼英夫人　（史・一）

（妃）雲帝夫人　（史・一。遺・一）

阿婁夫人　（史・一）

雲梯（夫人）　（遺・一註）

雲帝・雲梯は共に音 un-tiȯi. この名は、南解王の妃を雲梯山聖母としたことから起つたもの、山の名から来たものと思はれるから、阿婁夫人がもとの名であつたらう。阿婁は音 a-ru で、始祖の妃名の閼・娥利と同じである。雲梯山聖母については、下文第五章で再述する。

〔3〕儒理尼師今（朴氏）

（父）南解王〔2〕　（史・一）

（母）雲帝夫人　（史・一）

（妃）日知葛文王之女　（史・一）

許婁王之女朴氏　（史・一）

辞要王之女金氏　（遺・王暦）

日知は音 ir-či. 漢字のままの名かとも考へられるが、訓読して nar-č とすれば、王名奈勿と同じものといふことが出来る。日知は下文〔7〕の条で述べる通り、同名を以て再出するから、なほ考へる余地がある。改めてその条で述べよう。許婁は音 xó-ru. 辞要は sa-iŏ. 許婁と辞要とは字形の近似から来た二説で、何れが是か非かは断じ得ないとはいへ、許婁を正しいとするのが妥当であらう。さすれば、王名伐休・発暉・弗矩などの purk に甚だ近いといへよう。

〔4〕脱解尼師今（昔氏）

（父）	多婆那国王	（史・一）
	龍城国王（龍王）	（遺・一）
	琓夏国含達婆王	（遺・王暦・一）
	琓夏国含達王	（遺・二）
	正明国王	（遺・一）
	花夏国王	（遺・王暦・二）
（母）	女王国王女	（史・一）
	積女国王之女	（遺・王暦・一）
（妃）	南解王之女阿孝夫人	（史・一）
	南解王之女阿老夫人	（遺・王暦）
	（南解王之女）阿尼夫人	（遺・一）

多婆那国は、従来新羅の伝へによる一国名とされてゐたが、魏収の魏書（巻八、世宗紀八）永平元年三月己亥の条に「斯羅・阿陁比羅・阿夷乂・多婆那・伽伽・師達・于闐諸国、並遣使朝献」とあるによれば、史記の多婆那国は、魏

書に借りたものではあるまいか。魏書のこの名が特に注意されたのは、斯羅（新羅）がはじめて魏に通じたことを記す右の記事に並び挙げられてゐたからであらう。龍城以下、琓夏・花夏等の名は、或は仏典に拠るものではあるまいかと思はれるが、未だ検出し得ない。

孝・老・尼の三字は、字形甚だ相似てゐるので、是非を決し難いが、孝は音 xio̯, 老は ro, 尼は ni また nir. 私は老が正しく、孝・尼は何れも訛誤であらうと思ふ。阿老（a-ro）は〔1〕の閼・娥利、〔2〕の阿婁と対訳である。

〔5〕婆娑尼師今（朴氏）

（父）儒理王〔3〕　（史・一）

儒理王弟奈老　（史・一）

（母）辞要王之女金氏　（遺・王暦）

（妃）許婁葛文王之女金氏史省夫人　（史・一）

史肖夫人　（遺・王暦）

奈老は音 na-ro であるから王名の奈勿の対訳とし、太陽（nar）の義と解するを得よう。辞要・許婁については上に言つた。史は音 sa, 省は音 sio̯ŋ, 肖は sio̯, čio̯. 省・肖は字形の近似、或は字音の近似から来た両説であらう。

〔6〕祇摩尼師今（朴氏）

（父）婆娑王〔5〕　（史・一）

（母）史省夫人　（史・一）

史肖夫人　（遺・王暦）

（妃）葛文王摩帝之女金氏愛礼夫人　（史・一）

磨帝国王之女□礼夫人金氏　（遺・王暦）

愛礼夫人金氏　（遺・王暦）

摩帝また磨帝は共に音 ma-tiŏi であるから、「上」の義の古語 ma-tĕi(44) の音訳とされ、その語根 mat の転化 mas は「年長」または「初始」を意味する接頭語である(45)。愛礼は音 ĕi-riŏi であるから、ar の対訳とすることが出来る。

〔7〕逸聖尼師今（朴氏）

（父）儒理王〔3〕　（史・一）

日知葛文王　（史・一）

弩礼王〔3〕之兄　（遺・王暦）

祇磨王〔6〕　（遺・王暦）

（母）伊刊生夫人　（遺・王暦）

□□王夫人　（遺・王暦）

（妃）支所礼王之女朴氏　（史・一）

日知葛文王之女□礼夫人　（遺・王暦）

祇磨王之女□□□礼夫人　（遺・王暦）

日知については上に言つた。伊刊生の刊は、下文〔8〕の例によれば、利の訛字とされる。さすれば伊利生は音 i-ri-sĕiŋ で、逸聖（音 ir-siŏŋ）の対訳となる。支所礼は音 či-so-rĭo であるから、王名の智哲老（či-č'or-ro）に近い。

〔8〕阿達羅尼師今（朴氏）

（父）逸聖王〔7〕　（史・二）

（母）支所礼王之女朴氏　（史・二）

（妃）祇摩王之女朴氏内礼夫人　（史・二）

内は音 nɐ̯i また nap, 内礼を nɐ̯i-riȯ̯i とよめば、王名〔3〕の儒理・弩礼に通ずるといへるけれども、前間氏が内を訓読して、内礼を an-riȯ̯i とよみ、閼・阿婁・阿老の対訳とされたのに従ふべきであらう。

〔9〕伐休尼師今（昔氏）

（父）脱解王〔4〕之子仇鄒角干　（史・二）

（妃）金氏只珍内礼夫人　（史・二）

仇鄒は音 ku-č'u であるから、上記「長」・「始」の mas と対語をなす「末」・「端」を意味する ku̇t, ku̇s, sku̇s の意に解される。(46) 只珍は音 či-čin であるから、王号の慈充（čɐ-č'i̯u̇ŋ）また次次雄（č'a-č'uŋ）に近いといへる。内礼については前王妃のところで言つた。

〔10〕奈解尼師今（昔氏）

（父）伐休王〔9〕之第二子伊買　（史・二）

（母）内礼夫人　（史・二）

（妃）助賁王之妹昔氏　（史・二）

伊買は音 i-či また i-čir であるから「光り輝く」義の i-tu̇r(47) をもつて解することが出来、〔13〕の伊柒（i-č'ir）の対訳とされよう。

〔11〕助賁尼師今（昔氏）

（父）伐休王〔9〕之太子骨正（忽争）葛文王（史・二）

（母）仇道葛文王之女金氏玉帽夫人　（史・二）

（妃）南解王之女阿爾兮夫人　（史・二）

　阿尓□夫人　（遺・王暦）

骨正は音 kor-či̯oŋ. 忽争は xor-če̯iŋ である。kとxは通ずるから、骨正・忽争はいふまでもなく対訳字であるが、その意味は未だ考へ得ない。玉帽は音 ok-mo で「母」の義の ȯ-mi, a-mo, ȯ-mȯ などを以て解することが出来る。爾（尓）は ni また r に音借されるから、阿爾兮は a-ni-xȯi̯, また a-r-xȯi̯, a-r-xȯi̯ とすれば、既にしばしば述べた閼・阿婁などの対訳とされるであらう。

〔12〕沾解尼師今（昔氏）

（父）伐休王〔9〕之太子骨正（忽争）葛文王（史・二）

（母）仇道葛文王之女金氏玉帽夫人　（史・二）

〔13〕味鄒尼師今（金氏）

（父）仇道（葛文王）　（史・二）

（母）葛文王伊柒之女朴氏　（史・二）

　伊非葛文王之女生乎夫人　（遺・王暦）

　述礼夫人朴氏　（遺・王暦）

（妃）助賁王之女昔氏光明夫人　（史・二）

　諸賁王之女光明娘　（遺・王暦）

仇道は音 ku-to,〔9〕の仇鄒の対訳ではあるまいか。伊柒は音 i-čir,〔10〕の伊質の対訳とされよう。伊非は i-pi であるが、非は柒の刊写の誤であらう。生乎は音 saiŋ-xo. 述礼は čiur-riöi で、上述の首留に通ずるかと思ふ。光明夫人また光明娘の光明は、そのままの漢字名であること確かである。

〔14〕儒礼尼師今（昔氏）

（父）助賁王〔11〕（史・二）

（母）葛文王奈音之女（史・二）

□召夫人朴氏（遺・王暦）

奈音は音 na-ŭm. 同名は奈解王の孫（遺事は太子とする）捺音がある。その義は未考。

〔15〕基臨尼師今（昔氏）

（父）助賁王〔11〕之子乞淑（史・二）

助賁王〔11〕之孫乞淑（史・二）

諸賁王〔11〕（遺・王暦）

（母）阿尓□夫人（遺・王暦）

乞は音 kŭi, kŭr, kŏr. 淑は音 siuk. 阿尓については上に言つた。

〔16〕訖解尼師今（昔氏）

（父）于老角干（史・二）

奈解王〔10〕之第二子于老音角干（遺・王暦）

（母）助賁王之女命元夫人（史・二）

于老は音 u-ro. 于老音は u-ro-um. 前間氏は前者を ur, 後者を ur-um と読み、共に ur（于珍也・于尸山）国（今の江原道蔚珍）に関係ある名とされた。命元は音 mioŋ-uón.

〔17〕奈勿尼師今（金氏）

（父）仇道葛文王之子末仇角干　（史・三）
　　仇道葛文王　（遺・王暦）
　　末召王之弟□□角干　（遺・王暦）
（母）金氏休礼夫人　（史・三。遺・王暦）
（妃）味鄒王之女金氏　（史・三）
　　未鄒王之女内礼希夫人金氏　（遺・王暦）

末仇は音 mar-ku であるから、「清」の義の mer-ker, mark-ta[48] などの merk, mark にあてられる。休礼は音 xiu-rioi で、〔3〕の条の許婁（xó-ru）と対訳、pur また purk をもつて解し得る。内礼希の内礼は〔8〕・〔9〕に出た。希は音 xui,〔11〕の阿爾兮の兮（音 xói）に同じく、新羅人が人名の末尾につけた語である。

〔18〕実聖尼師今（金氏）

（父）閼智之裔孫大西知伊湌　（史・三）
　　未鄒之弟大西知角干　（遺・王暦）
（母）昔登保阿干之女伊利（企利）夫人（史・三）
　　昔氏登也阿干之女礼生夫人昔氏　（遺・王暦）
（妃）味鄒王之女　（史・三）

阿留夫人　（遺・王暦）

大西知は音 tai̯-si̯ȯ-čĭ. 登保は tuŋ-po. 登也は tuŋ-i̯a. 伊利は i-ri. 企利は ki-ri. 礼生は ri̯ȯi-sɐiŋ. 阿留は a-ri̯u. 〔7〕の伊刊生の刊が、私の推定の如く利の訛とすれば、伊利は伊利生（逸聖）の生を省略したものであり、礼生は伊利生の伊を省いた利生の対訳とすることが出来る。阿留は、しばしば出た閼・阿婁・内礼などの対訳である。

〔19〕訥祇麻立干（金氏）

（父）奈勿王〔17〕　（史・三）

（母）味鄒王之女保反夫人　（史・三）

内礼吉怖　（史・三）

未鄒王之女内礼希夫人金氏　（遺・王暦）

（妃）実聖王之女金氏　（史・三）

保反は音 po-pȯn, また po-pan 内礼吉怖の吉は音 kir, 怖は p'o. 希は xu̯i. 内礼はすでに屢々出た。吉怖（kir-p'o）は「喜」の義の kis-pu ではあるまいか。(49)

〔20〕慈悲麻立干（金氏）

（父）訥祇王〔19〕　（史・三）

（母）金氏　（史・三）

阿老夫人　（遺・王暦）

次老夫人　（遺・王暦）

（妃）未斯欣之女　（史・三）

巴胡葛文王之女　（遺・王暦）

未叱希角干之女　（遺・王暦）

□□角干之女　（遺・王暦）

阿老は〔4〕に出た。次老は č'a-ro. 未斯欣は mi-sə-xun. 巴胡は p'a-xo. 未叱希は mi-čùr-xu̯i. 未斯欣・未叱希が互に対訳であることはいふまでもない。

〔21〕照知麻立干（金氏）

（父）慈悲王〔20〕　（史・三）

（母）未斯欣之女金氏　（史・三）

（妃）乃宿伊伐湌之女喜兮夫人　（史・三）

未欣角干之女　（遺・王暦）

期宝葛文王之女　（遺・王暦）

乃宿は音 nai-si̯u, nai-si̯uk. 期宝は音 ku̯i-po であるから、さきの〔19〕の吉怖の対訳とされる。善兮は si̯òn-xo̯i.〔13〕の生乎（sə̯ŋ-xo）の対訳であらう。

〔22〕智証麻立干（金氏）

（父）奈勿王之曾孫習宝葛文王　（史・四）

訥祇之弟期宝葛文王　（遺・王暦）

（母）訥祇王之女金氏烏生夫人　（史・四）

訥祇王之女烏生夫人　（遺・王暦）

（妃）登欣伊飡之女朴氏延帝夫人　　（史・四）

迎帝夫人於攬代漢只登許角干之女（遺・王暦）

習宝は音 sŭp-po. 習と期は字形の近似から来た二説で何れがもとであるか、また何れが是なるかを知らぬ。期宝については前条で述べた。習宝について考へてみれば、期宝の原語と推定した kis-pu の反対語「悲」の義の sŭrp-xŭ-ta (50) の語根 sŭrp を以て解くことが出来る。鳥・烏は恐らく烏が正しいのであらう。烏生は音 o-sa̮iŋ, 登欣は音 tuŋ-xun, 延は音 iŏn, 迎は音 iŏŋ, 延・迎は古くは通じて用ゐられてゐる。登許は音 tuŋ-xŏ で、登欣の対訳とされる。於攬代は未考。漢只は後述の六部の漢岐部であらう。

以上は、上古二十二王について、その父・母・妃等の関係を示す記事を列挙することを主旨としたもので個個の名の語解は、従来殆どなされてゐないので、試みに附説したにとどまる。これによつて、百済・高句麗では伝へ残されぬものが、新羅では如何に多く残されてゐるかといふことを先づ知るべきである。第二にはその伝へが如何に異説あるものであるかを知るべきである。さうして第三に、それらの異説は如何に取扱はるべきであるかの問題にまで考へ及ばねばならぬ。

右の列記によつてみれば、史記が既に異説を示してゐるけれども、遺事のそれの方がより多い、又は屢々より解すべからざる記事を伝へてゐる。そのことは、この問題に関する遺事、特にその王暦の史料価値のより高いことを物語ると同時に、遺事の記事の不完全を示すものである。然し遺事の不完全は、主としてその現存板本の板の磨滅と、伝写復刻のくりかへされる間に生じた文字の混乱とから来てゐる。即ち第二義的・三義的条件の不幸に基づくもので、記事そのものの成立の不完全によるとはいひ得ない。それは現存遺事の最善本の一たる故今西博士所蔵本の写真複製本を実見すれば、誰しも認めるところであらう。故に従来の研究者は、研究に当つて、先づその誤脱・錯簡を正し、然る後に、これを使用せんとした。私も上古の世系のある部分については、かかる用意の必要と可能とを認めてゐるけれども、右の列挙に当つては、そのことには一切触れなかつた。それは或は不合理な、或は誤り記されたものを部分的に是正せんとする企てによつて、全体の問題が見失はれる危険を覚えたからである。

さて然らば、史記・遺事の右の如き、同一事項に関する異なるいくつかの伝へは、如何に取扱ふべきであらうか。史記も遺事も、一つのことを大書し、他の異説は「一云」、「一作」、「或云」として註書してゐる。これは形の上からいへば第一に大書したものを認めて、他は参考までに挙げた如く見える。従来の研究に於いては、多くの場合、かくの如く解したのである。然し私はそれを排して、大書したのも註書した異説・一説も、すべて同等の価値が認めらるべきであるといふ方針をとつた。然し私の如き方針を以て臨めば、前章に列記した王名は一応たどり得るとしても、その前後の繋がりは、殆んどこれを明示するを得なくなる。例へば、父子の関係のみによつて系図を引かうとしても、幾通りかの系図が出来、何れを採るべきかに迷ふ。まして母・妃の関係をも加へた系図は、全く引くに由なきに至るのである。故に異説、否な諸説を同等に取扱はんとする態度は、系図作製といふ点では、悲観すべき結果に立ち至らしめる。然しその悲観は全くの悲観に終るものではない。さきに第一章の終りに記した、父子関係のみを示す世系図（それは我我の引き得るいくつかの系図の単なる一例に過ぎない）を以て満足してゐたのでは、望み難い新しい問題が、かの悲観に到達したときに、はじめて考へられるのである。

新しい問題の第一は、決定的な系図作製の可能・不可能にかかはりなく、新羅史料の特徴ともいふべき王母・王妃の名のみならず、その出自、即ち某某の女といふことが数多く記されてゐることの意味如何である。このことは総評すれば、後代の新羅王の身分について、その母・その妃及びそれらの出自が、甚だ注意された、甚だ重きを置かれた結果ではあるまいかといふ疑問を抱かしめることになる。男系男子による王位の継承が確立してゐなかつた時代に於いて、かかる疑問が持たれるとすれば、王母・王妃が極めて多く記され、伝へられてゐるのは、単に偶然に記されたのでなくて、王位の継承に当つては、その母・その妃が何等かの条件をなしたのではないかとさへ思はれるのである。但し仮りにさう考へ得るとしても、我我は先づ歴史時代即ち中古以降の新羅の事実としてそれを認め、その反映乃至加上として上古の伝へを解し得るか否か、或はまた上古の事実の直接の反映・痕跡として解し得るか否かを考へてみる必要がある。

新しい問題の第二は、王母・王妃の名にあらはれた事実である。私は前章に於いて、王名の意味するところを推測したが、同様なる推測は、折角伝へ残された王母・王妃のそれについても一考されねばならぬ。上に列記した（1）王父、（2）王母の父、（3）王母、（4）王妃の父、（5）王妃、それぞれの名の語解は、なほ部分的であるのみならず、試案の域を脱せぬ不充分なものでしかないであらうが、全体的にみて、前章で追求した王名との一致乃至共通が目立つて注意される。即ち左の如し。

（イ）ar（閼智の閼、南解の南）

〔1〕の閼英、〔2〕の阿婁、〔4〕・〔20〕の阿老、〔6〕の愛礼。

〔11〕の阿爾兮、〔18〕の阿留、〔8〕・〔17〕・〔19〕の内礼。

（ロ）nar（奈勿）

〔5〕の奈老、〔3〕・〔7〕の日知。

（ハ）pur, purk（弗矩・伐休・発暉）

〔3〕の許婁、〔17〕の休礼。

（ニ）ir-sioŋ（逸聖）

〔7〕の伊利生、〔13〕の伊利、礼生。

（ホ）　či-č'or-ro（智哲老）

〔7〕の支所礼。

次に注意されるのは、王名には見えなかつたが、王名と意味の上で相通じ、また対蹠的な名がいくつかあることである。即ち左の如し。

（イ）　〔13〕の光明夫人・光明娘、〔10〕の伊質、〔13〕の伊柒は、共に i-tu̇r（輝）の義に解し得ること。

（ロ）　〔6〕の麻帝は、mat, mas（年長・初始）の意に解し得るに対して、〔9〕の仇鄒、〔13〕の仇道は、ku̇s, ku̇t（末・端）の意に解し得ること。

（ハ）　〔19〕の吉怖、〔21〕・〔22〕の期宝は、kis-pu（喜）の意に解し得るに対し、〔22〕の習宝は su̇rp（悲）の意に解し得ること。

右の如く、文字は異なるも同じ意味の名が、幾人かの人の名となつてゐること、ならびにそれらの名が、前章で追求した王名の意味と、或は全く一致し、或は同じ思想に出づると認められる事実は、いかに解釈すべきであらうか。これには二つの方途がある。その一、肯定的解釈は、王父・王母・王妃などいふが如き、王に準ずる身分の人が、かやうな同類の名をもつて呼ばれることは、極めてあり得ることとすることである。その二、否定的解釈は、右の如き名の殆どすべてが、伝説的造作でしかなく、且つかかる一致また共通は、結局、伝説造作の際における、素材の単一と貧困とから来てゐるとすることである。私は全体的には後者の解釈を採るものであるが、しかもここにみのがし得ないことは、かかる単一と貧困にもかかはらず、なほかつ上古二十二王の殆どすべてについて、王父・王母・王妃はもとより、それらそれぞれの尊親父母に及んでの伝記に努めてゐることである。これはたとへ造作としても、上古の最後の部分乃至中古に入つての歴史時代に於ける王の出自の尊重、わけても女系的継承の、溯求的造作とするを得るものではあるまいか。

第四章　王位継承の関係

前章に於いて、上古二十二王の王母・王妃の出自に関する極めて豊富な伝へを注意し、暗にそれは、女系的継承の事実から、溯求した文献上の造作ではないかを疑つた私は、一歩を進めて、その豊富なる伝へを、個個断片的でなくて、総合的に、また構成的に考へてみねばならぬ。

それにつけては、伝説時代とされる奈勿王以前の部分をしばらく除いて、奈勿王以後の継承の次第をみることにする。奈勿王は金氏として王位についた第二の王であるが、金氏の最初の王たる味鄒王との関係は、第一説では、奈勿は仇道葛文王の孫で、父を末仇角干といふ、而も仇道は味鄒王の父であるから、奈勿と味鄒との関係は、

(1) 仇　道┬味鄒王
　　　　　└末仇角干─奈勿王

となり、即ち叔（或は伯）と姪の間柄である。第二説によれば、奈勿は仇道葛文王の子であるから、味鄒と兄弟の間柄となる、即ち左の如し。

(2) 仇道葛文王┬味鄒王
　　　　　　　└奈勿王

第三説では奈勿は末召（味鄒）王の弟某角干の子であるから、第一と同じく叔と姪の関係である。

（3）┌味鄒王
　　└□□角干—奈勿王

然るに妃の関係からみると、奈勿と味鄒との間は外舅関係である。

（4）味鄒王—女（金氏、内礼希夫人）
　　　　　＝
　　　　奈勿王

奈勿の即位の事情としては、金氏第一代の味鄒王との（一）叔（伯）姪関係、（二）兄弟関係、（三）外舅関係、以上三つの場合が考へられる。その何れを採るかをしばらく措いて、次の実聖王の場合をみるに、実聖王の父は、第一説によれば大西知（伊湌）で、遠く溯れば閼智（金氏始祖）の裔孫といはれてゐる。第二説では、父を味鄒王の弟なる大西知（角干）としてゐる。

（5）閼智……………大西知伊湌—実聖王

（6）┌味鄒王
　　└大西知角干—実聖王

即ち第一説では、味鄒王との関係は不明である、ただ遠祖を閼智とする点で、同系たることが知られるのみである。第二説では叔姪関係となり、前の奈勿の身分の（1）と一致し、更に妃の関係からみれば、実聖は、味鄒の女婿であるから、奈勿の身分の（4）の場合と一致する。

（7）味鄒王—女（阿留夫人?）
　　　　　＝
　　　　実聖王

ところが、実聖の即位の事情としては、今一つ考ふべきものがある。それは、味鄒王との関係でなく、直接に、奈勿と実聖との間柄である。奈勿と実聖との直接の関係は、（2）と（6）とに拠れば叔（伯）と姪との間柄を得る。

（8）

┌味鄒王
├奈勿王
└大西知角干―実聖王

また（3）と（6）とに拠れば、従兄弟を認めることが出来る。

（9）

┌味鄒王
├□□角干―奈勿王
└大西知角干―実聖王

かくの如く、実聖王の即位については、味鄒と実聖との関係、奈勿と実聖との関係からみて、すべてで四つの場合がある。その何れが重きをなすものであるか。我我はその採択を決する前に、更に次の訥祇王の即位について観察しよう。

訥祇王は奈勿王の子である。そのことには異説がない。次に妃の関係からみれば、前王実聖の女婿である。

（10）

奈勿王―訥祇王
　　　　‖
実聖王―女（金氏）

奈勿・実聖・訥祇の承襲を、男系によってたどれば、先づ奈勿から甥（或は従兄弟）の実聖に伝へ――（8）・（9）による――、実聖は従兄弟（或は甥）の訥祇に伝へたことになる――（8）・（9）・（10）による――。それと同時に認められるのは、この三代が俗にいふ娘婿への継承をくりかへしたことにもなる――（4）・（7）・（10）による――。

味鄒王
- 女＝奈勿王
- 女＝実聖王
  - 女＝訥祇王

以上三代の継承は、叔（伯）姪関係・外舅関係・従兄弟関係・兄弟関係等の、それぞれに充分考へ得る事情が認められるが、私は就中、外舅関係に棄て去り難い意味を認めたい。といふのは、味鄒が金氏を以てはじめて昔氏の王位を承け継いだ時の事情が、如何に伝へられてゐるかを思ふからである。即ち味鄒の父は仇道（金氏）であり、そのことについては異説はない。母は第一説によるも第三説によるも朴氏である。さうして妃は第一説に昔氏を明記し、第二説では記さない。この味鄒王の即位の次第を、史記は叙して

沾解無子、国人立味鄒、此金氏有国之始也。

といひ、遺事は

第十三未鄒尼叱今、金閼智七世孫、赫世紫纓、仍有聖徳、受禅于理解、始登王位。

といつてゐる。何れにしても前王沾解（理解）との直接の関係を示さない。けれどもここに明らかなことは、前王の兄なる助賁王の女婿であることである。

骨正葛文王
- 助賁王─女（昔氏光明夫人）＝味鄒王
- 沾解王

更に思ひ出だされるのは、脱解が昔氏を以てはじめて王位に即いた時の事情である。それはまた女婿関係に立つものであつた。史記では「無論子婿、以年長且賢者継位」といふ先王（儒理）の遺命によつたことになつて居り、年長

云云に関連しては、歯叱今（尼師今）の解釈説話さへ出来てゐるが、不言の事実は、むしろこの女婿関係に見出だすべきではあるまいか。

要するに、上古三姓の継承の手法は、女婿関係に基いてゐる。これは女系的から男系的への過渡期の継承を構成するに、最も自然な手法であり、中国の古伝説に著名な堯舜禅譲のことが、舅婿関係に立つてゐることに倣つた作為とすれば、殊更に深い謂れを追求するに当らないであらうが、一歩退いてみれば、上述、奈勿以下三代に認められるごとき継承関係の事実が、伝説上の朴氏から昔氏へ、昔氏から金氏への繋がりを造作するに当つて作用した、基礎的事実とすべきではあるまいか。

なほ訥祇王の後ちの三代（慈悲・炤知・智証）には、直接の女婿関係は認め得ないが、著しい近親結婚が行はれてゐることが注意される。図示すれば左の通りである。

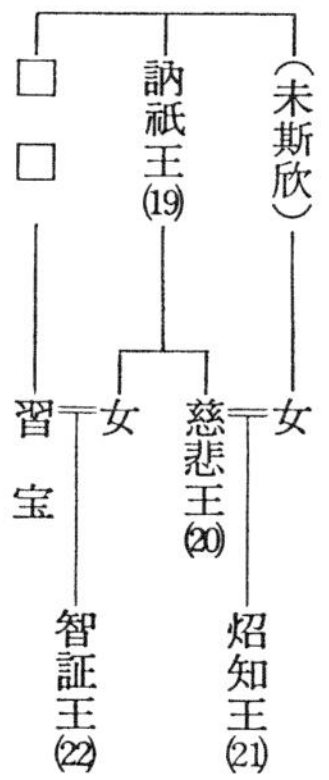

ちなみにいふに、新羅の社会に於ける女系の問題を、文献上考慮されたのは今西博士が「新羅史通説」にて赫居世の妃の閼英の伝説について述べられたところに、女系に重きを置きしことを推定され、また「新羅骨品考」中、葛文王の称号を受けしものの身分の決定は、女系に関係ありしかといふ疑問を提示され、女系相続・男系相続の問題に言及され、また別に「新羅母系相続の一例」として、遺事の巻五、明朗神印の条に

按埃白寺柱貼注脚載慶州戸長巨川母之女、女母明珠女、女母積利女之子広学大徳・大椽三重古名善会昆季二人、皆投

神印宗。

とあるを引かれ、広学大徳・大椽三重の血縁を母系によりて巨川につないだことに注意されたことなどが、管見の及ぶすべてである。女系の問題は、かくの如く早く今西博士の提示されたところであり(51)、新羅の社会、特に新羅の氏族制に関する重要問題であるが、未だ問題の提出に留まつてゐる。それは、問題としては考へ附かれても、解答に必要な史料が殆んど見出だされないからである。

また秋葉博士が「朝鮮巫家の母系的傾向(52)」に於いて述べられたところは、それが、現代朝鮮の特殊社会の一たる巫家に認められる事実としてのみならず、古代社会からのあやうい残存の事実であることを指示されたもので、古代の研究者にとつて、暗示に富むものである。私はかくの如き事実の探求と考察とを、李朝・高麗・新羅と溯つて試みることの必要を痛感するものである。

第五章　余　説（金氏始祖考）

上古の世系を追求して、諸王の名義、諸王の妃・父・母其他の所伝と名義、継承関係などをみて来たから、ここにそれらの総括的理解として、再び金氏の始祖に関する若干の考察を附け加へる。

金氏の始祖は、詳しくいへば三段にわけて伝へられてゐる。第一は最古の伝説的始祖＝閼智。第二は伝説上、最初に王位に即いたとされる始祖＝味鄒。第三は歴史事実と認められる最初の王＝奈勿である。以上は史記・遺事のしるすところであるが、それとは別系統の伝へとして、下古、統一時代初期（七世紀末）の金石文に見える星漢王がある。しからば上の閼智・味鄒・奈勿は、果して伝へのまゝに、時間的に配置されてしかるべきであるが、また星漢は果して前三者とは別系統の別伝であるか。

先づ閼智についてみるに、その名は、すでに述べた如く、朴氏始祖赫居世干の一名「閼智居世干」に一致し、また朴氏始祖の妃の名「閼英＝娥利英＝娥英」につながるものであるが、更にその閼・娥利の転化と考へられるものに、南解王の「親妹」の名とされる阿老がある。即ち史記の祭祀志の冒頭に

按新羅宗廟之制、第二代南解王三年春、始立始祖赫居世廟、四時祭之、以親妹阿老主祭。

とあるのがそれである。しかもこの阿老は、そのままの文字を以て、既に記した通り、南解王の女（脱解王妃）の名とされ（遺事・王暦）、更に阿老の対訳とすべき阿婁は、南解王妃の名である。さうして南解なる王名の南の字それ自体が、ar の訓借字とされること、既述の通りであるから、南解王をめぐる関係者の名は、すべて唯一つの言葉 ar のつかひわけ、乃至重出といへる。図示すれば次の如し。

（父）閼智（ar-či）＝＝（母）閼英（ar-pur）

南解王（ar-pur）＝＝（妃）阿婁（ar）

（妹）阿老（ar）

閼智の閼（ar）の分化が、右にとどまらず、更に後代の王母名・王妃名にも重出することは、上に記した通りで、ar は男性の名ともされ、女性の名ともなつてゐる。しからば、それは何れが、より本源的であるかといふ問題となる。男性の名としての ar が、金氏の始祖、朴氏の始祖の一名、南解王にとどまるに対し、女性の名としての ar はより多く、より後代まで存することからしても、それがもと女性の名であつたと考へられることは、右に記した南解王をめぐる関係図によつても明らかといへよう。私はかかる ar の分化を綜合して「新羅人の抱いた最も古い伝説の

一つでは、始祖を女性とし、且つその名を ar と呼んだ」といふ結論を導き出し得るかと思ふのである。しからばその ar の原義は何であらうか。

けだし閼智については、古く遺事の巻一、金閼智の段に「閼智、即郷言、小児之称也」といひ、近代の研究者も、それを現代語にて幼児の義の a-či, a-ki に充てて解するものあること、また新羅の古伝説にあらはれる人名を屢々地名起原にて理解された前間氏は、この閼を閼川の名に因むものと言はれたこと、既述の通りである。然るに宮崎博士は、閼智の閼は即ち卵の韓語（ar）と同語であらう、遺事が小児の称とすることも原義は矢張、卵生と関係あることであらうといはれた。[53] 三品博士は、それを更に進めて「古代王者の称呼としてのアルには、もう少し古代的な意義を添加して考へねばならない」とて、現代の朝鮮語に於ける ar の意味を再考し「ar は単独に卵を意味すると共に、一方複合詞に於ては、穀類や果実その他のものの皮殻の剝脱すること、及び出脱したものに通ずる語義を持つてゐる」ことを、ar（nas-ar の略、皮殻を去りたる穀類の粒）、ar-kok（殻を去りたる豆類）、以下、ar を接頭語とする数個の名詞によつて例証された。[54] これに関連して私が更に附け加へたいのは、動詞としての ar に「知る」・「開く」の義のあることで、その点については、朝鮮語辞典（五七二頁）に次の如き語彙を検出し得る。

ar-kó̮i-xa-ta（活）ar-ni-ta に同じ。

ar-ni-ta（ar-nió̮, ar-nin）（活）知らす。

ar-a-na̮i-ta（ar-a-na̮i-ió̮, ar-a-na̮in）（活）探り当つ。あばく。

ar-a-tús-ta（ar-a-tur-ó, ar-a-tur-ún）（活）㈠開き分く。㈡会得す。

ɐr-a-po-ta（ar-a-po-a, ar-a-pon）（活）㈠明瞭に了解す。㈡探知す。

右の如く ar の原義をたづねて来れば、ar 王の尊崇は、極言すれば創造神の尊崇にほかならず、新羅人が ar をその王朝の始祖の名とした所以も、おのづから理解されるであらう。

次に第二の始祖名＝味鄒についていふに、それが「本・原」の義なる mis, mit の音借字であることは、既記の通りである。金氏にして最初に王位に即いた王といふ意味で、この名を附することの妥当性は考へられる。しかし第一代の王を mis 王といふが如き呼びかたは、一見妥当なるが如くではあるが、それは甚だ進歩した観念的な呼びかたで、事実としてはむしろ後代の呼びかたとすべきではあるまいか。

次に第三に、歴史上その在位の確認される最初の王の名としての奈勿（奈密・那密・那勿）をもつて、さきに私が提案した如く、太陽の義なる nar の音訳とすることが認められるならば、それに関連して特記せねばならぬことがある。史記の祭祀志に

第二十二代智証王、於始祖誕降之地奈乙、創立神宮、以享之。

とあり、同じことを、史記の新羅本紀では、第二十一代炤知麻立干九年（四八七）の条に

春二月、置神宮於奈乙、奈乙始祖初生之処也。

とあることである。創立の年代に関して一致しないが、その何れを是とすべきか、それは判定の限りでない。ここに問題となるのは、奈乙といふ地名である。この奈乙（音 na-ur）を nar の音訳とすることは、早く今西博士・前間氏の説かれたところであつて(55)、私がつけ加へ得るものありとすれば、奈乙は即ち奈勿、両者を共に nar とすることである。

上引の二条の記事によれば、新羅人は、始祖誕降之地また始祖初生之処と伝へる聖地奈乙を持つてゐた、五世紀の終り頃（或は六世紀の始め頃）に至つて、其地に神宮を創立したのである。このことを裏書きするものは、史記の新羅本紀、南解次次雄三年春正月に建立されてから、歴代の王が、通例として即位の元年また翌年の、春正月また二月を

もつて親祀してゐる。ところがこの通例の「祀始祖廟」の記事が、炤知麻立干七年のそれを最後として絶え、九年の神宮創立となり、十七年春正月「王親祀神宮」と見えてから以後、新王即位の直後に行はれる親祀は、始祖廟ではなく、すべて神宮に於てである。故に祭祀志と新羅本紀との記事を併せていへば、神宮創立以前、始祖誕降の地奈乙に於ける始祖廟の存在のこと、その始祖は朴赫居世居西干であつたこと、少くともこの二つのことがいへるであらう。けれどもそれは、南解次次雄三年以降、炤知麻立干に至る記事を、すべて同等の記録として取扱つてのことであつて、かかる取扱かたが妥当でないことはいふまでもない。ただたしかなことは、炤知麻立干九年（或は智証麻立干代）に神宮を創立したといふことのみである。その神宮の地を始祖誕降の地とすることも、或は古来の伝へであつたかも知れないが、また或は神宮創立の時の宣言に始まるのかも知れない。従つてそこにいふ始祖が、その当時、何人を指したかは、別個に考へる自由がある。私は奈乙といふ地名と、奈勿といふ王名とを、同じ言葉の異なる書きあらはしに過ぎないと考へることから、神宮にまつられた始祖は金氏の始祖で、即ち奈勿麻立干ではなかつたかと思ふ。

けだし「親祀神宮」の例は、次第に乱れるとはいへ、新羅の終末近い景哀王元年（九二四）冬十月の条までたどることが出来る。しかもその間、祭祀の制が中国風に整備され、特に恵恭王代（七六五～七八〇）に於いて五廟の制定された後は、始祖廟が神宮とは別個に設けられ、神宮の性格・内容は次第に転化したかと思はれる。

また史記の祭祀志に、大祀の三山として

一、奈歴習比部。　二、骨火切也火郡。　三、穴礼大城郡。

を列挙し、また遺事の巻一、金庾信の段に

奈林・穴礼・骨火等三処護国之神

と見える奈歴（音 na-riŏk）・奈林（音 na-rim）が、前間氏の推定された如く、共に奈乙（nar）の対訳とし、三者同一地点をさすものとすれば、或は始祖誕降之地といはれ、或は大祀三山の第一とされ、或は三処護国の神の第一にあげられて、尊崇を払はれたこと疑ひないが、私はその地名（nar）を本来の地名と考へず、むしろその地で祀られたものの名（nar）から転じたのであらうと思ふ。しかもその祀られたものが、始祖とされたことは上記の通りであつて、また私が提案する如く、その始祖の名を奈勿（nar）とすれば、地名奈乙は、一応、始祖王名奈勿に起原するものといへる。けれども私は王名奈勿も起原的なものではなく、その前に、その上に、nar といふ神、乃至神の名の存在を想定するものである。

要するに nar は起原的には民族信仰の神の名であつたものが、新羅王国の成立の後ち、現実的に始祖名（奈勿）となり、残存して地処名（奈乙）となつたものと考へる。

第四に、そして最後に、以上三者とは一応別系統の伝へかとみられる始祖星漢王がある。文武王陵碑（神文王元年、六八一建立）の第一断石に

十五代祖星漢王、降質円穹、誕霊仙岳、肇臨（下闕）。

といふ一句は、碑の主人たる文武王の出自を叙したものと考へられ、その中の星漢王は、金氏の始祖を意味すること、殆ど疑ふ余地がない。この星漢の名は、はるかに下つて高麗国初の金石文、崔彦撝撰の「広照寺真澈大師宝月乗空塔碑」（太祖二十年、九三七建立）にもまた見える。即ち碑の主人たる真澈大師の系を記して

大師、法諱利厳、俗姓金氏、其先雞林人也、考其国史、実星漢之苗、云云。

とある。なほまた同人撰の「毗𥉉庵真空大師普法塔碑」（太祖二十二年、九三九建立）には、真空大師の系を記して

俗姓金氏、雞林人也、其先降自聖韓、興於那勿、本枝百世、貽厥嘉猷、云云。

といひ、前碑の星漢に当るものを、後碑では聖韓と書き改めてゐる。同一の撰者が、しかもわづか二年をへだてるに

過ぎないときに、一方で星漢と書き他方で聖韓と書いたのは、文字の変化を尊んだ筆のすさびにすぎないであらう。即ち星漢の音 si̯òŋ-xan に近似の美字として、聖韓（soŋ-xan）を選んだものであらう。

しからば星漢の原義は何か。これは前間氏がすでに指示された如く、星の訓 pi̯òr をもつて、かの火・光の義なる pur をあらはしたもの、漢は干の対訳である。さすれば星漢は、音義に於て、史記・遺事の伝へる朴氏始祖名としての赫居世の赫・弗矩に当る。

星漢を pi̯òr-xan＝pur-kan と解するにつけて、改めて提示したいことがある。それは既述王名の中に、星漢と対訳をなす名がもう一つあることである。金氏の味鄒王以前の世系六代の第二代、史記の勢漢、遺事の埶漢これである。前間氏は史記を採つて、遺事を捨てられた。それは勢漢が音 sòi̯-xan で、星漢・聖韓と音通となすを得るからであらう。けれども、それは星漢と書かれることが古くて、勢漢と書かれるのがより新しいといふ明証のない限り俄かに従ひ得ない。私は逆に遺事の埶漢が正しくて、史記の勢漢を誤りとすべきではないかと考へる。何となれば、埶を訓によつて解けば、pur をあらはす文字とみなすを得るかと思はれるからである。けだし埶の字の訓は、普通には「暑」の義にとつて tò-ur といふけれども、埶を爇と同義にとつて「焼く」・「あぶる」の義とすれば、その訓は古く pŭr-pŭ-t'ŭr, 新しくは pur-pus-čĭ-ta といふ。故にその頭音 pŭr, pur をあらはすために埶字を用ゐたと、いひ得るからである。(56)

以上、金氏の始祖を、㈠伝説上の始祖、㈡名前の上の始祖、㈢歴史的実在の始祖、㈣金石文に見える始祖として、その各の音義を考へてみたのであるが、これを総合していへば、最も重きをなすのは㈢の始祖、即ち奈勿である。これを私の義解の如く nar とし、太陽の義にとれば、㈠の始祖の名 ar、㈣の始祖の名 pur は、太陽の属性とされるから、㈢から分化したものといひ得るであらう。さうして㈡の名前の上の始祖は、最も観念的・抽象的、従つて一般的始祖で、㈠㈢㈣の三者とは別個の名としてさしつかへあるまいと思ふ。

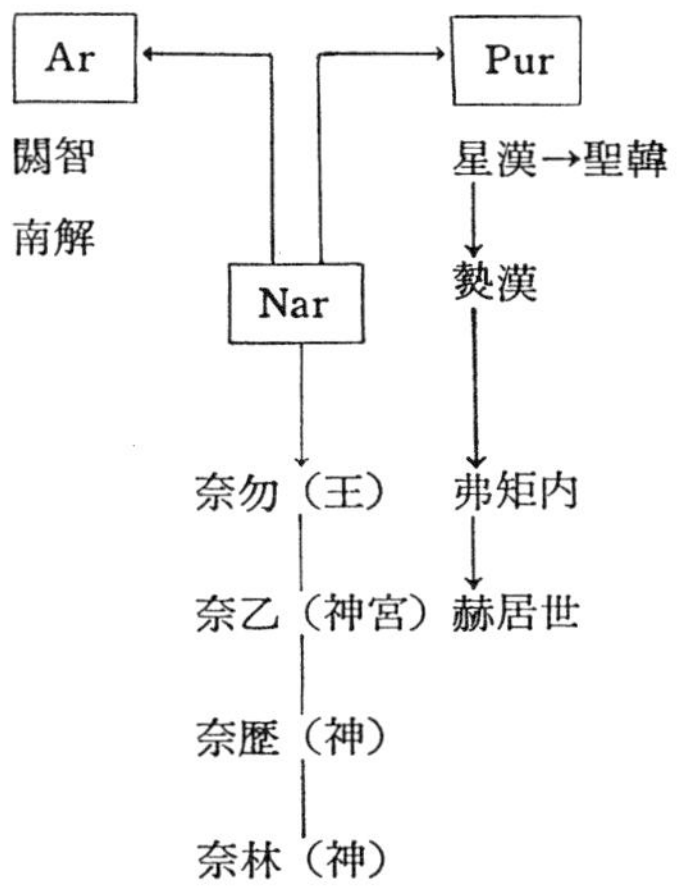

結び

以上、五章にわたつて述べたところを再び要約して置かう。

第一章に於いては「上古」の世系の構成として、最も顕著な三姓の王位の交立を考へた。さうしてその結果は、形の上での三元的に似ず、内容に於いては漸く二元的なものが把握された。よつて形の上の三元は、一つの造作ではないかと疑つた。その造作の由つて来るところは、歴史時代、特に中古の初期に認められる喙・沙喙・本彼三部の投影とすべきではないかといふ推測に到達した。

しからば上古の三姓分立乃至交立の構成上の形は、何時出来たのであらうか、といふ問題に対しては、中古の初期、新羅に於ける最初の修史（五四五）のときを以て、それに当てるのが至当と考へられる。漸く認められる二元的内容は、中古の王族と王妃族との存在が、その基礎となつてゐるといふのが、私の推論である。

第二章に於いては、三姓の区別から脱却して、上古の二十二王の名義を、総括的に同時に個別的に考へた。そこから帰結されたものは、太陽の属性に関する言葉を名とする、或は名の一部とするものの著しいことであつたが、そのことに対する私の解釈は、伝への古さではなくて、伝への自然さ、平凡さ、ひいては伝への新らしさとすることにある。

第三章に於いては、一旦前章で個個に考へた王を、再び前後の繋がり即ち血縁・親縁関係に於いて考へた。それには、王父・王母・王母の父・王妃・王妃の父を列記してみて、その所伝の豊富なる所以を、偶然にあらずとし、同時に、そこにあらはれる多くの名の一致と、また一部、前章で見た王の名との共通を認め、それは伝への単純貧弱から来たものであらうと解したが、なほその根柢に、歴史事実としての母系的傾向を想定した。

第四章に於いては、奈勿王以後に於ける王位の継承関係を見た。ここでは従来引かれた男系的世系図は、唯々一応のもので、最後的のものではないことをたしかめ、前章に想定した母系的傾向は、王位の継承関係に於いてあざやかに認められるものあることを二三例証し、第二章に述べた三姓を、分立に終らしめず互に相連絡せしめる手法にも、この女系的継承法が用ひられてゐることを指摘した。

第五章に於いては、余論として金氏始祖の名を総括し、始祖に因む始祖廟、また始祖降誕地に建てられた神宮のことを考へた。さうしてそれは第二章・第三章・第四章の所説を、或る程度まで裏書きする如く思はれるものであつた。

之を総じていへば、新羅上古の世系は、それを組み立てるに用ひられた部分的素材の古さは認められるけれども、それは大小全き形をなさぬ個個の断片である。組み立ての手法には、極めて新しいもの、即ち上古の末期から中古にかけての歴史事実が借り用ひられてゐるやうで、新羅の上古は、素材に於いて断片的であり、構成に於いて規模小さく、簡単であり、従つて新らしい造作であるといふ結論を得る。伝説の未成熟は新羅がその所謂伝説時代＝新羅国成立以前の時代に於いて、平和な部族生活を成熟せしめ得なかつたか、さうでなければ平和な部族生活を早く破壊されたか、何れかに由るものでなければならぬ。私はその両方もが原因をなしてゐると考へる。それにつけては、半島に於ける漢・魏・晋の郡県政治の影響を指摘することが出来る。新羅開国の伝説は、新羅生成ではなくて、新羅王出現の伝説である。従つて各始祖は常に何者かによつて見出だされたものであり、受身の立場に置かれてゐる、二次的のものである。而も一次的・根原的なものは、遂に伝説の主格となるを得なかつた。このことは、新羅国成立の歴史が導いた、極めて自然な結果である。新羅開国の伝説紀年が、前漢孝宣帝五鳳元年甲子（西暦前五七）とされてゐることは、新羅人が伝説構成に際しても、文献上の楽浪郡から離脱し得なかつたことを示すものであらう。何となれば、それは実に楽浪郡が開設されてから後の、最初の甲子年であるからである。かくて半島に於ける漢民族の政治を超越した開国伝説の構成は、王氏高麗の後期を待たねばならなかつたのである。

第三篇　新羅建国考

第一章　楽浪・帯方との関係

新羅の歴史的建国の問題としては、建国の年代と、建国の事情と両面から考へられるが、先づその年代については、第一篇「新羅三代考」に述べた如く、二段にわけて認識すべきである。即ち四世紀後半代（三五六～四〇二）に相当する奈勿王代が、第一次の成立時代であり、六世紀前半代（五一四～五四〇）の法興王代が、第二次の成立時代である。中について奈勿王の年代を見出だすことは、三国史記によつても、ある程度まで可能であるとはいへ、決定的でない。それを決定的たらしめるのは、外国史料である。即ち漢籍を第一とし、他は隣接の高句麗・百済・日本の史料である。

新羅の名が漢籍に見える最初は、資治通鑑の巻百四、晋紀二十六、太元二年（三七七）の条に

春、高句麗・新羅・西南夷、皆遣使入貢于秦。

といふ一条である。この遣使事実について、三国史記の高句麗本紀（巻十八）では、右の通鑑の紀年に該当する小獣林王七年（三七七）の条に「遣使入苻秦朝貢」と記してゐるが、新羅本紀には何故か、全く記してゐない。この年は、

百済の使がはじめて晋に入朝した年から五年目に当る。(57) 通鑑の記事は何となく、高句麗使に伴随した新羅使を想像させる。

第二の記事は、晋書の載記（第十三、苻堅上）に、太元四年（三七九）の記事につづけて、苻洛が大将軍大都督秦王を自称し、官司を署置し、平顔を以て輔国将軍幽州刺史となし、謀主としたことを記した条の末尾に

　分遣使者、徴兵於鮮卑・烏丸・高句麗・百済及薛羅・休忍等諸国、並不従、云云。

とあることである。そこに見える薛羅が、新羅の対訳であることは疑ひない。これを通鑑は太元五年三月の条に

　分遣使者、徴兵於鮮卑・烏桓・高句麗・百済・新羅・休忍諸国、遣兵三万、助北海公重戍薊、云云。

と記し、薛羅は新羅と書き改められてゐる。

第三の記事は、太平御覧の巻七百八十一、四夷部二、東夷二、新羅の段に引用された秦書の逸文二条である。曰く

　秦書曰、苻堅建元十八年、新羅国王楼寒、遣使衛頭、献美女、国在百済東、其人多美髪、髪長丈余。
　又曰、苻堅時、新羅国王楼寒、遣使衛頭朝貢、堅曰、卿言海東之事、与古不同何也、答曰、亦猶中国時代変革、名号改易。

ここに引かれた秦書について、内藤博士は、隋書経籍志に見えたる秦の車頻の秦書三巻なるか、又は宋の裴景仁が秦記十一巻をも秦書と称することあれば〈高似孫「史略」五、覇史一、秦書（裴景仁載符朗過江事、随志・唐志皆無之、見劉孝標注世説）、秦書（三巻、何仲熙譔、記符健事）〉、之を指せるか、詳かにし難いといはれたが、(58) 事実、劉知幾の史通巻十二、外篇、古今正史第二によれば、車頻の秦書は元嘉九年（四三二）に起草、二十八年に成り、裴景仁の秦記は、前者を訂正したものといふ。両書とも宋初まで存し、太平御覧に引用された。御覧は「車頻秦書曰」と明記して引くこと最も多く二十余条にのぼるが、裴景仁の秦記は「裴景仁秦書曰」或は「裴景仁前秦記曰」或は「裴景仁苻書曰」と

して引き、更に単に「秦書曰」また「秦記曰」として引くもの各々数条あつて、結局さきの秦書二条は車・裴何れのそれか不明である。

さて建元十八年に於ける新羅王楼寒の使者衛頭の入秦について、史記は巻三の奈勿尼師今二十六年の条に

遣衛頭入苻秦、貢方物、苻堅問衛頭曰、卿言海東之事、与古不同何耶、答曰、亦猶中国時代変革、名号改易、今焉得同。

と記してゐる。奈勿尼師今二十六年は、史記の年表によれば、辛巳、晋の孝武皇帝太元六年に当るから、秦書の伝へる建元十八年（三八二）即ち太元七年壬午と一年の相違がある。史記の記事に本原性の認め難いことは、それが上に引いた太平御覧に拠つたと考えられ、ただ末尾の四字「今焉得同」のみは通典の巻百八十五、辺防門新羅の段に拠つたと思はれるからであり、これを一年前の辛巳にかけたのは、採録にあたつての史記編者の誤算とすべきであらう。

しからば、さきの秦書の逸文に見られるところの、海東の形勢の、古と同じからざるものあり、といふ秦王苻堅の、詰責的な質問の一句は、実際上、いかなる事態を意味するものであらうか。それはいふまでもなく、これより七八十年前までは、魏志の韓伝によつて想見し得る如き諸小国並立の状態にあつた馬韓・辰韓・弁辰の地方、さしづめには辰韓の地方に於て、今使者を遣はす新羅が、支配的位地を占め、統合的勢威をあげてゐる事実を指すものでなければならぬ。

かかる史実を唐の張楚金は翰苑、巻三十、蕃夷部、新羅の条に四十六に詠んで「開源祐《(拓)》構、肇基金水之年」といひ、雍公叡はそれに注して

括地志云、案《(宋)》守書、元嘉中、倭王弥自称使特《(持)》節都督倭百済新羅任那秦（韓）慕韓六国諸軍事、此則新羅有国、在晋宋之間、且晋斉梁普《(衍々々)》普並無正伝、故其有国所由、靡得詳也、金水晋宋之也。

といつてゐる。張楚金の本文と雍公叡が引用した括地志の文（「靡得詳也」までと考へる）は、新羅有国の年代に対する明瞭な解釈としては、最も古いものであらう。新羅の一国としての歴史的出現の年代は、大まかにいつて晋宋の間、即ち四世紀の中葉を下らぬ、史記の新羅本紀では奈勿尼師今の時代（三五六～四〇二）に相当する。

いま奈勿尼師今以前、即ち大略三五〇年代以前の海東の形勢、とりわけ新羅附近の形勢として知り得る事実には何があらうか。その第一は七八十年乃至百年程前、二五〇～二七〇年代の有様、即ち魏志の韓伝は辰韓の段に記されたところである。私のあとづけは、当然そこからはじめられねばならぬ。

魏志の韓伝が、馬韓・辰韓・弁辰の三段に分ちしるすところは、三世紀前半代の朝鮮半島南部の現状に関するものであることは、すでに承認された事実である、その中で、最も大きな問題は、馬韓五十余国（今の通行本によつて数へて五十五国、翰苑所引魏略は「小国五十六」といひ、晋書は「小国五十六所」といひ、梁書は「五十四国」といひ一定し得ない）、辰韓十二国、弁辰十二国の現地比定であらう。これは当時の韓族が分立した有様を、地盤によつて把握する方途であるからである。

魏志は何故か辰韓十二国と弁辰十二国を、混ぜ合せて列挙してゐる。しかし弁辰の国名にはその都度「弁辰某某国」と弁辰二字を冠してゐるから、両韓国を分離することは容易である。いまさしあたり必要な辰韓十二国をぬき出し、その現地比定を試みれば次の通りである。

（1）已柢国　居知火（kŏ-či）　彦陽
　　　　　　居柒山（kŏ-čir）　東萊？

斯盧（慶州）の東南にある右の二候補地は、殆んど優劣を決し難いが、地理上、東萊は弁辰に包含せしめるのが至当と考へるから、前者即ち彦陽を採る。

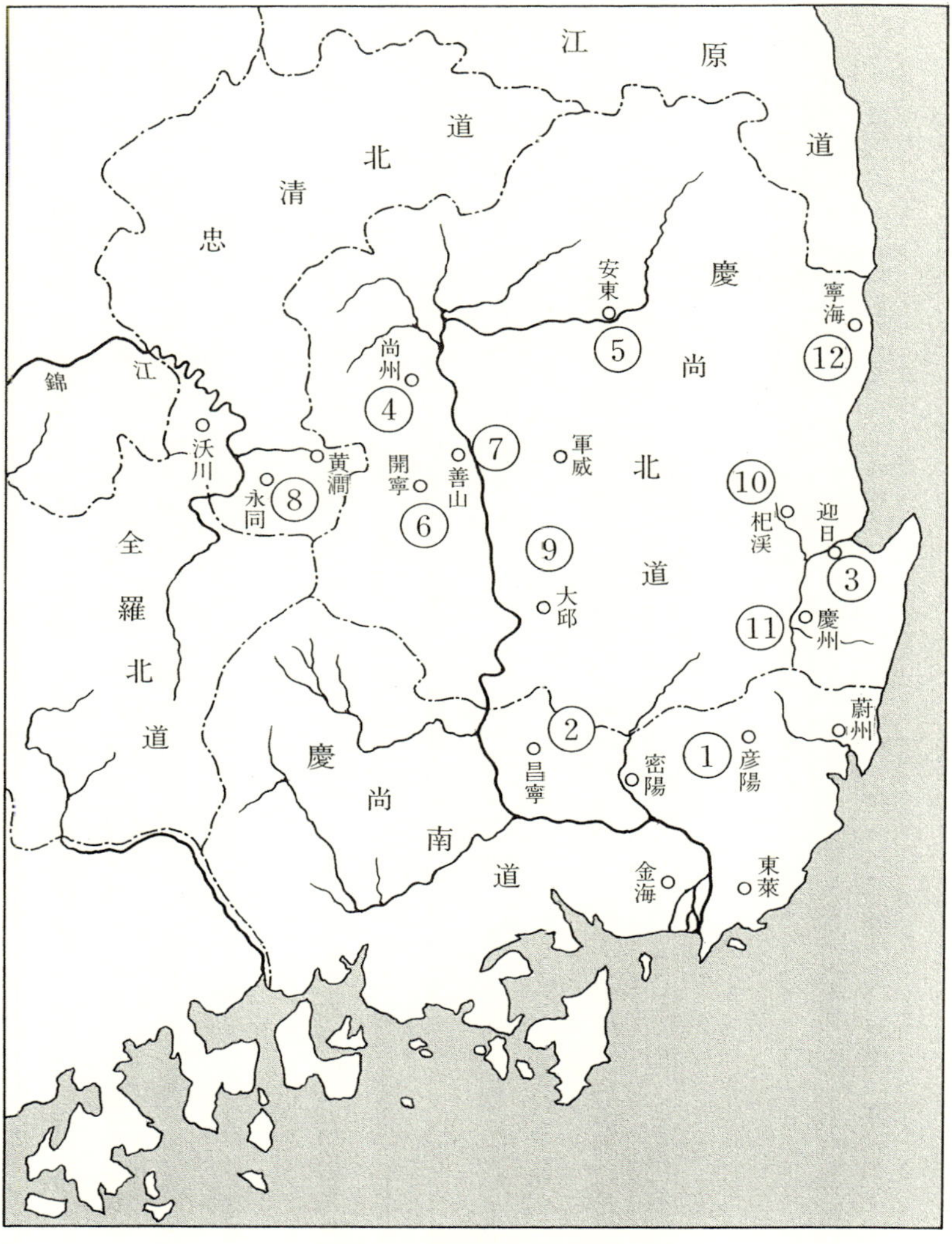

附図第一　馬韓十二国配置図

①已柢国（彦陽，東萊？）　②不斯国（昌寧）　③勤耆国（迎日）　④難弥離弥凍国（尚州丹密面）　⑤冉奚国（安東附近）　⑥軍弥国（金泉郡開寧または禦侮面）　⑦如湛国（善山・軍威附近）　⑧戸路国（沃川）、尸路国（黄澗または沃川郡伊院面）　⑨州鮮国（大邱府解顔）　⑩馬延国（迎日郡杞渓）　⑪斯盧国（慶州）　⑫優由国（寧海〈または蔚州〉）

（2）不斯国　比自火（pi·ča）　昌寧

この比定は、従来、すべての論者の一致したところで、改めていふを要しない。書紀の比自炑、真興王昌寧碑の比子伐、史記の比自火・比斯伐に当る。

（3）勤耆国　斤烏支（kŭn-o-či）　迎日

この比定は、極めて妥当なものと信ずる。

（4）難弥離弥凍国　武冬弥知（mu-rŭ-mi-či）丹密

この比定については、先づ弁辰に「弥離弥凍国」あることを、併せ考へねばならぬ。さすれば難字は、形容詞と察せられる。次に「弥凍」については、弁辰に「古資弥凍国」あることが注意される。即ち韓伝七十余国中に、某々弥凍国といはれるものが三つあるわけである。これは馬韓の国名の末尾に見える「卑離」（その例七つあり）の如き、普通名詞的なものをあらはしてゐると思はれる。果せるかな、史記の地理志を検するに、この「弥凍」の対訳とされる「弥知」を、県名の末尾に持つものが五例ある。左の如し。

尚州		化昌県＝知乃弥知
〃	聞韶郡	単密県＝武冬弥知
良州	商城郡	西畿停＝豆良弥知
武州	宝城郡	馬邑県＝古馬弥知
〃	武霊郡	茂松県＝松弥知

よつてこの弥凍＝弥知をたよりとして、当面の難弥離弥凍国を考へてみるに、尚州聞韶郡の武冬弥知がそれではあるまいかと思はれる。何となれば武冬弥知は mu-rŭ-mi-či と読めるからである。(59) 今の尚州の東方六十里、洛東江東岸

なる丹密面の地である。しかしかくては頭音「難」を省略したことになるから、武冬弥知はむしろ弁辰の弥離弥凍国に比定せらるべきではないか、との異論があるかも知れないが、私は弁辰の一を聞韶郡内に求めることは不合理と考へ、別に弁辰の弥離弥凍国は、史記の地理志に

良州　密城郡＝推火郡　密津県＝推浦県

とある推火郡・推浦県の地方、今の密陽附近に比定せらるべきものと考へるからである。推は訓 mir であるから、弥離に当る。

（5）冉奚国　泥兮（ni-xiŏi）　安東附近

冉奚は魏志（巻四）の正始七年の条に「夏五月、討濊貊、皆破之、韓那奚等数十国、各率種落降」とある那奚で、冉即ち冄が、那即ち那の誤り[60]として、史記の地理志の泥兮県に比定することが認められるならば、それは今の安東附近である。泥兮は一に熱兮とも書かれ、新羅中代には日谿県と改められ、古昌郡（安東）の属県の一である。正確な位置は、高麗時代以降未詳となつてゐるが、大東輿地図は安東の東南方百余里、義城の東方三十里、今の義城郡玉山面附近と思はれる地点に県址を明示してゐる。

（6）軍弥国　甘文（kam-mun）　金泉郡開寧
今勿（kum-mur）　金泉郡禦侮面

軍弥はその音の近似から、甘文に比定したが、古くこの地方が kam-mun 或はそれに近い名で呼ばれる一国をなしてゐたと思はれることは、その属県の一なる禦侮県（開寧の西北四十里）の古名が、また今勿（kum-mur）であることによつても想定される。強ひていへば、同じ属県の一なる金山県もまた今勿と同源の命名によるものではなからうか。

（7）如湛国　尒同兮（ni-toŋ-xiŏi）　善山附近
奴同覔（no-toŋ-miŏk）軍威

如湛に尒同また奴同をあてることは、殆ど誤りあるまい。尒同兮は、史記編修当時「今未詳」とされてゐるが、統一時代には奴同覔（軍威）及び芼兮（孝霊、今の孝令）とともに、崇善郡（一善）に属してゐた。尒同兮と奴同覔が、もと同じ地域で、後ちに二つに分れたものであらうことは、他の類例から推して、疑ひ得ない。

（8）戸路国　古尸山（ko-r）　沃川
尸路国　召羅（siŏ-ra）　黄潤
所利山（so-ri）　沃川郡伊院面

通行本には戸路となつてゐるが、翰苑残巻所引の魏志、及び明の南監本には尸路となつてゐる。何れかが転写の誤り、或は刊誤であらうが、決し難いから、ここには両方の解を試みることにする。先づ戸路についていへば、古尸山郡、後の管山郡[61]、今の忠清北道沃川である。

次に尸路として解けば、召羅県、又は所利山県がそれに当るかと思ふ。召羅（siŏ-ra）は、後の黄潤で、永同郡の属県の一である。所利山の所利（so-ri）また、召羅と同じ程度に於て、尸路の対訳とされ、所利山県は、上述の古尸山郡の属県の一で、後に利山県といひ、今の沃川郡伊院面にあたり、黄潤郡の西隣の地域である（召羅と所利とは、もと同一地をなしたのが、後に二分されたものであらう）。偶然のことながら、戸路としても尸路としても、比定される地は、大略同方向、同一地方となつた。しかもその沃川・黄潤の地方は、何れも脊梁山脈の西にあり、今、忠清北道に属する。かかる方面に辰韓の一国を求めることは、一見不合理とされるであらうが、管山郡、即ち日本書紀の函山城[62]が、任那の最後にあたつて、百済と新羅との間に争奪された重要地であつたことを知り、また新羅一統時代に、開寧・永同・管山と三郡連続して、尚州に属し、同一行政区域内にあつた事実を思へば、右の比定は不合理でないといふべく、逆にいへば、新羅一統時代の尚州管内に、永同・管山が入つてゐることの不思議を理解する鍵を与へられたことになる。また辰韓の一国がかくの如く、錦江の上流域に見出だされることは、辰韓と馬韓・帯方との関係を考へる上に於て、極めて興味あることである。

（9）州鮮国　雉省火（ʦ'i-si̯oŋ）　解顔

州鮮国はその字音に近似する雉省が比定される。雉省火県は後に解顔県となり、大丘郡に属す、今大邱府の東北十七里にある。

（10）馬延国　芼兮（mo-xi̯ŏi）　迎日郡杞渓

魏志の原文には馬延国が二つある。そのままでは辰韓十三国になるから、一方を重出として削る。馬延に近似する地名を史記からひき出すことは、甚だ困難であるが、強ひて説を立つれば、慶州の北方五十鮮里の退火郡の属県の一なる芼兮県、今の杞渓である。ところがこの芼兮と全く同名の県が今一つある。上述の一善郡の属県の一なる芼兮県、今の孝令である。しかし孝令は、上文（7）の尒同兮附近に比定された如湛国内に比定されるから、採らない。

（11）斯盧国　新羅（sin-ra）　慶州

斯盧が上記の通り晋書載記の薛羅で、通鑑其他後世の文献の新羅に当ることは確かである。史記では徐那伐（羅紀一）、徐耶伐（地理志）と書かれてゐるが、それは徐那の村、徐耶の村の義で、那・耶・羅・盧が、相通ずることは既説あるところである。

（12）優由国　于尸（u-r）　寧海

優由を、通行本は優中に作つてゐるが、翰苑所引の魏志及び明の南監本は優由としてゐる。今しばらく後者を採つて于尸にあてる。尸の字は、史記・遺事に於ける吏読的借字としてはｒの音をあらはし、于尸郡は中代・下代の有隣郡で、今の盈徳郡寧海の地である。ちなみに優由を于尸にあてることは、前間氏の主唱されたところであつて、氏は真興王の昌寧邑碑に見える于抽（u-t'i̯u）、史記の巻四十五の昔于老伝に見える于柚村（u-i̯u）も于尸の地とされた。

以上は三世紀前半頃に於ける辰韓十二国のそれぞれの位置を、後代の地名、特に史記の地理志に見える郡県名をたよりとして考へてみたものである。従来、斯盧の新羅、不斯の比自伐、優由の于尸たるべきことが論証されたにとどまり、他の九国については、殆ど説がなかつたのにかんがみ、敢て試みた私案である。中には例へば馬延国の比定の如き、甚だ不安なものもあるが、一応、右の比定に基づいて総括すれば、辰韓は、今の慶尚北道の寧海・安東・尚州を結ぶ線を北界とし、慶尚南道の彦陽・昌寧を結ぶ線を南界とし、西方は秋風嶺を越えて忠清北道の黄澗・沃川地方にまで突出してゐたことになる。沃川地方にまで及んだことが、意外ではなく、後代の歴史事実から推して理解出来ることについては、上文に述べたのであるが、これは魏志韓伝の当時（二五〇頃）の歴史事実からも裏づけ得るものの如くである。即ち辰韓を脊梁山脈の東に孤立したものとして考へない限り、換言すれば辰韓が、西方は馬韓・帯方郡、更に遠く楽浪郡につながるものであつたと理解する限り、この沃川地方はその連絡の要地であつた。しからば、いふところの韓伝当時の歴史事実とは何か。私はそれに答へるために、次に辰王の問題を提出する。[63]

魏志の韓伝は、その冒頭の一節に

（韓）有三種、一曰馬韓、二曰辰韓、三曰弁辰、[64] 辰韓者古之辰国也。

といふ。古の辰国とは、文献的に説明すれば、史記の朝鮮伝に、衛満の孫の右渠の所為の一端をのべて

真番旁辰国、欲上書見天子、又擁閼不通。

とある、その辰国を指すのであらう。

更に韓伝は、馬韓五十余国の名を列記して、それらの国が、大国は万余家、小国は数千家、総べて十余万戸なることを記し、つづけて

辰王治月支国。

といふ。月支国はいふまでもなく馬韓五十余国の中の一国として、すでに見えた国である。

冒頭の辰国は「古之辰国」、過去のもの、今はすでにないものとしてゐるから、この辰国と、かの辰王とを直ちに結びつけて考へることは危いとせねばならぬ。けれども過去の国名の「辰」と、現在の王名の「辰」とが同一であることは、一顧に値する事実である。

次に韓伝は、辰韓十二国と弁辰十二国とを、何故かまぜこぜに列記してから、総括して

弁辰韓合二十四国、大国四五千家、小国六七百家、総四五万戸。

といひ、つづけて

其十二国属辰王、辰王常用馬韓人作之、世世相継、辰王不得自立為王、魏略曰、明其為流移之人、故為馬韓所制。

と記してゐる。ここにいふ辰王が、さきに月支国に治すといはれた辰王そのものを指すことは、疑ふ余地がないけれども「其十二国」とは辰韓の十二国か、弁辰の十二国か、それとも辰韓数国と弁辰数国とを合せての十二国を意味するのか明らかでない。辰韓十二国を指すものと解するのが最も自然であり、安易であり、一般にはさう解されてゐるかと思ふけれども、厳密にいへば、この三つの場合の中の何れか一つであるといひ得るのみである。従つて辰王が支配する範囲（十二国）は、一応不明といふほかはない。

魏志を承けたと考へられる後漢書の韓伝が、

馬韓最大、共立其種為辰王、都目支国、尽王三韓之地、其諸国王先、皆是馬韓種人焉。

としたことは、魏志の辰王についての、後漢書編者の一解釈とはみなすことが出来るとはいへ、辰王をもつて三韓全体の王とみなすに至つては、誤解も甚だしいといはねばならず、この誤解は、他面、かの十二国の問題を没却せしめる結果となつた。

辰王に属する十二国は、我我の机上においては不明であるが、上記三つの場合の、何れか一つの場合であることだけは確かである。それにいま一つ確かなことは、辰韓・弁辰方面の十二国を、何等かの形で支配する辰王が、その支配十二国内に居らずして、西北方の馬韓の一国に居つたといふことである。我我の考究にゆだねられたものは、実にこの後漢書以来没却された事実をとりあげて、解釈をこころみることでなければならぬ。

さて辰王を総括して考へてみるに、

㈠ 辰王は馬韓の一国たる月支国に治した。月支は上記の如く後漢書には目支に作り、更に翰苑が引く魏略には自支に作る。月か目か自か決定し得ず、その所在地が、現在のどこかもわからない。

㈡ 辰王には辰韓・弁辰合せて二十四国の半数なる十二国が属した。いひかへれば、辰王は十二国を支配した。しかし問題はその属しいかた、逆にいへば支配の実態いかんである。これも不明といふほかはないが、強ひて想像をめぐらせば、朝貢関係ではあるまいか（下文参照）。

㈢ 辰王には常に馬韓人がなつた。その所謂「世世相継」とは、辰王の世襲制といふが如き、厳密な意味に解すべきではあるまい。いつも馬韓人がなつたといふことを、重ねていひあらはした文字であらう。

㈣ 辰王は自から立つて王となるを得なかつた、といふ一句の意味は、甚だ解し難いが、その一つの解釈は辰王を選定する権が、馬韓（の特定国か、或は五十余国全体）にあつたとすることである。

かくて辰王について最も重要な点は、㈡の十二国に対する「何等かの」支配関係の存在であると思ふ。しからばその支配関係の成立のための前程、基礎的事実は何であらうか。魏志の韓伝がその実在を明示する辰王の時代は、大略三世紀の中頃のことである。それは楽浪郡設置以来すでに三百五十年を経過した時である。この短かくない期間は、辰王が発生し、そして変化変質するに充分な期間である。私は魏志に記された上記の如き性格内容を持つ辰王は、いはば転化した辰王ではないかと思ふ。それにつけては、転化以前の、即ち発生の当時に於ける辰王を考へてみねばならぬ。

楽浪・帯方と諸韓国との関係は、魏志韓伝が比較的詳記するところであつて、それは要約すれば、政治的支配関係と、それを裏づける納貢関係である。かかる関係の推移発展に際して、楽浪郡により接近した諸韓国がより遠い南部の諸韓国に対して、ある種の誘導権を握つたであらうことは、想定に難からず、誘導権は成長して、ある程度の支配権となつたであらうことも考へ得るであらう。けれどもより遠い南部諸国が、次第に発展して、楽浪・帯方二郡に対して、直接通交の力を持つに至れば、さきの誘導・支配権は、また衰へ弱まらざるを得ない。魏志韓伝の辰王はいはばその衰亡に直面した支配権の主体ではなかつたらうか。

立ちかへつて考へてみるに、等しく「韓」といはれたものが、馬韓・辰韓・弁辰と三つに区別して呼ばれた所以は何であらうか。この区別を種族と部族との区別の段階に配してみることは、誰しも思ひつくところであらうが、確証がない。文献的には、馬韓の分派として辰韓を説いた魏志韓伝の

辰韓在馬韓之東、其耆老伝世自言、古之亡人避秦役、来適韓国、馬韓割其東界地与之、有城柵、其言語不与馬韓同、云云。

といふ一節がある。けれども辰韓と弁辰との関係に至つては全く不明で、同じく韓伝に

弁辰与辰韓雑居、亦有城郭、衣服居処、与辰韓同、言語法俗相似、祠祭鬼神有異、云云。

とあつて、その「祠祭鬼神有異」の一句が注意をひくのみ。ひそかに臆測するに、韓を三つに区別する最も具体的な根底は、楽浪・帯方との直接乃至間接の、政治的・経済的関係の相違に在つたのではあるまいか。さきに私は辰王に属する十二国を問題とし、その十二国を明指することは一応不可能としたが、それはそれとして、いま辰韓十二国、弁辰十二国といふことと併せ考へて、辰韓と弁辰とを区別する基礎が、何か辰王に属するものと然らざるものとの区別に発するものでないかと疑はざるを得ない。かく疑ふことがゆきすぎであるとしても、少くとも両者の区別は、内在的なものではなく、対外的関係の相違から来たものではあるまいかと思ふ。

なほ十二国の問題とは別に、従つて辰王との関係とは別に、辰韓十二国中の八国が、一時特に楽浪郡に属せしめられんとしたことがある。魏志の韓伝にいふ、

部従事呉林、以楽浪本統韓国、分割辰韓八国、以与楽浪、吏訳転有異同、臣智激韓忿(65)、攻帯方郡崎離営、時太守弓遵、楽浪太守劉茂、興兵伐之、遵戦死、二郡遂滅韓。

この事件は、弓遵が帯方太守であつた時のことで、弓遵は同書の濊伝及び倭人伝によれば、最小限、正始元年(二四〇)より七年(二四六)までその任に在つたとされる。辰韓八国の楽浪帰属は、それ以上の消息を伝へないけれども、それが永続したと仮定するならば、また辰韓分裂の一契機となつたであらう。

かやうな分裂また結合の契機をはらむ辰韓十二国の中の一国としての斯盧国が、近隣諸国を併せて出来た国が新羅である。十二国は久しい間、互に同盟・連合的関係に立つものであつたに違ひないが、最後に新羅としてまとまる過程は、征服のそれをとつたと考へられる。

さて斯盧国が、近隣数国を征服して、魏志時代の十二国分立の形勢を破ることに、一段落をつけた年代が三五〇年

頃であつたことは確かであるが、その征服範囲は不明である。また斯盧国が、他国にぬきんでて、かかる征服に成功した所以も、実証のすべを知らぬ。けれども辰韓地方に、かかる征服の気運が動きだした所以は、歴史的に探求する余地がある。これ即ち新羅国出現前一世紀の形勢について把握される第二のことがらである。

晋書によれば、咸寧二年（二七六）から元康元年（二九一）に至る十六年間に、殆ど連年、多数の東夷諸国が晋に入朝・帰化、また内附した記事が見える。これは東夷諸国と中国との関係史上、極めて顕著な事実である。所謂東夷諸国は、仮りに晋書（巻九十七）四夷伝、東夷の段に従ってあぐれば、夫余国・馬韓・辰韓・粛慎氏・倭人・稗離等十国であるが、右の期間に於ける所謂東夷諸国の動静の主軸をなしたものは、馬韓・辰韓の両韓ではなかつたかと思はれるふしがある。左に晋書帝紀の記事を、列伝の記事と対比せしめて表記してみよう。

		〔帝　紀〕	〔馬韓伝〕	〔辰韓伝〕
（二七六）	咸寧二	二月東夷八国帰化		
		七月東夷十七国内附		
（二七七）	咸寧三	是歳東夷三国内附	（馬韓）来	
（二七八）	咸寧四	三月東夷六国来献	（馬韓）請内附	
		是歳東夷九国内附		
（二八〇）	太康元	六月東夷十国帰化	馬韓遣使入貢方物	辰韓王遣使献方物
		七月東夷二十国朝献		
（二八一）	太康二	三月東夷五国朝献	馬韓主遣使入貢方物	辰韓復来朝貢
		六月東夷五国内附		
（二八二）	太康三	九月東夷二十九国帰化		
（二八六）	太康七	八月東夷十一国内附	馬韓至	辰韓又来

是歳馬韓等十一国遣使来献

（二八七）　太康八　八月東夷二国内附　馬韓至

（二八八）　太康九　九月東夷七国詣校尉内附

（二八九）　太康十　五月東夷十一国内附　馬韓至

是歳東夷絶遠三十余国来献

（二九〇）　太熙元　二月東夷七国朝貢　馬韓詣東夷校尉何龕上献

（二九一）　元康元　是歳東夷十七国詣校尉内附

晋書馬韓伝は、入朝入貢記事としては「武帝大康元年・二年、其主頻遣使入貢方物、七年・八年・十年、又頻至、太熙元年、詣東夷校尉何龕上献、咸寧三年復来、明年又請内附」と記し、大康以前の咸寧年間のことを、誤つて後にあげてゐる。右の表には、是正して採録した。〈（二七六）十月、晋ハ平州ヲ置キ、昌黎以下五郡国ヲ統ベシメタリ。〉

右の期間に於ける馬韓・辰韓を主とする東夷諸国の積極的活動は、この方面に対する晋の統制力が後退して、襄平（遼東郡）に治した東夷校尉を最先端の受容機関とするに至つた結果であらう。さうしてそれは、特にこの頃、楽浪・帯方二郡の実勢力が、既に有名無実に近いものになつてゐたことを暗示してゐると思ふ。二郡が、なほ勢力あつた時代には、諸韓国は貢献を個別的に行ふのを簡便としたが、今や更に遠距離に在る襄平への内附・帰化、更に遠く遙かなる晋本国への朝貢は、通交形態の集約強化を必要とし、ひいてその結果として、諸韓国の結合をもたらしたとも云ひ得るであらう。

東夷諸国の活動が、晋書に於て元康元年（二九一）以後著録されずなつたのは、襄平が高句麗に侵され、やがて鮮卑の慕容氏に領有されるに至つたからである。従来、楽浪・帯方二郡の最後の年を決する唯一の史料とされてゐる資治通鑑（巻八十八、晋紀）の建興元年（三一三）の条の

遼東張統、拠楽浪・帯方二郡、与高句麗王乙弗利相攻、連年不解、楽浪王遵説統、帥其民千余家帰廆、廆為之置楽浪郡、以統為太守、遵参軍事。

といふ一節は、むしろ遼東郡が慕容氏の手中に帰した年を明示する点に、重きを置いて理解さるべきであるが、とにかくこれより、楽浪・帯方二郡の地には高句麗が、遼東には慕容氏が占拠し、数年を出でず、三一七年晋は南遷して、ここに東方の形勢は一大変動期に入つた。四百年来、楽浪郡ついで帯方郡、広くいつて漢族の政治的支配を受けた諸韓国が、その動向を一変するのは当然である。中について、上述した如き、楽浪・帯方の末期（二七六〜二九一）に於ける遼東・晋への内附・帰化・朝貢事実を、遠心的統合傾向と名づけるならば、それはここに一変して求心的統合に向つたと察知される。しかもそれは、諸韓国の独自の統合に終始するをゆるされなかつた、北満洲の夫余族の南下と、海東日本の進出と、この二つの影響を被つたからである。

楽浪・帯方滅亡後に於ける日本の新たなる半島進出については、別に詳述したことがあるから、(66)今改めて説かないことにするが、夫余族南下(67)の起りは、太康六年から七年にかけての頃（二八五・二八六）のことで、満洲に破られた夫余の一派が南下して、沃沮即ち半島の咸鏡道に流れ入つた、しかもそこに定着せず、西南方に進入し、馬韓の一国＝伯済国に拠つて、馬韓の結合・統一傾向の指導権を握つたと思はれる。その一応の成就が、三五〇年頃の百済国の建国となつた。その確実なあらはれが、三七二年に於ける百済王（余句）の東晋への遣使である。

馬韓に於けるかかる歴史の発展が、辰韓の動向に作用したと考へ得るとすれば、斯盧から新羅国の出現は、夫余南下の間接的影響によるものとも、みなすことが出来るであらう。しかも馬韓が独自の力によつて統一され得なかつた如く、辰韓またそれみづからの力では統合されなかつた。辰韓が統合の外力として迎へたものは、主として高句麗であつた。私は章を改めてそのことを述べるであらうが、ここに本章の結びとし、且つ次章の予察として附記しておきたいことは、新羅と中国との関係の推移の大要である。

新羅は三七七年、苻堅の秦に入貢して、その建国を中国史上に表明した。後ち五年（三八二）二度目の入貢を同じ秦になしたが、その後は全く中国史上にあらはれざること百二十五年の久しきに及ぶ。この中国関係の空白時代が、無意味であらう筈はない。秦への二度目の入貢後数年にして、新羅の成長の方向は、対外関係の上から一変した。それは高句麗の積極的南鮮進出が開始せられ、高句麗に先んじて新羅に及んでゐた日本勢力と、拮抗するに至つたからである。

この南北の二大勢力の勝敗は、約百年間、決せられなかつた。新羅の生きるみちは、両勢力の優劣をうかがひ、事大の策を実践しながら、自国の成長と充実をはかることにあつた。生きるみちを中国通交に見出だす余裕は、与へられなかつた。しかし両勢力の新羅に於ける拮抗が、高句麗方の優勢に決着せんとする頃、新羅の成長が一段落して、新羅は逆に高句麗排除に出で、やがて攻略にまで発展する。

三八二年以来百二十五年ぶり、五〇八年に再開される新羅の中国通交の相手国は北魏であり、その仲介者はなほ高句麗であつた、と推測されるが、それから十三年目（五二一）に南朝の梁に遣はされた「新羅王募秦」即ち法興王の使者は、実に百済使に伴随するものであつた。その後再び四十二年間の中国通交空白期を経て、五六四年の北斉への入貢以後の通交に至つて、はじめて新羅独自のものとなるのである。

第二章　高句麗との関係

新羅の建国に及ぼした外力また他力の第二として指摘せねばならぬのは、高句麗のそれである。楽浪・帯方二郡を滅ぼした主力が高句麗であつたことは、改めていふを要しないが、高句麗の勢力は、すでに二郡滅亡以前、三世紀の中葉から、沃沮・濊の方面（咸鏡道・江原道）に加はつてゐた。しかもそれらの地方は、何れももと玄菟郡或は楽浪郡に属する県の置かれた地であり、ついでは楽浪郡の東部都尉の主領したところである。それが都尉の罷められた後ち、一旦その地原住民の自治的な国となり、更に高句麗の属領となつたのである。魏志の東沃沮伝に

漢光武六年、省辺郡都尉、由此罷（東部都尉）、其後皆以其県中渠帥為県侯、不耐・華麗・沃沮諸県、皆為侯国、夷狄更相攻伐、唯不耐濊侯、至今猶置功曹・主簿諸曹、皆濊民作之、沃沮諸邑落、皆自称三老、則故県国之制也、国小迫於大国之間、遂臣属句麗、句麗復置其中大人為使者、使相主領、又使大加統責其租税、貊布魚塩海中食物、千里担負致之、又送其美女、以為婢妾、遇之如奴僕。

といひ、また濊伝にも、濊が「漢末、更に句麗に属した」ことを伝へてゐる。

魏の毌丘倹が、正始五・六年（二四四・二四五）の間に決行した高句麗征伐が、その派生的事実として、三郡（玄菟・楽浪・帯方）太守の沃沮・濊の征討を起したことは、結局、それらの地方にまで及んでゐた高句麗の支配権の払拭でもあつた。征討の成果は、韓の那奚等数十国の種落を率ゐての魏への降服となり（二四七）、濊の不耐侯の朝貢となり（二四八）、また韓・濊の朝貢となつた（二六一）。那奚がさきに比定した如く、今の安東附近であるとすれば、一時的とはいへ、楽浪・帯方の支配は、直接辰韓の地にまで及んだことになる。二郡が滅亡した後ちは、再び高句麗が郡県のあとを襲つて、濊・韓をその支配下に置かうとしたのは当然のなりゆきである。けれども高句麗の支配は、しかく容易に樹立されなかつた。その一は前章に言及した如く二郡滅亡の直前、沃沮の地に入つた夫余の勢力があつたこと、その二は南方及び東南方の馬韓・辰韓が時を同じくして、遠心的統合から求心的統合へと、とにかく自立の方向に進んでゐたからである。

諸韓国の地方に於ける統合への動きが、いかに強かつたとしても、高句麗の圧力に拮抗し得るものではない、政治的・社会的発達の段階が、高句麗と諸韓国とは甚だしく相違してゐたからである。それにもかかはらず、馬韓に百済が起つたのは、夫余を支配勢力として迎へたからであらう。百済はそれだけでは安んじ得ず、ついで日本の援助を求めたのである。かくて百済と高句麗との敵対関係は、百済の建国当初からの内在的事実である。

馬韓の統合が右のやうな次第で進行する一方、辰韓の統合は如何。我我の想像し得ることは、辰韓独自の統一に先んじて、馬韓の統一、百済の中に巻き込まれる恐れがあつたらうといふことである。しかるに事実に於ては、別に新羅として一国をなした、それも百済と殆ど時を同じくして。これは結局、百済の統合力が、辰韓にまで及び得なかつたからであるが、今一つの理由として、辰韓が百済に対する反対勢力たる高句麗と結んだことが考へられる。上に述べた如く、沃沮から濊の地にわたる東海岸地方に、高句麗の支配が伸びたことは、三世紀前半代にすでに認められたところであり、淵源古い事実である。新羅国成立の前提条件の一として、この東海岸地帯を経由して、高句麗と結び、高句麗の勢力を導入したのではあるまいか。前章冒頭に引用した大元二年（三七七）新羅国最初の苻秦への入貢が、高句麗使と同道したかと臆測されるのは、偶然でないと思ふ。

かくして新羅の建国の前提として、高句麗勢力の誘致が行はれたとすることは、単なる想定に過ぎぬとするも、建国直後に於ける高句麗への従属、高句麗の軍事的援助は、かくれなき事実である。その第一は好太王碑文に見える。碑文の中でも、永楽六年丙申（三九六）百残（百済）出征記事の前文としての

百残・新羅、旧是属民、由来朝貢、而倭以辛卯年、来渡海、破百残□□□羅、以為臣民。

といふ一節の冒頭の一句「百残新羅旧是属民」については、従来の解釈は、いはば否定的であつた。しかし私は上述した如き形勢から推して、必しも全面的に否定し得ないと思ふ、換言すれば、建国当初の百済、特に新羅には、内実

はともかく、形式的には、高句麗に対して、臣属的態度をとらざるを得ぬものがあつたと考へる。しかるにそれを変更せしめたのは、倭人即ち日本の進出であつた。碑文の永楽九年己亥及び十年庚子（三九九・四〇〇）の記事にいふ

（永楽）九年己亥、百残違誓、与倭和通、王巡下平穰、而新羅遣使白王云、倭人満其国境、潰破城池、以奴客為民、帰王請命、太王恩後称其忠□□遣使還告以□□

（永楽）十年庚子、教遣歩騎五万、往救新羅、従男居城至新羅城、倭満其中、官兵方至、倭賊退□□□□□□□来背急追至任那加羅、従抜城、城即帰服、安羅人戍兵、抜新羅城□城、倭満倭潰城六□□□□□□□□□□□□□□□九尽臣□来、安羅人戍兵満（五十三字缺）潰□□□□□羅人戍兵、昔新羅□錦、未有身来朝、□□□□□□□土境好太□□□□□□□□僕勾□□□□朝貢。

新羅の帰命に応ずる好太王の出兵、新羅救援は、とりもなほさず新羅の帰命を好辞好機としての、高句麗の南方進出にほかならぬ。十年の条の末尾「昔新羅□錦」云云以下の一節については、那珂博士が「字闕ケテ、其ノ義詳ナラザレドモ、文勢ニヨリテ推スニ、昔新羅ノ安錦ハ、身来リテ朝貢シタルコト無カリシニ、国岡上広開土境好太王ニ至リ、新羅ヲ救ヒテ、倭人潰エ去レルニ由リ、安錦自ラ、来リテ朝貢シタリトノ趣ナラン」[68]と解説されてより異説ないが、私がひそかに疑ふのは、次に問題とする新羅の質子のことが、ここに記されてゐたのではないかといふことである。

新羅と高句麗との初期の関係を伝へる第二の史実は、史記と遺事に伝記されてゐる。好太王碑文は、信憑性に於て第一等であるとはいへ、断片的であり、孤立的である。史記・遺事などの後世の史籍は、逆に連続的であり、構造的であるが、それだけに信憑性に缺けるところがある。

けだし史記に於ける高句麗・新羅関係は、助賁王十六年紀に

冬十月、高句麗侵北辺、于老将兵出撃之、不克、退保馬頭柵、其夜苦寒、于老労士卒、躬焼柴煖之、群心感激。

とあるのを初見とし、第二条としては三年後なる沾解王二年紀に

二月、遣使高句麗結和。

とあり、第三条としては、奈勿王三十七年紀（好太王碑の永楽二年、三九二）に

春正月、高句麗遣使、王以高句麗強盛、送伊飡大西知子実聖為質。

とある。助賁紀・沾解紀そのものが仮空のものであるから、第二条までは、造作的記事として採らぬとするも、奈勿紀から後の部分は、個個の記事はとにかくとして、王紀（王代）そのものは、信用してよいとされてゐるから、第三条は、一応、史実として検討する必要が認められる。第三条に連絡するものとして次の五条あり、即ち(1)奈勿王三十七年、実聖をもつて高句麗に質とす。(2)奈勿王四十六年、実聖高句麗より還る。(3)実聖王元年、奈勿王の子未斯欣をもつて倭国に質とす。(4)実聖王十一年、奈勿王の子卜好をもつて高句麗に質とす。(5)訥祇王二年、卜好、堤上奈麻と高句麗より還り、未斯欣また倭国より還る。

これは一見したところ、編年的記事で、信用し得るかに思はれるが、実はオリヂナルなものではない。史記巻四十五の朴堤上伝には、右の本紀の記事に全く対応する記事があつて、本紀と列伝と何れがもとをなしたかは判断し得ないが、堤上は、新羅建国期の第一の功臣である、といふよりも、新羅建国期の歴史は、堤上なる一功臣の事跡を中心として総合せられ、構成されてゐるとさへいへる。その故をもつて、堤上その人が実在の人物であるか否かは問題となすに足りぬが、その事蹟として伝へられる個個の事実は、歴史事実の断片と考へ得られるものが多い。ところが堤上の伝説は、史記の列伝のみではない。遺事（巻一）には金堤上と題して詳しい別伝を伝へてゐる。遺事の別伝は、修辞上からいへば、史記の列伝よりも整備されて、史記よりも新らしい作文の如く見えるが、本質的には（堤上を中

心とする物語歴史としては）史記よりも古いものとされる。しからばその遺事の金堤上伝の中で、問題の質子事件はいかに伝へられてゐるかといふに、理解の便のために、上記の史記の伝へと対照せしめて表示すれば、次の通りである。

	〔史　記〕	〔遺　事〕
三九〇庚寅		那密王即位三十六年庚寅、使第三子美海（未叱喜）以聘於倭、倭王留而不送。
三九二壬辰	奈勿尼師今三十七年、送伊飡大西知子実聖於高句麗為質。	
四〇一辛丑	奈勿尼師今四十六年、高句麗質子実聖還。	
四〇二壬寅	実聖尼師今元年、与倭国通好、以奈勿王子未斯欣為質。	
四一二壬子	実聖尼師今十一年、以奈勿王子卜好、質於高句麗。	
四一八戊午	訥祇麻立干二年、王弟卜好自高句麗、与堤上奈麻還来、秋、王弟未斯欣自倭国逃還。	
四一九己未		訥祇王即位三年己未、命王弟宝海、道於句麗而送之、長寿王又留而不送。
四二五乙丑		訥祇王十年乙丑、宝海逸帰自句麗、美海又逃帰自倭国。

遺事の記事は、紀年のしるしかたで史記と合はない、例へば遺事の「那密王三十六年庚寅」を採れば、その即位元年は乙卯（三五五）となり、史記の元年丙辰（三五六）と一年の違ひあり、また「祇訥王即位十年乙丑」を採れば、その即位元年は丙辰（四一六）となり、史記の元年丁巳（四一七）と一年の差を生ずる。私はこの場合、遺事の紀年法が正しいのではないかと思ふ。といふわけは、あたかもこの前後の頃に相当する高句麗の紀年をみるに、史記の広開土王紀と、好太王碑の紀年とは一年の差あり、即ち王の即位を史記は元年壬辰（三九二）とし、王碑は元年辛卯（三九一）

としてゐるからである。右の那密王・訥祇王の場合と全く同一の事情にある。広開土王は碑文のが正しいとすれば、那密・訥祇の場合も、遺事を採用するのが正しいであらう。また高句麗への送質は、史記では実聖と卜好と二人両度としてゐるのに、遺事では宝海の一度となつてゐる。この場合については、史記が正しいか、遺事が正しいかは判決出来ない。我我はただ、史記の朴堤上伝と、遺事の金堤上伝と、二つの伝へが、堤上について、換言すれば新羅建国期の史実として伝へられてゐるといふことを承知すれば足りる。そこから導き出される結論は、奈勿王代から訥祇王代にかけての頃、即ち四〇〇年前後の頃、新羅は質を高句麗に送り、同時に倭国にも送つた、それが新羅の生き且つ育つみちであつたといふことである。

新羅の建国期に於ける高句麗関係の史実の第三は、高句麗軍の圧力、新羅駐屯である。私は次にその事実を指摘しよう。その一は、訥祇王即位の事情に関する遺事（巻一）第十八実聖王の条の記載である。曰く

王忌憚前王太子訥祇有徳望、将害之、請高麗兵而詐迎訥祇、高麗人見訥祇有賢行、乃倒戈而殺王（実聖王）乃立訥祇為王而去。

と。このことを、史記の訥祇王即位の条には、次の如く記してゐる。

奈勿王三十七年、以実聖質於高句麗、及実聖還為王、怨奈勿質己於外国、欲害其子、以報怨、遣人招在高句麗時相知人、因密告、見訥祇則殺之、遂令訥祇往、逆於中路、麗人見訥祇形神爽雅、有君子之風、遂告曰、爾国王使我害君、今見君不忍賊害、乃帰、訥祇怨之、反弑王（実聖王）自立。

即ち遺事に於て明確に示され、史記に於て軽く示されるといふ違ひがあるが、訥祇王の即位に関与した高句麗人また高句麗勢力そのものは、否定し得ない事実である。私はこの勢力を、一時的のもの、仮りのものとせず、その前後の一期間に於ける新羅駐屯の高句麗軍を想定する。その想定は、別に日本書紀（巻十四）雄略天皇八年紀に、次の如き

史伝があることに基づくものである。曰く

天皇、位に即きましましより是の歳に至るまで、新羅国背き誕りて苞苴入らざること、今に八年、大に中国の心を懼れて好を高麗に修む。是に由りて、高麗王精兵一百人を遣し新羅を守らしむ。頃有りて、高麗の軍士一人假を取りて国に帰れり。時に新羅人を以て典馬と為す（典馬、此をウマカヒと云ふ）。而して顧に謂りて曰く、汝の国、吾が国の為に破らるる、久しきに非じ（一本に云ふ、汝の国は果して吾が土と成る、久しきに非じ）。其の典馬聞きて陽りて、其の腹を患むまねして、退きて在後れぬ。遂に国に逃げ入りて、其の所語を説く。是に於て、新羅王乃ち高麗の偽り守ることを知りて、使を遣して馳せて国人に告げて曰く、人、家の内に養ふ雞の雄者を殺せ。国人意を知りて、尽に国内に有る高麗人を殺す。

といふのがそれである。この記事は物語的色彩に被はれてゐるので、従来殆ど其意味の認識されなかつたものであるが、その物語の根底をなす事実として、高句麗兵の駐屯を確認すべきであると思ふ。雄略天皇の初年は、訥祇王の次の慈悲王代に当る。好太王の庚子（四〇〇）救援以後約六七十年の頃である。

以上、新羅の建国と高句麗との関係についてあげた事実を総括すれば、好太王碑に銘記される永楽九年・十年（三九九・四〇〇）の事件を中心として、それ以前に於ける高句麗勢力の、辰韓地方に及んだことの淵源遠いことが推測され、それ以後の高句麗勢力は、新羅をして質子を送らしめ、新羅王位の廃立に関与し、半永続的事実として、高句麗軍の新羅駐屯があつたといふことを知るのである。

第三章　新羅の王号

——特に麻立干について——

新羅の建国年代、建国事情を考へることを主旨とする本篇に於て、第一章では中国史料乃至中国関係からみ、第二章では高句麗関係からみて、根本的事実の追求を試みた。よつて順序としてこの章では、新羅自体の伝へを批判検討することによつて、考へを結ぶべきであらうと思ふ。

この問題に関して、誰しもが先づ第一に考へるであらうと思はれるのは、新羅の原体たる斯盧国が、次次に併合して行つた諸韓国の名、また併合の過程が、史記・遺事によつてあとづけられるか否かといふ設問である。結論をさきにいへば、新羅が征服した地域、またその過程を実証出来るのは、法興王代以後、即ち六世紀に入つてからのちのことであつて、それ以前は、すべて伝説的記事があるのみである。従つて建国年代とされる四世紀中葉以前に当る部分（奈勿王紀以前）は勿論、四世紀中葉以後百五十年間の記事も、史料的価値に於ては大差なく、我我はただ、後代の新羅人、また高麗の修史家が、併合・征服に関する伝へを、いかに整理し記述してゐるかを見るのみ。その大略は、始祖赫居世王十九年に於ける卞韓（弁辰）の来降をもつて前提的記事となし、以下次の如き王代と順序にかけて記してゐる。

（一）　儒理王代

建虎十八年、伊西国を滅ぼした。（遺事巻一、第三弩礼王）

建虎の虎は武を避けた字。建武は後漢の光武帝のそれで、十八年は壬寅、史記では儒理王十九年に当る。この国についての伝へは、遺事では巻一、竹葉軍の段に「第十四儒理王代、伊西国人来攻金城、云云」と見え、また別段に「弩礼王十四年、伊西国人来攻金城」とも見え、この後条に相当する史記の記事は、第十四代儒礼王十四年の条に記されてゐる。さうして何れも、未鄒王陵（竹長陵・竹現陵）に関する神助の伝説を説いてゐる。伊西国は、遺事では清道郡の地と考定してゐる。今の慶尚北道清道の地。

㈡　脱解王代

隣境の于尸山国・居柒山国を滅ぼした、その功は居道にある。（史記、居道伝）

于尸山は、文字からすれば溟州有隣郡の古名于尸に山の字を加へたものであつて、魏志の優由国に比定された地、有隣郡は今の慶尚北道寧海の地である。〈于尸山国は蔚山か。〉居柒山は良州東萊郡の古名そのもので、今の慶尚南道東萊の地である。

㈢　婆娑王代

(イ)二十三年、音汁伐国を伐つて降した。（史記、本紀）

音汁伐は良州義昌郡の領県の一で、今の安康の地、慶州の北約三十鮮里。但し遺事の王暦には、音質只国に作り、併合年代を、次代祇摩王の時としてゐる。

(ロ)二十三年、悉直・押督二国が来降した。（史記、本紀）

悉直は溟州三陟郡の古名、今の江原道三陟の地。押督は良州獐山郡の古名、今の慶尚北道慶山の地。但し押督の来降を、史記地理志及び遺事王暦には、祇摩王代としてゐる。

(ハ)二十九年、比只・多伐・草八の三国を併せた。（史記、本紀）

比只は比自火・比斯伐、即ち良州火王郡の古名、魏志の不斯国に比定された地、今の慶尚南道昌寧の地である。多伐に比定されるのは康州江陽郡の古名大良・大耶で、今の慶尚南道陜川の地。草八は江陽郡の領県の一たる八谿県の古名草八兮、今の草渓の地。

㈡この王代、屈阿火村・奈已を取った。（史記、地理志）

屈阿火は良州臨関郡の領県の一、河曲（一作西）県の古名、今の慶尚南道蔚山の地。奈已は朔州奈霊郡の古名、今の慶尚北道栄州の地。

（四）　阿達羅王代

(イ)三年四月、雞立嶺路を開いた。（史記、本紀）

雞立嶺は、慶尚北道聞慶から、忠清北道忠州に出る関門のところである。

(ロ)四年二月、甘勿・馬山の二県を置いた。（史記、本紀）

甘勿は尚州開寧郡の古名甘文、またその領県の一たる禦侮県の古名今勿に比定され、魏志の軍弥国、今の慶尚北道開寧の地。馬山はこの場合不明。

(ハ)五年三月、竹嶺を開いた。（史記、本紀）

竹嶺は、雞立嶺の東北、慶尚北道栄州・豊基より忠清北道丹陽に出る関門のところである。

（五）　伐休王代

二年二月、仇道・仇須兮を左右軍主として召文国を伐つた。（史記、本紀）

召文は尚州聞韶郡の古名、今の慶尚北道義城南方二十鮮里の地。

（六）　助賁王代

(イ)二年七月、甘文国を取る。（史記、本紀）

甘文は上文（四）の(ロ)の甘勿に比定した尚州聞寧郡の古名である。

(ロ)七年二月、骨伐国降る。（史記、本紀）

骨伐は良州臨皐郡の領県の一たる臨川県の古名骨火に比定される。今の慶尚北道永川の地。慶州の西七十五鮮里。

（七）沾解王代

この王代、沙伐国を取つて州とした。（史記、地理志）

沙伐は尚州で、今の慶尚北道尚州の地。沙伐国を列伝（昔于老伝）では沙梁伐国に作る。昔于老はこの国平定の功績者である。

（八）基臨王代

三年二月、比列忽を巡幸、三月、牛頭州に至り太白山を望祭した。是歳、楽浪・帯方両国が帰服した。（史記、本紀）

比列忽は朔州朔庭郡の古名、今の咸鏡南道安辺の地、牛頭州は朔州の古名の一、今の江原道春川の地。この年は年表的にいへば晋の恵帝の永康元年（三〇〇）に当る。ちなみに楽浪・帯方の最後については、史記の高句麗本紀では美川王十四年（三一三）の条に「冬十月、侵楽浪郡、虜獲男女二千余口」といひ、翌十五年の条に「秋九月、南侵帯方郡」とあつて、中国史料と合ふが、これは高句麗のオリヂナルな伝へではなく、上文、第一章に引用した資治通鑑の建興元年の記事の改作であらう。

以上は奈勿王以前の時代に関する征服・来降の記事の大要であるが、その範囲は、北は安辺・春川、西は雞立嶺・竹嶺・開寧、南は陜川・昌寧・蔚山を結ぶ線内にある。卞韓の来降をもつてはじまり、楽浪・帯方の帰服をもつて終るところには、中国史書の記事に対する考慮と工夫を認め得、慶州に比較的近接する地名、例へば音汁伐国・伊西国・屈阿火村などが伝へられたのは自然といふべく、また已述の通り、比只国が韓伝の不斯国、甘文・今勿が軍弥国、于戸が優由国に比定されるなど、注意すべき事実であるが、比列忽・牛頭州までを已有の地であるかの如く記したのは、各国各地の征服・来降の時間的配列の順序とともに、造作の結果を示すもので、殆ど採るに足らない。

次に新羅自体の伝へのうち、当面の課題の対象国してあげ得るものに王号がある。居西干以下四種の王号について第二篇第二章に述べたところは、各々の言葉の意味を、新羅固有のものとして追求することを主旨とした。ここでは更に一歩をすすめて、語義そのものよりも、王号としての成立の過程を、新羅建国の歴史に即して考へてみたい。けだし古代の王名乃至王号には、種族の最高至上なるものへの固有の思想がうかがはれることがあるが、それとともに、また他から教へられ、与へられたもの、所謂借りものであることもある。私は前二章に述べた如き事実にもとづいて、新羅の建国、即ち支配体の成立は、純然たる自然発生的のものではないと考へ、従つてその支配者の称号＝王号も、固有のものでなくて、借りものではないかと疑ふ余地があると思ふ。

新羅の王号を考へるものは、何人といへども先づ魏志の所記から出発せねばならぬ。魏志韓伝は弁辰の条に、諸国首長の名、或は称号を記して左の如くいつてゐる。

弁辰亦十二国、又有諸小別邑、各有渠帥、大者名臣智、其次有険側、次有樊濊、次有殺奚、次有邑借。(69)

これは弁辰の巨帥に関するものであつて、別に辰韓のそれについては記さないが「弁辰は辰韓と雑居し、亦た城郭有り、衣服居処、辰韓と同じく、言語法俗、相似たり」といはれるから、辰韓の巨帥についても、大体同じものを想定してよからう。辰韓とは言語同じからずとされた馬韓の巨帥でさへ「大者自名為臣智、其次邑借」といはれ、二者いづれも弁辰のそれと共通してゐる程であるからである。

さて馬韓の臣智と邑借、弁辰の臣智・険側・樊濊・殺奚・邑借、これらは、右の文面に即していへば、上下、即ち縦の系列に配置さるべきもののやうであるが、実際的には横に並列的に存在した四長を、勢力の大小に従つてかく記したものとも考へ得る。かかる各種の首長の名称は、一見して、韓族固有のものたるかを想はしめるが、俄かにさうと断定することは危険である。何んとなれば、韓地に於ける首長は、すでに言及した如く、決して単純且つ自然発生的なものではなく、楽浪・帯方などの漢・魏の郡県との関係から生れたと考へられる点がすくなからず、しかもその期間は三百年といふ短くない年月を経過してゐるからである。それが単なる想像にとどまらないことは、また魏志そのものが立証してゐる。

臣智・邑借などを考へるについて気付かれるのは、魏志の韓伝に

其官有魏率善邑君・帰義侯・中郎将・都尉・伯・長、(中略)諸韓国臣智、加賜邑君印綬、其次与邑長。

とあること、また同じ魏志の濊伝に

無大君長、自漢已来、其官有侯・邑君・三老、統主下戸。

とあることとである。さうしてこれら純然たる中国官職名が、いかにして与へられたものであるかを察知せしめるのは、後漢書の東夷伝に見える左の一例である。曰く、

建武二十年、韓人廉斯(廉斯邑名)人蘇馬諟等、詣楽浪貢献、光武封蘇馬諟、為廉斯邑君、使属楽浪郡、四時朝謁。

しからば右の臣智・険側・樊濊・殺奚・邑借等の称号は如何であらうか。魏の時代に邑君・邑長などの官職名が与へられたとすれば、それより溯ること二百年乃至三百年の間には、同様の事由によつて、またいろいろの名が、郡県から首長らに与へられたこともありうるであらう。例へば上記の「臣智」について、稲葉博士が率善邑君の「率」をもつて解し、後世、百済の官位にいふ達率・恩率の率の起原をそこに求められた如き、少くとも傾聴すべき一説たるを失はぬであらう(70)。

楽浪・帯方の郡県政治、特にそれに伴つて生じたところの、土着種族の首長に附与した名号は、実質的には貢物取立ての権能を附与したことなどを意味するであらう。またある場合には、後世の例に見るが如き、勢力分割と懐柔の目的をもつて与へられたことも勿論あらう。かかる名号とそれに伴ふ職権の附与は、郡県の統制力が及ばぬやうになつたとき、いかなる結果を将来したであらうか。その最も適切な例証として、また魏志の東沃沮伝の一節をあげることが出来る。沃沮は、はじめ玄菟郡の置かれた土地とされ、郡が鴨緑江北に移ると沃沮県となり、楽浪郡東部都尉の治下に置かれたが、更に都尉が罷められた後の有様について、

其後皆以其県中渠帥為県侯、不耐・華麗・沃沮諸県、皆為侯国、夷狄更相攻伐、唯不耐濊侯、至今猶置功曹・主簿諸曹、皆濊民作之、沃沮諸邑落渠帥、皆自称三老、則故県国之制也。

と記してゐる。楽浪・帯方の滅亡以後約五十年にしてあらはれた新羅・百済の興起は、蓋し一面、同様な事態の、一層積極的な発展進行の結果にほかならぬであらう。

ここまでの考へを前提として、さて本題に立ちかへつて新羅の王号を問題とするに、その上古期に見られる四種の王号は、新羅史の特色を示すものとはいへ、そのすべてを、歴史上実在の王号として認めるわけにはゆかぬ。少くとも最初の居世干（居瑟邯）と、次の次次雄とは、言葉としての古さは認め得るとしても、それを王号としたことは、後世の造作と解するが至当ではないかと考へられるが、第三の尼師今（尼叱今）と第四の麻立干とは、歴史上実在のものとして傍証の資がある。例へば上引の好太王碑の永楽十年庚子（四〇〇）の条中、「昔新羅□錦、未有身来朝」とある錦字の上の泐字は、上部のウカンムリが認められるのみで、古く「安」と推読されてゐたが、今は鮎貝房之進氏及び池内博士の推定に従つて「寐」とすべきであらう。即ち両氏は、日本書紀の巻八、仲哀天皇九年紀に「新羅王波沙寐錦」とあり、また新羅下代の崔致遠撰文の鳳巌寺智証大師寂照塔碑にも「寐錦之尊」なる文字があることを例証

として、寐錦を尼師今の対訳とされた。また本篇のはじめに引用した秦書の逸文にいふ苻堅の建元十八年（三八二）に遣使した新羅国王楼寒の「楼寒」は、麻立干の立干に其音近しとは、古く那珂博士が注意せられ、後に前間恭作氏は「当時の国君の義の羅語麻立干 Mar-č-han の Ma を省いた対音字として見るのが最も適切のやうである」と考定された。(71)

尼師今から麻立干への転換が、何王代にあるかは、史記の第十九代訥祇王からとする説と、遺事の第十七代奈勿王からとする説と、両説あつて、何れとも決し難い。前間氏は遺事の説を正しいものとして、上記の楼寒即麻立干の解釈のたすけとされたが、私は史記・遺事両説の何れか一つを正しいとし、他は誤りとするよりも、両説あることそれ自体の中に事実を認むべきではないか、即ち奈勿から訥祇に至る間に、尼師今から麻立干への転換期があるのではあるまいかと考へる。換言すれば、尼師今は、ある王代、ある年を限りとして麻立干となつたのではなく、そのはじめ、尼師今の別名・別称として麻立干はあつたのではないかと疑ふものである。さうしてかかる考へを持つに至つたのは、麻立干を単なる王号、単なる名詞とせず、新羅の歴史の発展とともに成立したものと解するからである。

さて麻立干の語義については第二篇第二章に述べたところであるが、その諸説の中で、今西博士が、麻立干は高句麗の最上の官位号たりし莫離支と同語なること疑ひを容れずと強調され、鮎貝氏また麻立干が「独り新羅のみにあらず。高句麗最上の官位号にも、人名の美称としても用ゐられあるか如し」といひ、莫離支といふ職官号は、新唐書に出であるのみなるも、突然高句麗末期に出来たものではあるまいとされた。鮎貝氏は莫離支についてやや時間的考慮を払はれたが、今西博士はその考慮を全く度外に置いて、ただ麻立干と莫離支との同語なるを力説するにとどまつたのである。(72)よつて私はこの点について、すこしく考へをすすめてみたい。

麻立干と莫離支との音声上の近似は、何人も否定しないであらう。けれども麻立干は、四〇〇年前後の頃に始まる新羅の王号とされ、莫離支は六四二年の頃に至つてはじめて文献にあらはれる高句麗の官号であるから、両者の関係は、ただ音声の近似を指摘するのみではみたされない。それだけでは、ある一つの言葉が、新羅と高句麗と両国に、似よりの意味をもつて、しかし時代を異にして使用されたといふことを証するに過ぎないからである。また新羅の麻立干なる王号が、高句麗に流伝して、その最高の官号となつたとすることは、両国の歴史・文化の全体的考察から、ありうべからざることである。さすれば残るところ、高句麗の官号莫離支が、新羅に入つて麻立干なる王号となつたとすることは出来ないかの問題が起る。しかも莫離支の文献上の初見が六四二年の頃にあるといふ事実は、この問題をも一応、成立せしめないことになる。はたしてさうであらうか。私は莫離支について、改めて考へてみる余地あるを思ふ。

先づはじめに問題となるのは、莫離支の文献上の出現が、六四二年の頃にあるといふことであらう。莫離支は、同年に於ける泉蓋蘇文の廃立事件に関する記事に含まれてあらはれる。即ち資治通鑑（巻百九十六、唐紀十二）貞観十六年（六四二）十一月丁巳の条に

営州都督張倹奏、高麗東部大人泉蓋蘇文、弑其王武、蓋蘇文凶暴多不法、其王及大臣議誅之、蓋蘇文密知之、悉集部兵、若校閲者、并盛陳酒饌於城南、召諸大臣共臨視、勒兵尽殺之、死者百余人、因馳入宮、手弑其王、断為数段、棄溝中、立王弟子蔵為王、自為莫離支、其官如中国吏部兼兵部尚書也、於是号令遠近、専制国事、蓋蘇文状貌雄偉、意気豪逸、身佩五刀、左右莫敢仰視、毎上下馬、常令貴人武将伏地而履之、出行必整隊伍、前導者長呼、則人皆奔迸、不避阬谷、路絶行者、国人甚苦之。

とあるのが、最も根本的でかつ最も要をつくした記事である。両唐書及び通典など、何れもこの事件を叙してゐるが、通鑑の右に出づるものはない。けれども、右の記事を検討するに際して、一部分に於ては参照さるべきもの、なきに

しもあらず。事件当時の蓋蘇文の肩書「東部大人」についてみるに、旧唐書の本紀（貞観十六年、是歳の条）は単に「大臣」とし、高麗伝には「西部大人」とし、新唐書の高麗伝は、蓋蘇文の父を「東部大人大対盧」とし、父の死後、その位を嗣いだとし、その嗣位について、他に見えぬ事情を伝へて、次の如く記してゐる。

父為東部大人大対盧、死、蓋蘇文当嗣、国人悪之、不得立、頓首謝衆、請摂職、有不可、雖廃無悔、衆哀之、遂嗣位。

東部が正しいか、西部が正しいかは、判定する資料がないが、父の時代から、部の大人即ち首長であり、且つ大対盧（最高位の官）であつたとする新唐書の記事は、認めてよからう。次に右の通鑑以下諸史の記事によれば、何れも、王（栄留王）を弑し、その弟の子（蔵）を立てたのち、自らは莫離支と為つて、国を専らにしたとしてゐる。さうして莫離支がいかなる官であるかを説明することも、諸史の文は、大同小異で、莫離支が単なる自称・私称にあらざることを証してゐる。かくて莫離支は、いかにも大対盧とは別個のものであり、大対盧以上のものでさへあるかに思はれる。しかも魏志高句麗伝以下、両唐書の高麗伝に至るまで、高句麗の官名・官制を伝記することは、可なり詳しいものあるにもかかはらず、莫離支を、その中に記さない。周書の高麗伝をはじめ、第一位の官は大対盧であつたとする。故に従来、莫離支のことを考へた研究者は、これを不審とし、明解に苦しんだのである。

ただ内藤博士は、蓋蘇文の子なる泉男生・泉男産等の墓誌を紹介して、高句麗の官職に言及された際、莫離支について

不審なるは、莫離支の如き著しき官職が、高麗記にも、通典・新唐書にも見えざることなるも、高麗記に見えたる莫何々羅支は、其音近ければ、即ち是ならんと推定さるるのみ。（離の古音は羅なり。）

といはれた。(73) 文中、通典・新唐書に見えずといふのは、両書の高句麗官名に関する総記（通典の建官九等、新唐書の官

名十二級）の中に見えずとの謂である。高麗記とは、翰苑残巻に引用されたその逸文を指し、擬せらるる莫何々羅支は、第二位太大兄の一名としてみえる。曰く、

高麗記曰、其国建官有九等、其一曰吐捽、比一品、旧名大対慮（盧）、惣知国事、三年一伐（代）、若称職者、不拘年限、交替之日、或不相祗服、皆勒兵相政（攻）、勝者為之、其王但閉宮自守、不能制禦、次曰太大兄、比二品、一名莫何々羅支、次欝折、比従二品、華言主薄、云云。

内藤博士の擬定は暗示に富むものではあるが、そのまま承服し得ない。何となれば、莫離支は、上述の如く大対盧以上のもの、最高のものとすべきに、莫何々羅支は第二位の太大兄の一名である。いま一つの理由は、もしも単に音の近きことからすれば、他に一つ有力なる官名が、同じく翰苑所引の高麗記の逸文中に見出だされるからである。

其武官曰大模達、比衛将軍、一名莫何邏繡支、一名大幢主、以皂衣頭大兄以上為之。

とあるところの莫何邏繡支がそれである。莫離支は、さきの莫何々羅支に近いとともに、この莫何邏繡支にも近いといはねばならぬ。

よつて立ちかへつて、莫離支と大対盧との関係を、改めて考へてみるに、両者は一見別個の名、上下の別ある名の如く見えるが、必ずしもさうとばかりは、断定されないであらう。大対盧は、すでに周書の高麗伝が、

其大対盧、則彊弱相陵奪、而自為之、不由王之署置也。

と記す通り、部族制的な性格を有する位である。蓋蘇文は、父の没後、その大対盧の位を襲ふために、実力を用ひず、哀訴の手段に出でた、しかしそれでは、大対盧の権威を確保し得なかつたので、改めて実力を発揮し、王の廃立まで決行し、然る後ちに獲得したのが莫離支の位であつたとすれば、大対盧と莫離支との関係は、本名と別名乃至一名との関係で、実質的には同一のものとみなすことが出来る。それを中国史料では、大対盧と莫離支と、全然別個の文字

による表現をとつたのは、単なる文献上・修辞上の差異にすぎないのではあるまいか。この想定に伴随しては、莫離支と大対盧との言語上の関係、特に莫離支の語義についての私案を提示せねばならぬ。

先づ莫離支の語義について考へてみるに、これに擬定されるものとして、高麗記の逸文に、莫何々羅支と莫何邏繡支と、二つの名あることは、さきに記した通りである。しかもその何れも、そのまま莫離支に比定すること出来なかつたのは、考へ方の不備に帰すべきを思ふ。私はむしろ莫離支と莫何々羅支と莫何邏繡支との三語から、三語に共通してふくまれる一つの古語を、帰納的に指示することが出来るのではあるまいかと考へる。といふのは日本書紀の欽明天皇七年〈五四六〉紀の分註に引かれた「百済本記」の記事に、

高麗以正月丙午、立中夫人子為王、年八歳、狛王有三夫人、正夫人無子、中夫人生世子、其舅氏麁群也、小夫人生子、其舅氏細群也、及狛王疾篤、細群麁群各欲立其夫人之子、故細群死者二千余人也。

といふ一節がある。文中の「正夫人」を、釈日本紀（巻十八）の秘訓には「マカリヲリクク」とよみ、「世子」を「マカリヨモ」とよんでゐる。また継体天皇二十三年紀の新羅の上臣伊叱夫礼智干岐の上臣に「万加利陁魯」の訓みがあつたこと、釈日本紀裏書に見える（このこと、第七篇「新羅幢停考」に詳述する）。マカリなる語の意味するところ、推察に難くなく、「正」また「大」の義と思はれる。かの問題の三語（莫離支・莫何々羅支・莫何邏繡支）に、この古訓マカリが共通にふくまれてゐると断じ得ないであらうか。私は莫離・莫何・莫何邏、すべてマカリの対訳と考へ、「支」は、高句麗官位の第七なる大兄の一名を纈支といひ、第十なる小兄の一名を失支といふ（翰苑所引の高麗記）例から推しても、尊敬の接尾語と解される。さすれば莫離支は、極めて一般的な、従つて極めて古くから存在した尊称名辞であるといへる。逆にいへば、マカリなる形容語は、東部大人の大、大対盧の大の訓みともなる。官名の所謂一名・別名は、通称であり、俗称であると同時に、また最も原初的な名と解すべき場合が多いことを考慮すれば、大人といひ、大対

盧といひ、漢字による表現は大いに異るも、実際的には同じやうに呼ばれたことは、考へ得ることである、即ち部の大人も、官名第一位の大対盧も、等しく莫離支と通称されたのではあるまいか、莫離支こそ原初的な名ではあるまいかと思ふのである。

ここに反省されるのは、泉蓋蘇文の子なる泉男生の墓誌(74)の所録である。墓誌は遺骸の葬られた調露元年(六七九)十二月二十六日の頃にしたためられたものであるから、史料としては、極めて高く評価してよい。その墓誌に、男生の世系を記して次の如くいつてゐる。

曾祖子遊、祖太祚、並任莫離支、父蓋金、任太大対盧、乃祖乃父、良治良弓、並執兵鈐、咸専国柄、云云。

また男生の経歴については、

廿八、任莫離支、兼授三軍大将軍、卌二、加太莫離支、揔録軍国、阿衡元首、紹先疇之業、士識帰心、執危邦之権、人無駮議、云云。

と記してある。前節、世系の条によれば、莫離支と太大対盧(大対盧の発展形体)との順段が、上記の新唐書の記載と逆になつてゐ、しかも後節、男生の経歴の条によれば、父蓋蘇文の生存中、既に莫離支に任ぜられ、三十二歳(父の死した年)にして加せられたのは太莫離支(莫離支の発展形体)であつた。かかる記事によつても、莫離支と大対盧との関係を、厳密なる職官表上の事実として、一概に理解することの妥当ならざるを知るべきであらう。私は文字の上での発展と分化とにかかはらず、そのよびなの、ある程度までの停滞・固定を想像するものである。私は莫離支をかく解することによつて、莫離を麻立の原語とみなすものである。従来麻立の解釈にあつては、橛の義の mar, 頭・首の義の mar, 宗の義の me-re, 棟の義の me-ra, 庁の義の ma-ro, 何れを採るにしても、それは新羅起原のものとしての解釈であつた。また高句麗の莫離支と同語とする説も、ただ音声の近似を指摘するにとどまつた。私は一歩をすすめて、莫離の原語をマカリとし、麻立は莫離の対訳字とし、従つて麻立干は高句麗起原の称号とするものである。謂はば「大人」また「大首長」を意味する高句麗語「マカリ支」は、新羅に入つて新羅化して「マカリ干」となり、新羅に於ける高句麗勢力の成長にともなひ、その名称は上昇し、前章所説の通り、高句麗によつて新羅の王位が左右される程にまでなつたとき、その名称は、王号にまで成長した。奈勿王・訥祇王の間に於て王号としての麻立干が確立した所以は、かくて理解されるであらう。麻立干の王号が、史記にては訥祇王から、遺事にては奈勿王からとなつてゐることについて、何れを是、何れを非と決することを保留したのは一つには、その両説が、何れも半面の真実を伝へてゐると思ふからである。二つには、すでに述べた通り、尼師今から麻立干への転換は、文献のいふが如き、一線を以つて画し得る截然たる事実ではなかつたと考へられるからである。

今西博士の麻立干莫離支同語の説は、殆ど説明を伴はぬ不満足なものであつたが、しかも別に、麻立干なる王号の成立と高句麗との関係については、すぐれた見解を持つて居られた。私の上来の考証の出発点の一つは、またそこにあつたことを銘記せねばならぬ。曰く

麻立干と称せしは王位が高句麗の力によりて左右せられしに始まり、其後百済と結びて高句麗との関係を絶ちたるも、尚ほ一二代は此称号を続けしものとす。(75)

因みにいふに、麻立干時代は、智証王を以て終りとされてゐる。それは次の法興王代が、飛躍的開化期、中国文化に基づく革新期であつたこと、他面からみれば、高句麗勢力排除の完結期、第二次の建国期であつたことから、当然なりゆきとして肯はれるが、麻立干号を廃して王号を用ふといふことも、後世のやうに、何年何月何日の法令で決定実施されるといふが如きことは、もちろんなかつたであらう。けれども史記は、その編修の合理主義からの造作であらう、一応そのことを明示してゐる。即ち智証王四年紀（五〇三）十月の条に、国号「新羅」を選定したこと、従

来方言をもつてした主権者の尊号を改め「新羅国王」としたことを記してゐる。

結び

最後に以上三章の要旨を摘録すれば「新羅建国考」と題する本篇は、斯盧国から新羅国への発展の、年代と事情とを、中国関係から考へ、高句麗関係からみ、最後にそれらと対比される面に於て新羅自体の伝へを再考した。

第一章に於ては、辰韓斯盧国にあらざる新羅国の、中国史籍に於ける最初の出現を三七七年とし、斯盧国時代より、その時に至る約百年乃至七八十年間の推移を溯求した。斯盧国の所属する辰韓の実態を、地理上の範囲と、ある種の支配者（辰王）との二面から観て、溯求の出発点となし、次に二七六年から二九一年にかけての十六年間に於ける、東夷諸国の動きを特に注意して、新羅国成立の前程現象と解した。そのもとづくところが、中国勢力の後退と、遼東地方に於ける慕容氏の興起にあり、慕容氏に追はれた夫余族が南下して馬韓に入り、その統一的傾向を指導助長して、百済の建国にまで発展せしめたと考へられることは、辰韓に於ける統一的傾向に、外力の直接間接の作用を考慮せしめるものである。同様に辰韓も独自の力を以て統一を進め得なかつた、統一の外力は主として高句麗に求められたであらう、即ち新羅の建国事情の一半は辰韓方面に及んだ高句麗勢力を認めることによつて把握されると考へた。

第二章に於ては、前章の結論を受けて、辰韓方面と高句麗との関係をたどつて、新羅国出現までの大勢を述べ、出現後久しからずして行はれた好太王の救援的出兵の史実をあげた。次にその延長・発展として、新羅から高句麗に送つた質子に関する文献を整理し、更に高句麗軍隊の新羅駐屯の痕跡を指摘した。

第三章に於ては、新羅自体の伝へに、その建国事情がどの程度まで追究出来るかを検討し、前段に於ては新羅が併合し、また新羅に来降した古国名が、いかなる順序をもつて史記・遺事に記されてゐるかをみることによつて、第一章に試みた中国史料との対比に当て、後段に於ては、第二章に対比せしめ得る伝へとして、王号四種の一なる麻立干号の歴史的成立事情を考へた。その前置きとして述べたところは、新羅のみならず広く東夷諸国の首長の名号を、種族の言語から発生したものと一概に考へる危険を警戒し、むしろ対外的支配関係に求めるのが妥当ではないかとし、次に新羅の実際の建国の表徴となつてゐる麻立干の語原を、高句麗の莫離支に求める従来の有力なる一説を、更に深めて、莫離・麻立の原語として正・大の義ある「マカリ」といふ古語（高句麗語？）を日本書紀の古訓に見出だし、その普通名詞マカリが、新羅の王号「麻立」にまで上昇変化する根柢としては、新羅に於ける高句麗の、政治的・軍事的支配といふ歴史事実が反省された。このこと、新羅の建国に与つた高句麗の影響の、本質的なものであつたことについては、第七篇「新羅幢停考」に於ても、軍制の面から考定し、右の推論を裏づけるであらう。

総じて新羅の建国は、斯盧国を中心とした辰韓の成長がもたらした歴史事実には違ひないが、具体的にみれば、楽浪・帯方時代の漢魏の政治、ついでは高句麗の支配と援助とを、他力・外力として迎へ入れることによつてなしとげられたものといふべきである。高句麗の新羅支配乃至援助は、日本と新羅との関係の反面であるから、新羅の建国を考へる本篇に、日本関係に及ばなかつたのは、大なる不備といはねばならないのであるが、大要は拙著「任那興亡史」第二章〔本著作集第4巻所収〕の所説にゆづつて述べなかつた。

第四篇　新羅中古王代考

第一章　朴氏の夫人

新羅王朝史の時代区分に於ける、所謂中古に関する概要は、首篇「新羅三代考」の第二章に考述したところであるが、その中古の内容を、更に立ち入つて検討してみるのが、本篇の主旨である。

中古の王代は法興王から真徳王に至る六代、百四十一年（五一四〜六五四）間であつて、この期間の検討を特に「王代考」と名づくる所以は、この期間の諸王の婚姻関係ならびにその近親関係に於て、他の諸期間と、きは立つて異る事実が認められるからである。しからばその所謂きは立つて異る事実とは何か。その一は王妃としての「朴氏の夫人」と、その二は王の父或は王妃の父などの称号としての「葛文王」である。

さて新羅王室の系図は、上古の乱脈はしばらく論外とするも、下代の錯雑も意外なもののあること「新羅三代考」の第三章にみて来た通りである。しかしその中間、中古及び中代のそれは、比較的定着してゐて、しかも大体信じ得べき伝へと考へられる。その前半中古六代の間にあらはれる朴氏の夫人は、王妃としては

第二十三代　法興王妃　朴氏保刀夫人(76)（史記）

第二十四代　真興王妃　朴氏思道夫人[77]（史記）
第二十五代　真智王妃　朴氏知道夫人[78]（史記）

の三人で、更にこれらに附け加へらるべきものに、王母として

第二十三代　法興王母　朴氏延帝夫人[79]（史記）
第二十八代　真徳王母　朴氏月明夫人[80]（史記）

の二人がある。即ち都合五人を数へる。これを縦の連絡に於て示せば次の如くなる。

〔第一図〕

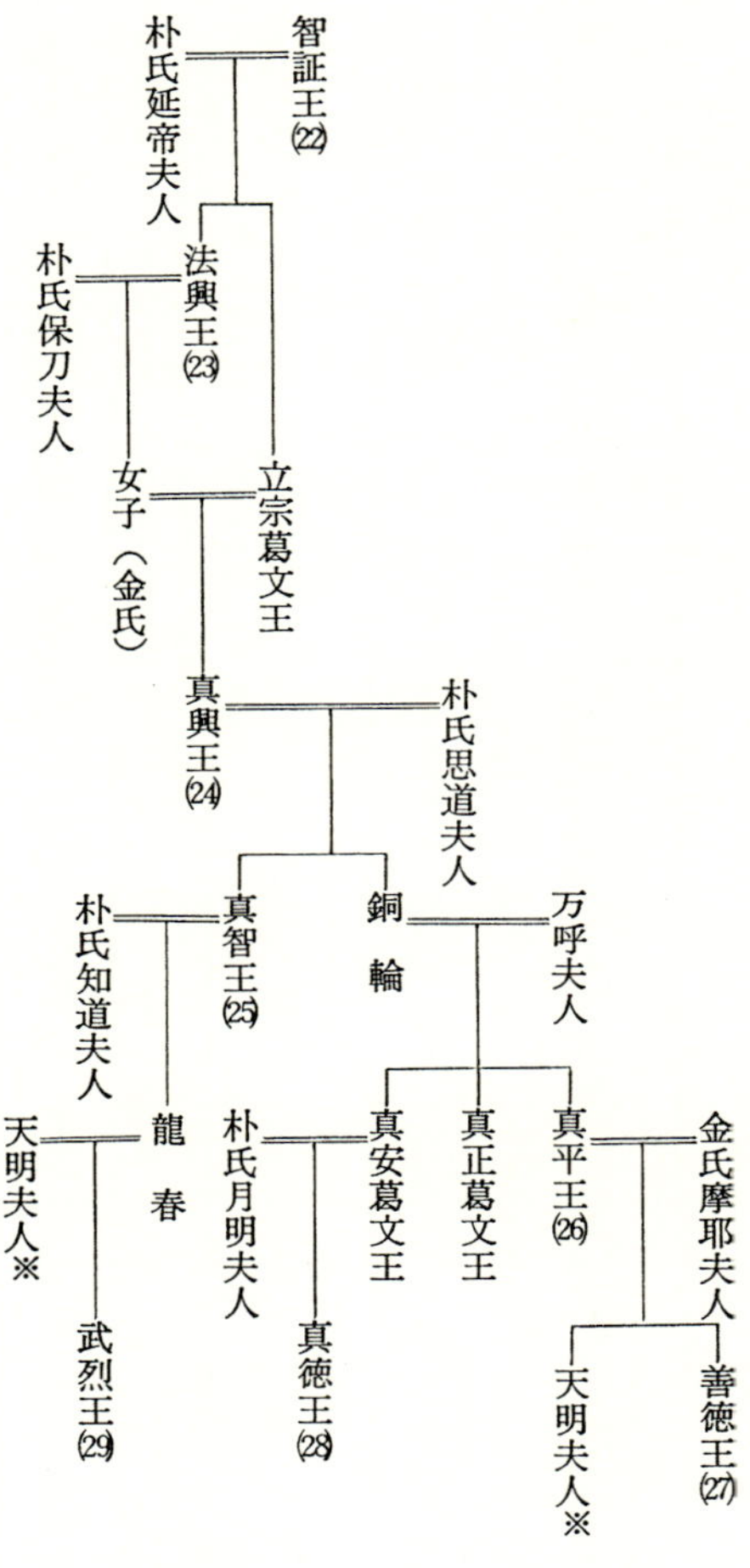

これを言ひあらはしてみれば、文献上明記ある限り、中古新羅王室の王妃には朴氏が多きに居るといふことになる。多きに居るといふのは、真興王の母が、金氏とされ、真平王の妃摩耶夫人が、明らかに金氏となつてゐて、二つの例外を示すからである（万呼夫人の姓は不明。天明夫人は明記ないが、金氏とすべきであらう）。かかる例外は、朴氏の夫人を考へるものにとつて、出鼻をくぢく事実には相違ないが、それにこだはつてゐては、問題を見失つてしまふか、問題を放棄してしまふかせねばならぬ。故にこの際、例外をそのまま承認しつつ、例外ならぬ事実として、朴氏の夫人のありかたを直視すること、それが私の立脚点である。

右の系図にある通り、朴氏の夫人は、中古王室の五世代にわたつて、王妃或は王母として存在する。ここに右の系図に基づいて、その背後に存する、当代の婚姻法の基本形式を次の如く抽象化して考へることは、許されないであらうか。

〔第二図〕

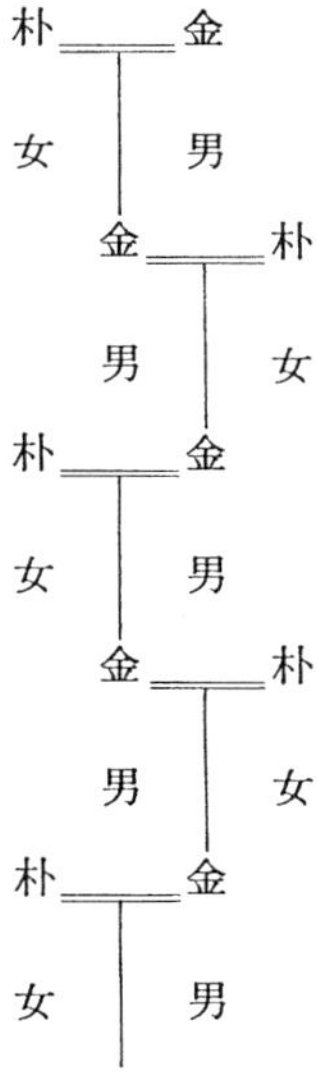

もしもかく考へることが許されるとすれば、当時即ち中古の新羅王室また王族を一個の氏族とみなして、その氏族内に、所謂金氏・朴氏なる二つの通婚群の存在が想定されるであらう。

ここに回想されるのが、かの聖骨・真骨の分岐点のことである。首篇「新羅三代考」の第一章に述べた如く、私は武烈王が、金官加羅王系の女子（文明夫人）と結婚したことが、その当時既に氏族の禁を破つたものと認められた痕蹟を究明したつもりであるが、今にして思へば、右第二図の如き婚姻形式が、真平王・龍春等の結婚を過渡期とし、武烈王に至つて全く一変し了つたものと解されるから、聖骨・真骨の区別は、生れの問題でなく、婚姻関係の問題であり、更に換言すれば氏族制度の問題となる。何となれば従来の通婚群は、一氏族としての王族内に於ける金氏と朴氏であつたのが、武烈王以後の新らしい通婚群は、一氏族としての王族と、それの外に於ける金官金氏に求められ、ひいては一般金氏にまで拡大せられたとみられるからである。それは結果からみれば金氏の拡大であり、氏族の変質でもある。

ひるがへつて思ふに、これまで、中古の系図に見える朴氏の夫人が、総体的に考慮されなかつたのは、恐らく上に述べた例外（金氏の夫人）の存在に阻まれたか、さもなくば朴氏そのものの、中古に於ける存在を否定して、夫人の姓朴氏を仮空なものとみなしたかに由るであらう。中古に於ける朴氏の存在を否定するといふのは、換言すれば、朴氏は下古に入つて起つたものとする通説である。例へば前間恭作氏は、新羅の姓氏を概言して「元来新羅の族制は骨品で定まつて、姓氏は唐俗に擬する必要の場合に強いて用ゐられたに過ぎない」といはれ、朴氏については、

唐制に模して姓字を用ゐることは、宗姓は真興王のとき、朴は文武王のときに始まつてゐるけれども、これは唐人との交通か、文辞撰述のときの外には、全く用ゐられたものでない。朴の字は金の朝家に対し「野にある」の意味で、三国統一の頃、唐への文通に、聖骨其の他王家血親以外の人の名にすべて此字を冠して用ゐたに起因するやうである。文武王が薛仁貴への書簡の朴都儒が恐らくその始めであらう。

といはれた。[81] 金氏以外の漢字姓については、改めて論考すべきものがあるが、少くもその起りは、唐俗に擬する必要とか、唐人との交通とか、文辞撰述のときとかに限定されるものではない。それらは第二義的な理由であつて、第一義的な理由は、新羅の氏族組織の変化にあると私は考へてゐるが、今は詳しく述べ得ない。ただ当面の問題に即して

いへば、純然たる漢字姓としての朴氏の起りを、文武王代とする氏の所説は正しい、しかしその朴氏が「唐への文通に、聖骨其の他王家血親以外の人の名にすべて此字を冠して用ゐたに起因するやうである」といふ推論には、軽々しく従ふことは出来ない。その理由は、以下述べるところによつて、逐次明らかにされるであらう。

朴氏を、純然たる漢字姓のそれに限定して考へる考へかたによれば、文武王以前の、即ち中古の朴氏も上古の朴氏も、すべて否定されることになる。前間氏は、中古の朴氏についての説明に及ばれなかつたが、上古の朴氏、特に開国伝説に於ける始祖朴氏については、一家の説を立てられた。即ち開国の祖を朴姓としたのは、新羅の末期に朴氏をもつて王位に即いた神徳・景明・景哀三代の間（九一二〜九二七）に、世系世譜の作為が行はれた、その一端であるとされるのである。かかる立論は、開国伝説の一つの解釈とはなすを得るけれども、新羅の歴史に見える朴氏（文献上の朴氏）の全体的理解とはなし得ない。何となれば、そこには、朴氏が新羅末期に王位に即くを得た理由が何も示されてゐない。従つて朴氏の実体が一つも明らかにされてゐないからである。中古の朴氏については、言及されなかつたとはいいへ、結論は推して知るべきである。

文献上の朴氏を全体的に理解するに最も確かな出発点が、文武王以後のそれを確かめて置くことに在るべきは、何人も異論ないところであらう。いま史記・遺事其他から検出し得る朴氏の人は、文武王初年頃の人と推定される朴紐を最も古い例として、以下新羅末期に至るまでに十余人を数へる。左の如し。

朴　紐　文武王八年、金仁問は英略勇武特異常倫のかどを以て「故大琢角干朴紐の食邑五百戸」を賜はつたと見えるから、文武王初年に没した人と推定される。（史記巻四十四、金仁問伝）（六六八）

朴京漢　文武王八年冬十月、漢山州少監。（史記巻六）（六六八）

朴都儒　文武王八年、漢城都督。（同上）（六六八）

〔第三図〕

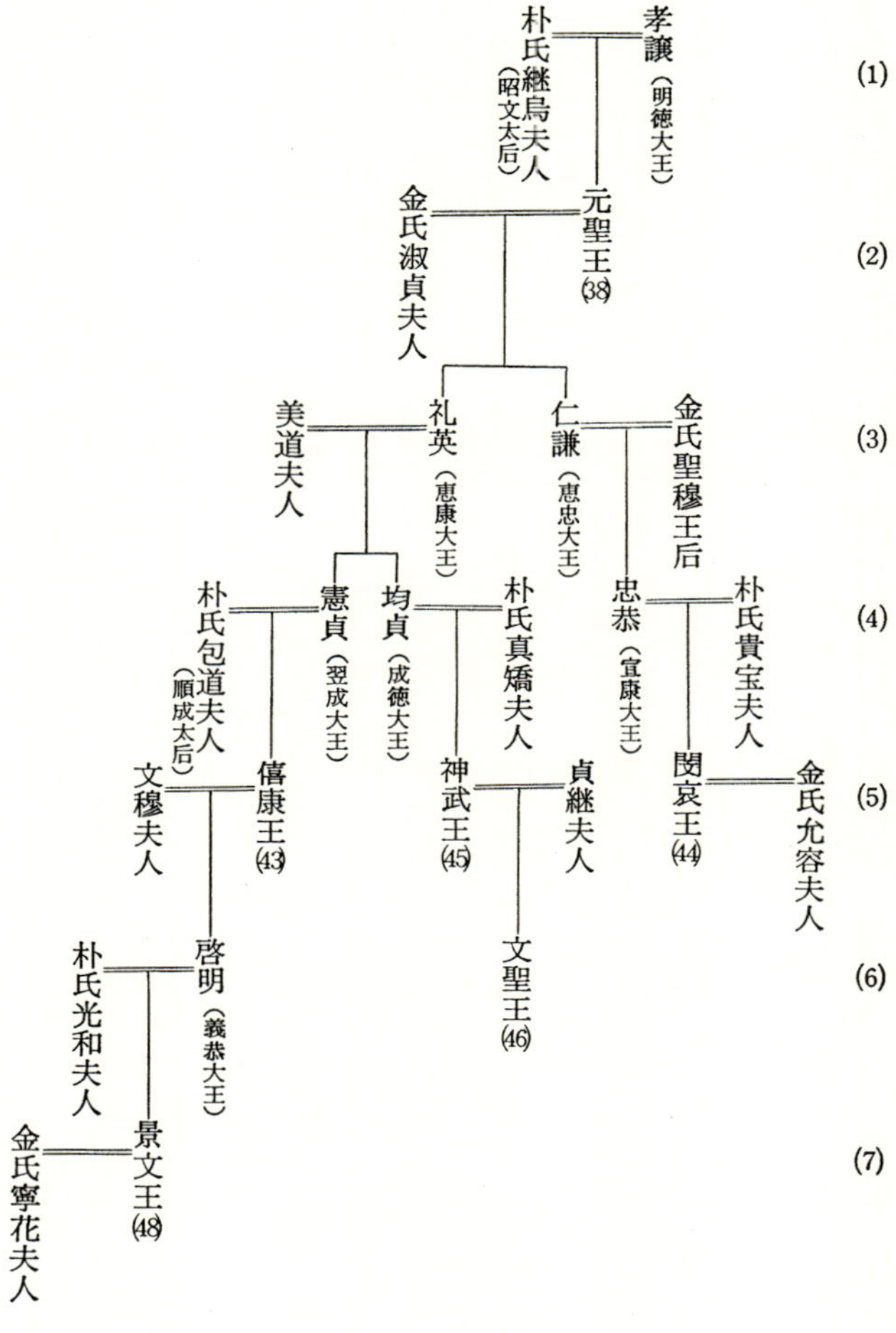
(1)
(2)
(3)
(4)
(5)
(6)
(7)
孝讓（明徳大王）
朴氏継烏夫人（昭文太后）
元聖王(38)
金氏淑貞夫人
仁謙（恵忠大王）
金氏聖穆王后
礼英（恵康大王）
美道夫人
忠恭（宣康大王）
朴氏貴宝夫人
均貞（成徳大王）
朴氏真矯夫人
憲貞（翌成大王）
朴氏包道夫人（順成太后）
閔哀王(44)
金氏允容夫人
貞継夫人
神武王(45)
僖康王(43)
文穆夫人
文聖王(46)
啓明（義恭大王）
朴氏光和夫人
景文王(48)
金氏寧花夫人

〔第四図〕

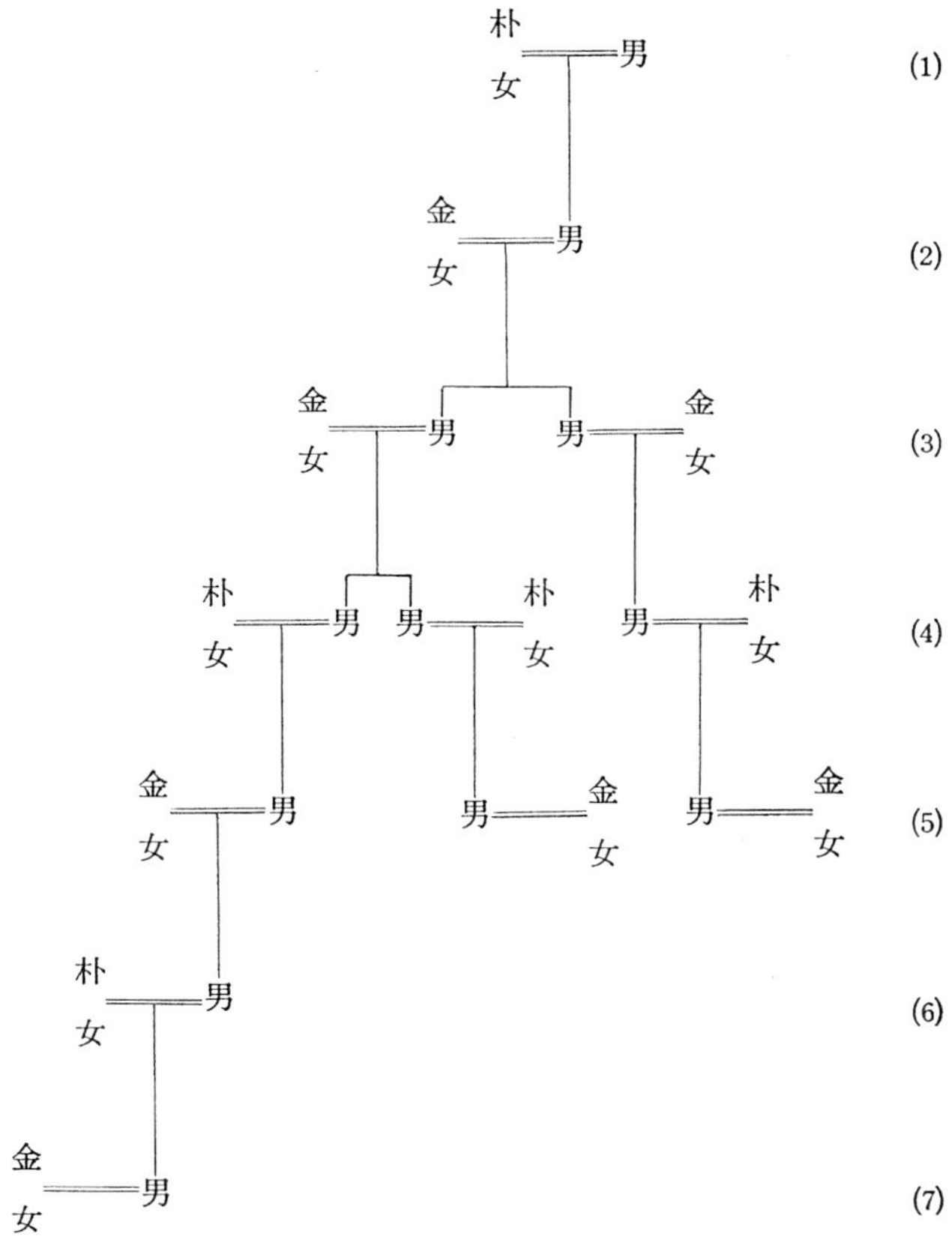

朴文俊　文武王十一年、翰林郎を以て入唐在獄。（遺事巻二）（六七一）
朴夙清　神文王二年、波珍飡海官。（遺事巻二）（六八二）
朴　裕　聖徳王十三年、級飡をもつて入唐賀正。（史記巻八）（七一四）
朴韓味　恵恭王代の人、位は奈麻。（聖徳王神鐘銘）（七六五～七九九）
朴季業　憲徳王十七年、在唐大学生。（史記巻十）（八二五）
朴亮之　憲徳王十七年、入唐宿衛学生。（史記巻十）（八二五）
朴仁範　憲康王代の人。（史記巻四十六、崔致遠伝）（八七五～八八六）
朴術洪　景哀王四年二月、兵部郎中を以て後唐への朝貢使に副たり。（史記巻十二）（九二七）
朴居勿　三郎寺碑文の撰者。（史記巻二十八）（年代不明）

なほ日本書紀には、巻二十九、天武天皇四年（六七六）二月の条に見える弟監大麻（大奈麻か）朴武麻を初見とし、巻三十、持統天皇六年（六九二）十一月の級飡朴億徳まで、都合五人の名が指示出来るが、それらは朴氏を称することが、文武王代から始まつたとすることの傍証となる。

それとともに王室系図には、中代に全く見えず、下代に至つて、幾人かの朴氏の夫人が再現する。

第三十八代　元聖王の母　朴氏継烏夫人(82)、昭文太后（史記）
第四十三代　僖康王の母　朴氏包道夫人(83)、順成太后（史記）
第四十四代　閔哀王の母　朴氏貴宝夫人(84)、宣懿王后（史記）
第四十五代　神武王の母　朴氏真矯夫人(85)、憲穆太后（史記）
第四十八代　景文王の母　朴氏光和夫人(86)（史記）

右、五人の朴氏の夫人はいかに理解されるか。かかる五例の存在に注目するとともに、更に一歩をすすめて、その五人の血縁関係をあとづけてみるならば、第三図を得る。朴氏の夫人に対する金氏の夫人の記載が充分でないので、明確な結論をなし得ないが、記載あるものに拠つて推定をめぐらせば、第三図は更に第四図の如く図表化することが出来ないであらうか。

即ち第四図の第3段から第7段に至る間に於て、朴氏の夫人と金氏の夫人とが、隔世代的にあらはれてゐることに気付く。第2段と第3段とに、金氏の夫人が相続いてゐることが例外となるが、さればといつて、その例外を採つて、第3段以下の事実を放棄するわけには行かぬ。私はここに、大胆に過ぐるかもしれないが、第3段から第7段にわたる事実に即して、次の第五図の如きを基本形式とする婚姻法が、当時、即ち九世紀の前半代に行はれてゐたのではあるまいかと想像する。さすればここにも新羅王室は一個の氏族として、その中に金氏・朴氏といふ相対立する二つの通婚群から成り立つてゐたことを認め得るのである（第五図の形式と上記の第二図の形式との相関関係、乃至変遷過程は、他日、稿を改めて考へてみたい）。

〔第五図〕

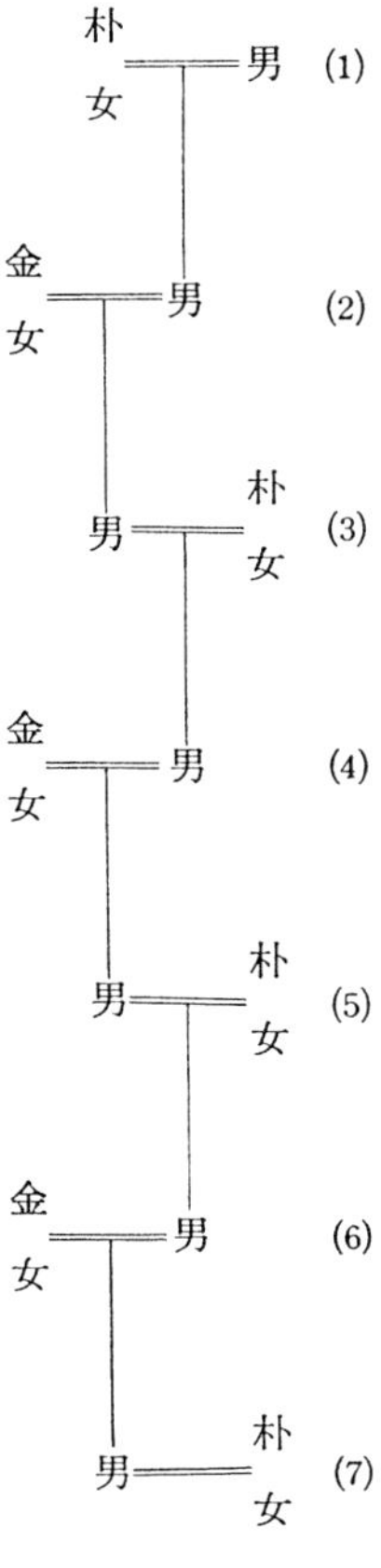

さて、さきに列挙した朴紐以下十数人の、下古新羅の史上に見える朴氏と、この王妃を出した朴氏とは、同一史料

に時代を同じくして記されてゐるから、当然同質のものとすべきである。けれども私は両者を全然同一のものとすることは不安である。この不安を一応解消するために、下古の朴氏を、金氏の夫人に対する朴氏の夫人の朴氏と、一般的漢字姓の一としての朴氏とに区別して受けとりたい。その意味は、王族の朴氏と王族以外の朴氏とが、時代を同じくして並存する可能性を認め度いといふことである。さうしてその所謂王族の朴氏は、中代の間、所謂武烈王系の金氏の通婚群としては排除せられてゐたが、王室外に於て、別派の金氏（所謂奈勿王系）との間に、伝統的な通婚関係を持続しつつ存在し、やがて武烈王系を倒して、再び奈勿王系の世の到来とともに、史上にあらはれたものと解したい。下代の王室系図にあらはれた朴氏の夫人、また朴氏そのものを、かやうに理解すれば、ひるがへつてその前代、即ち中代（武烈王〜恵恭王）の系図に、それが全く見えぬ理由も説明がつくであらう。

以上によつて、中古及び下代に於ける朴氏が、宗室の一部をなすものとして認められること、また下代にはその朴氏とは系を異にし、質を異にする一般的朴氏の存在も認められることが、大体明らかにされたと思ふ。しかし朴氏に関する文献はそれのみではない。即ち上古の王室系図にも、第三代儒理尼師今の妃が朴氏であつたといふ一説が存するのをはじめとして、以下第二十二代智証麻立干の妃朴氏延帝夫人に至るまで、凡そ五人の朴氏の夫人が見える。上古の系図が、歴史事実としては否定されるとしても、そこに中古また下古の事実乃至思想の反映の、認められるものあることについては、第二篇「新羅上古世系考」に私見を述べたのであるが、試みに上古の王妃の姓の明記されたものを拾つて、王の継承関係図に書き入れてみれば、次の第六図の如きものを得る。その結果として言ひ得ることは、上古の王妃の姓については、上述した中古及び下古の一部分に認められた如き、類型的法則を全く見出し得ない、といふことである。ただ朴氏王から昔氏王への継承、昔氏王から金氏王への継承は、女系即ち王妃関係に基づいたことになつてゐることが、唯一の法則的な事実であることを、くりかへし指示し得るのみである。

〔第六図〕

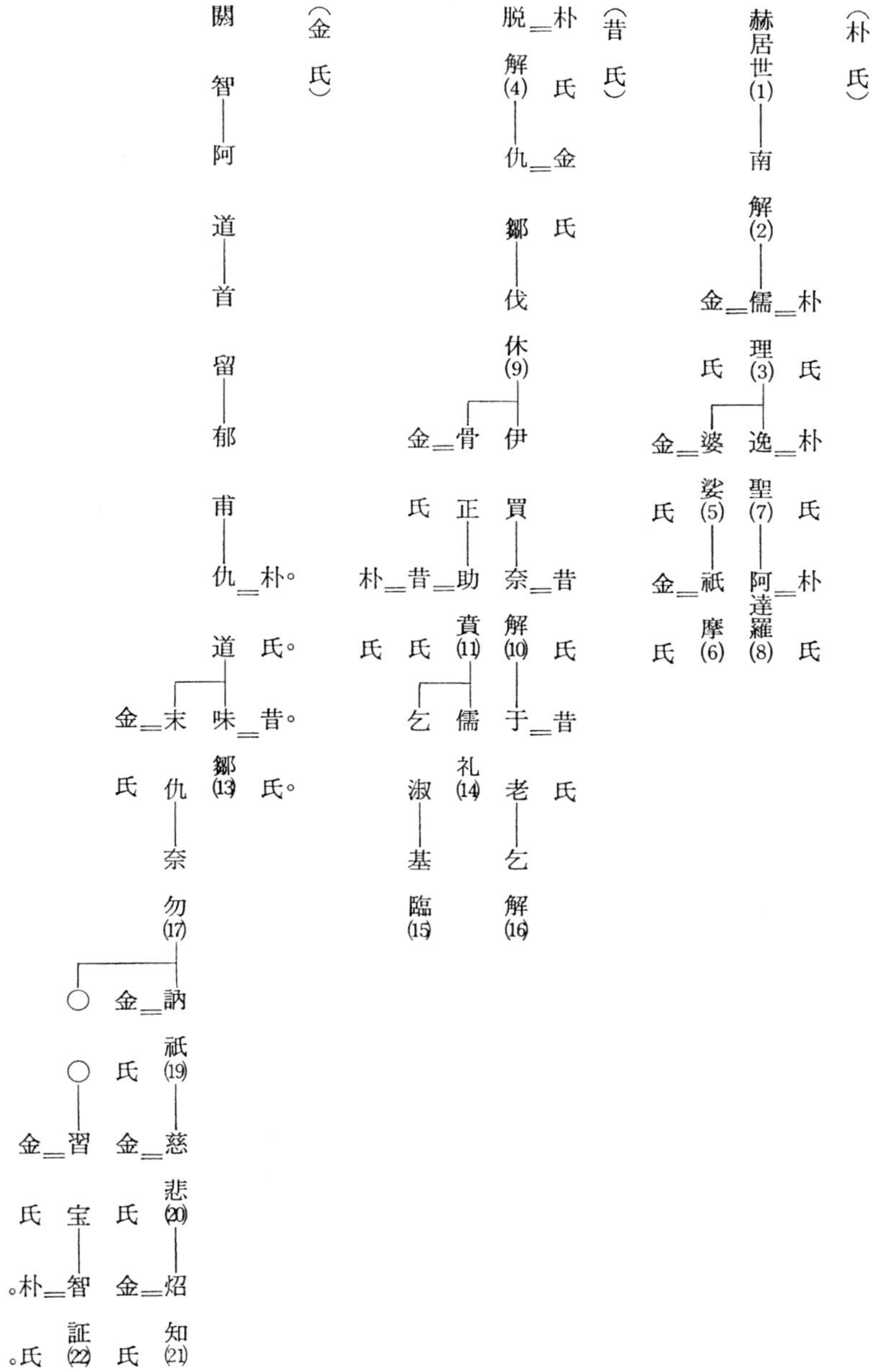
（朴　氏）
赫居世(1)
南解(2)
朴氏＝儒理(3)＝金氏
朴氏＝逸聖(7)
婆娑(5)＝金氏
祇摩(6)＝金氏
朴氏＝阿達羅(8)
（昔　氏）
朴氏＝脱解(4)
金氏＝仇鄒
伐休(9)
伊買
金氏＝骨正
昔氏＝奈解(10)
昔氏＝助賁(11)＝朴氏
昔氏＝于老
儒礼(14)
乞淑
基臨(15)
乞解(16)
（金　氏）
閼智
阿道
首留
郁甫
朴氏＝仇道
昔氏＝味鄒(13)
末仇＝金氏
奈勿(17)
訥祇(19)＝金氏
○
○
慈悲(20)＝金氏
習宝＝金氏
炤知(21)＝金氏
智証(22)＝朴氏

上古の朴氏に関するそのほかの問題は、かの始祖朴赫居世干以下、第八代に至る間の七人の朴氏の王があることであるが、これは単に金氏に対する朴氏といふよりも、朴・昔・金三姓の中の朴氏であつて、その理解のしかたについては、第二篇「新羅上古世系考」に述べた通りである。

次に上古に於て、王室系図以外に見える朴氏が数人ある。即ち次の如し。

朴阿道　逸聖尼師今十五年、葛文王に封ぜらる。（史記巻一）

朴婆覧　那密（奈勿）王三十六年庚寅、第三王子美海が倭国に聘したとき、内臣をもつて副使たり。（遺事巻一）

朴堤上　訥祇麻立干二年、高句麗に質となれる卜好、倭国に質となれる未斯欣を迎へ帰国せしめ、自からは倭国に死す。（史記巻三・四十五）

朴伊宗　智証王代、阿瑟羅州亏陵島を征す。（遺事巻一）

朴阿道は、下文、第二章に述べる上古に見える葛文王の一人であるが、他に関係史料がないから、それ以外に考へるすべがない。次の朴婆覧も、遺事に見えるのみで、該当する記事が史記にないから、考究の外である。次の朴堤上は、遺事に金堤上となつて居り、次の朴伊宗は、史記の異斯夫その人に違ひないが、異斯夫は、列伝に「姓金氏、奈勿王四世孫」と記されてゐる。

ここに問題となるのは、この新羅上古期の二大英雄、堤上・異斯夫（伊宗）の姓が、史記と遺事とに於て金と朴と互に、正反対に著録されてゐることである。これは何れが正しいかの問題ではなくて、金も朴もない、即ち堤上・異斯夫（伊宗）何れも、もと姓を伴はずして伝記された人物であることを示すものであらう。それと同時に、上古期に見える人物の姓が、後代の造作に過ぎないことを、最も端的に物語るものと解さるべきであらう。

以上考へたところを要約すれば、先づ史記・遺事など、文献に見える朴氏については、次の四つに類別して取扱はれ、考へらるべきであるといふことになる。

㈠　始祖伝説上の朴氏及びその延長としての朴氏七王。

㈡　上古の系図にあらはれた朴氏の夫人と朴氏の普通人。

㈢　中古の系図にあらはれた朴氏の夫人。

㈣　下古の系図にあらはれた朴氏の夫人と朴氏の普通人。

さうしてその中で私の肯定したのは、中古及び下古の朴氏の夫人と、下古の朴氏の普通人とであり、しかも同じく朴氏といつても、下古の王室系図上の朴氏と普通人の朴氏とは、系を異にするものと考へられた。諸王の夫人を出す朴氏は、一般漢字姓の一としての朴氏ではなく（後にはさういふものに、なつたであらうが）、もともとは、王妃族としての朴氏で、言ひ換ふれば、王室・王族の中のものとして認められる。中古の王代が、他の期と異るところの第一条項は、かかる王妃族朴氏の存在した時期であると思ふ。

因みにいふに、私が特に「純然たる漢字姓の朴氏」と区別する「中古の朴氏」は、中古の当時に於ては、朴氏とは言はなかつたかも知れず、また朴氏とは書かれなかつたかも知れない。何か別の表現を持つたかも知れない。例へば第六篇「新羅六部考」に述べる如き部名の一つをもつてゐたかも知れない。それが漢字姓の成立後、その漢字姓の一つたる朴氏に置き換へ、取り換へられたのであるかも知れない。しかしそれらのことは全く想像的立論に属し、六部の一と朴氏との関連は、文献上殆どこれを追求することは出来ない。わづかに注意されるのは、法興王の母、朴氏延帝夫人及び真興王の妃朴氏思道夫人が、共に牟梁部出身となつてゐることで(87)、そのことだけからいへば、牟梁部と朴氏との置換関係が想定されるけれども、他のより多き事例が、それを裏書きしてくれないから、問題となし得ない。

（附　説）

中古の王妃族としての朴氏、その残存としての下代の朴氏の夫人を、右の如く解釈するにつけて、ここに当然附考すべきは、新旧両唐書新羅伝の文字であつて、それらは新羅の婚姻制度に関する唯一の総括的記述ともいふべきものである。先づ旧唐書には

国人多金朴両姓、異姓不為婚。

といひ、新唐書には

其族名第一骨・第二骨、以自別、兄弟姑姨従姉妹、皆聘為妻、王族為第一骨、妻亦其族、生子皆為第一骨、不娶第二骨女、雖娶常為妾媵。

といひ、また

王姓金、貴人姓朴、民無氏有名。

といつてゐる。これらは、唐人の氏姓観念・用語によつてなされた記述であるから、骨といひ姓といつても、新羅の実際は、唐人の観念し意味するところとは、異なる内容のものであつたかもわからない。けれども両唐書の記事そのものの比較から言ひ得ることは、前者の「異姓不為婚」は、後者の「不娶第二骨女」と同じ事実の表現であるといふことである。さうしてそれは、新羅の王族金氏は異姓朴氏を娶らないといふ意味に解される。この記事は、中代即ち武烈王から恵恭王に至る間にあてはめて読めば、一応肯定される。しかし下代をも含めていへば、さきに私が史記によつて引いた系図から摘出した、朴氏の夫人の存在と、矛盾することになる。否なそれのみではない。新唐書新羅伝の他の記事とさへ矛盾する。例へば、その開元二十五年（七三七）の条に、新羅王興光（第三十三代聖徳王）死し、子

承慶（孝成王）襲位につき、使者を遣はして弔祭せしめた記事をのせ、続けて「俄冊其妻朴為妃」とある。然しこれは同時のことではなく、唐会要（巻九十五）によれば、興光の弔祭、承慶の冊立の使者を派した後ち三年「至開元二十八年、冊承慶妻朴氏、為新羅王妃」の事実に該当するものである。この朴氏を冊府元亀（巻九百七十五、外臣部二十、褒異二）には金氏としてゐる。史記は冊府に拠つたらしく、冊府と同年月、即ち孝成王四年三月の条に「唐遣使、冊夫人金氏為王妃」と記してゐる。私は会要・新唐書の朴氏を採る。中代の王妃に早くも朴氏を著録することかくのごとくである。

けだし唐廷が、新羅王の冊立と同時に、その妃或は母を冊立することは、右の開元二十八年の例を最初とし、大暦三年（恵恭王四年、七六八）二月、使者帰崇敬を遣はして、乾運を新羅王に冊したとき、その母を太妃と為したのを第二例とする。しかしこの時の記録には、母の姓を明示しない（唐会要巻九十五、新羅の条及び冊府元亀巻九百六十五、外臣部十、封冊三）。

第三例は第三十九代昭聖王の母及び妃の冊立である。旧唐書によれば、貞元十六年（昭聖王二年、八〇〇）四月、唐の徳宗は使者韋丹を遣はして新羅王俊邕を冊するとともに、その母申氏を太妃、妻叔氏を王妃と為した。それを新唐書には「母申太妃、妻淑妃」と記してゐる。史記によれば、昭聖王の実母は金氏（追封聖穆太后）、前王元聖王妃は金氏粛貞王后、妃は金氏桂花夫人、大阿湌叔明の女となつてゐて、全く合はない。史記は貞元十六年の唐の遣使事実に関する記事を、哀荘王九年の条に引用し、太妃申氏に関して、次の如き編者の註を加へてゐる。

申氏、金神述之女、以神字同韻申為氏、誤也。

いふまでもなく「誤也」とは、申氏とすることは唐史の誤也、金氏とすべしの謂である。妻叔氏については、別条（哀荘王二年の条の註）で「その父叔明の名をもつて叔氏とせること、唐史の誤也」といふ意味のことを記してゐる。

申氏及び叔氏についての史記編者の註記の前半は、或は当つてゐるかも知れない。さうとすればそれは唐史の誤記ではなく、当代新羅王廷が、同姓婚を忌む唐制に対応せしめんがための、文字上の苦肉の造作の結果とみなし得るかも知れない。

第四例は第四十代哀荘王の母及び妃の冊命である。旧唐書によれば、貞元二十一年（哀荘王七年、八〇五）二月、順宗は、使者元季方を遣はして、新羅王重煕を冊するとともに、その母叔氏を大妃、妻朴氏を妃と為した。母叔氏は前王昭聖王妃である。妃の姓については史記には明確な伝へがない。ただし哀荘王三年四月の条に「以阿飡金宙碧女入後宮」といふ記事をとれば、金氏とすべきである。

第五例は第四十一代憲徳王妃の冊命である。旧唐書の本紀及び新羅伝によれば、元和七年（憲徳王四年、八一二）七月、憲宗は使者崔廷を遣はして新羅王彦昇を冊し、妻貞氏を冊して妃と為した。史記によれば、憲徳王の妃は礼英角干の女、貴勝夫人とあり、遺事によれば忠恭角干の女、貴勝娘、諡を皇娥王后としてゐる。それを唐史が貞氏と記してゐることについては解釈に窮し、「今云貞氏、未詳」と註してゐる。この註の貞氏は旧唐書新羅伝を採つたものであらうが、同書の本紀及び冊府元亀（巻九百六十五）には真氏に作り、唐会要には正氏に作つてゐる。真・正、何れも宋諱「貞」を避けたものであらう。

第六例は、第四十二代興徳王の母及び妃の冊命である。旧唐書新羅伝によれば、大和五年（興徳王六年、八三一）文宗は使者源寂を遣はして、新羅王景徽を冊し、母朴氏を太妃、妻朴氏を妃となした。史記によれば、興徳王の実母は金氏聖穆王后、仮りに前王妃とすれば、上記の貴勝夫人である。また王妃は昭聖王の女、章和夫人金氏となつてゐて、全く合はぬ。

第七例は、第四十六代、文聖王妃の冊命である。唐会要によれば、会昌元年（文聖王三年、八四一）七月、武宗は帰国の新羅人金雲卿を宣慰使に充て、新羅王を冊し、妻朴氏を王妃となした。史記には、翌会昌二年に当る文聖王四年三月の条に、伊湌魏昕の女を納れて妃となすとあり、他に妃あつたことを記さない。

以上の七例を総じてみれば、

(1) 七四〇 開元二十八年 孝成王承慶の妻朴氏。
(2) 七六八 大暦三年 恵恭王乾運の母。
(3) 八〇〇 貞元十六年 昭聖王俊邕の母申氏、妻朴氏。
(4) 八〇五 貞元二十一年 哀荘王重熙の母叔氏、妻朴氏。
(5) 八一二 元和七年 憲徳王彦昇の妻貞氏。
(6) 八三一 大和五年 興徳王景徽の母朴氏、妻朴氏。
(7) 八四一 会昌元年 文聖王慶膺の妻朴氏。

の冊立をなしてゐる。申氏一、叔（淑）氏二、貞（真・正）氏一、朴氏四の数を得る。その殆どすべてが、史記・遺事の伝へと合致せぬのみならず、両唐書の他の記載、即ちさきに冒頭に引用した旧唐書の「異姓不為婚」また新唐書の「不娶第二骨女」なる総括的記載と矛盾する。これはいかに解すべきか。私は唐史の総括的記載をもつて、必ずしも誤記とはなし得ない。何となれば、この記載は、私の所謂「純然たる漢字姓」の諸姓間に於ける事実に関するものと解され、王母・王妃として著録される異姓は、王室また王族内部のものに過ぎないと解されるからである。これを再言すれば、下古の王室系図上に見える朴氏は、一般臣下の朴氏とは範疇を異にするものであらうといふことになる。

第二章　葛文王

葛文王は新羅史上の特殊な名辞として、古くから注意をひき、近代に於ても研究者の好題目となつたこと、かの花郎と好一対といふべきであるが、ここには、葛文王の研究を総括しつつ、特にこれを中古の王代に即する事実として、新たな解釈を試みんとするものである[88]。

葛文王なる名辞は、真興王昌寧碑（五六一）に早くも見えるが、惜むらくは碑文の前後が闕けてゐて、そのありかたを明言し得ないことである。よつて先づ史記・遺事に見える葛文王を網羅してみれば、次の通りである。

〔葛文王〕	〔史記所伝〕	〔遺事所伝〕	〔備　考〕
(1)日　知	(3)儒理王の妃の父（巻一） (7)逸聖王の父（巻一）	(7)逸聖王の妃の父（王暦）	
(2)許　婁	(5)婆娑王の妃の父（巻一）		
(3)摩　帝	(6)祇摩王の妃の父（巻一）		遺事は磨帝国王に作る
(4)朴阿道	(7)逸聖王十五年葛文王に封ぜらる（巻一）		
(5)骨　正 ＝（忽争）＝ （世神）	(10)奈解王の妃の父（巻二） (11)助賁王の父（巻二） (12)沾解王の父（巻二）		
(6)仇　道	(11)助賁王の母の父（巻二） (3)味鄒王の父（巻二）	(17)奈勿王の父（王暦）	

(7)伊　柒	(17)奈勿王の祖父（巻三）	(17)奈勿王の父（王暦）
(8)奈　音	(13)味鄒王の母の父（巻二）	
	(11)助賁王の妃の父（巻二）	
	(14)儒礼王の母の父（巻二）	
(9)巴　胡		(20)慈悲王の妃の父（王暦）
(10)習　宝	(22)智証王の父（巻四）	(21)炤知王の妃の父（王暦）　遺事は期宝に作る
		(19)訥祇王の弟（王暦）
(11)立　宗	(23)法興王の弟（巻四）	
	(24)真興王の父（巻四）	
(12)福　勝	(26)真平王の母の父（巻四）	
	(26)真平王の妃の父（巻四）	
	(27)善徳王の母の父（巻四）	
(13)真　正（伯飯）	(26)真平王の同母弟（巻四）	
(14)真　安（国飯）	(26)真平王の同母弟（巻四）	遺事は国其安に作る
	(28)真徳王の父（巻五）	
(15)飲		(27)善徳王の匹（王暦）
(16)□　□		(28)真徳王の母の父（王暦）
(17)文　興		(29)武烈王の父（王暦）
(18)忠　恭	(42)僖康王の妃の父（巻十）	

右の如き十八人の葛文王を、従来の研究者は、いかに観、いかに解したであらうか。最も古いものは、王氏高麗の中期、史記編者のそれである。即ち史記の巻一、逸聖尼師今十五年紀に「封朴阿道、為葛文王」と記し、分註して曰

く

新羅追封王、皆称葛文王、其義未詳。

と。これは史記編者が取扱つた古史料に、朴阿道をはじめ、その前、その後に散見する上記の如き十数人の葛文王が、総じて追封の王と映じたこと、編者は追封の王と解したことを示すものにほかならぬ。降つて李氏朝鮮の後期、星湖李瀷（一六八三〜一七六三）は、その星湖僿説類選（巻九下）にいふ

新羅之世、多追尊異姓、皆称葛文王、本宗正統、謂之麻立干、葛与麻、以経帯言也。按周礼、王為諸侯緦縗、弁而加経、同姓則麻、異姓則葛、謂葛経之王、別於本宗也。

即ち星湖に至つて、追封に加ふるに異姓といふ一条件をもつてした。星湖の門下、順庵安鼎福（一七一二〜一七九一）は、その著東史綱目の附巻に於て、葛文王を説いて

按以史考之、妃后之父、称葛文王。

とした。即ち順庵に至つては、異姓を更に極限して妃后の父とし、追封・追尊のことは軽んぜられた形である。順庵に後ること約二十年の生れなる頤斎黄胤錫（一七二九〜一七八四頃）は、その著「華音方言字義解」[89]（頤斎遺稿巻二十五所収）に

新羅追封王皆称葛文王、東国方言謂死曰走斤、葛之方言近走、文之方言近斤。

といつた。即ち黄氏に至つて、葛文の二字を朝鮮語によつて解釈し、史記編者の解釈たる「追封」の事実を裏附けた。けだし葛の訓は č'ürk, 文の訓は kür であるから、č'ürk-kür をもつて「死する」の義なる朝鮮語 čuk-ta の連体形 čuk-ün（走斤の音 ču-kün）にあてたのであらう。

右の如き李朝人の解釈は、極めて概括的な結論を示すのみであるが、李氏にしても安氏にしても、さきに列挙した

如き十数人の葛文王のありかたを、通覧通考して下した結論として、尊重すべきこと論をまたぬ。

近代に於て、葛文王を論考した人には、今西博士・葛城末治氏・鮎貝房之進氏・梁柱東氏あり、発表の年月に従つて、かくの如く列挙される各人の研究は、何れも次次に、既存の説を批判しつつ、新しい解釈を加へて行つた。いまそれを総括的に述ぶれば、次の如くいへるであらう。

(1) 史料の整理　文献に見える葛文王は、今西博士及び葛城氏によつて網羅された。

(2) 分類　右の史料に基づいて、いかなる人が葛文王に封ぜられたかを、分類して示した。仮りに今西博士の数字を示せば、

㈠王の父　八人（他の類に入らぬもの四人）
㈡王の外舅　七人（同上一人）
㈢王の外祖　八人（同上三人）
㈣女王の匹　一人
㈤不明　一人

不明一人とされたものは、上掲の表に於ける(4)の朴阿道を指す。この分類は最も妥当なものであるが、惜しむらくは⒀の真正（伯飯）葛文王を見落してゐる。よつて今それを採れば、分類としては「不明」の一項を除去して、その代りに

㈤王の同母弟　一人

を加へた五項とするのが至当である。

(3) 例外　右の分類にあづかつた範疇に入る人にして、しかも葛文王の号を有せぬ人のあることを指示したこと。

その数字左の如し。

(一)王の父　八人
(二)王の外舅　六人
(三)王の外祖　四人

また即位した王にあらず、葛文王にもあらず、しかも王号をもつて呼ばれるものが三人あることも指摘された。

(4)　追封号か、生時の号か、については両説ある。今西博士は上古に於ては生時の号たりしものが、中古に於ては生時の号の外に死後の号ともなり、下代に及んでは死後追封の号と変化したかと推定され、葛城氏は専ら死後追封の号とされ、鮎貝氏・梁氏また追封説を採られた。

(5)　音義　葛文王はいかによまれ、いかなる意味の号であるかについては、四氏四様である。

(一)　kor-mom 説（今西）。葛の音 kar は骨品の骨（kor）をあらはし、文の音（mun）は、身体の義なる朝鮮語 mom をあらはす、故に葛文は「親身」の義とする。梁氏はこの説を評して「骨品の骨（現音 kor）は ki͜ȯr なる語の当字で、ki͜ȯr は後世 ki͜ȯ-r͜ȯi（族）になつたが、その原義は一双・一組である。（鞋一組を一 ki͜ȯ-r͜ȯi と言ひ、牛牡牝一耦を一 ki͜ȯ-r͜ȯi と言ひ、波の起伏一組を mur-ki͜ȯr と云ふ。即ち ki͜ȯ-r͜ȯi は元、配偶の意より親族の義に転じたのである。（中略））よつて葛・骨は相通じ難く、文（mun）・身（mom）も他に相通例を見ない。況んや『kor-mom-nim-kŭm』なる語は余りに熟せざる造語である」といつた。

(二)　čik-kur 説（葛城）。葛の訓 čik, 文の訓 kur なれば、čik-kur は、朝鮮語の「昇す」また「上ぐる」の義の未来動詞 čik-kur に当てらるべし、換言すれば「崇上王」の義なりとした。因みに葛の訓は čik にあらず、正しくは č'irk でありまた、「上ぐる」の朝鮮語は、正しくは č'u͜i-kir である。梁氏はこの説を評して「抑々

『č'ui-kir』なる語は物（例へば藁束など）を高い所へ投上げる事で、追封・崇上の意味には文献上も実地上も共に用例がない」と否定された。

(三) 地名宮号説（鮎貝）。葛文は地方に過ぎず、史記の職官志に見える「葛川宮典」の葛川は、葛文の対訳とみなし得る理由を、川の字及び文の字の用例に見出だし、今日、慶州の葛谷里・勿川里附近をその故地に擬定された。梁氏はこの説を評して「故宮所在地が現地に於て確実に論証されぬ事」また「上下数百年に亘る列王の種々の近親（その中の大部分は王妃）の里が悉く一葛文なる地点に宮を持つたとは凡そ信じ難い事であり、ましてそれ等の王・王妃が例外なく皆該特殊部落に於てのみ生れたと推測することは確かに事実に遠いものである」とされた。

(四) kar-men 説（梁）。葛文は音読して kar-mun であるから、「蔭れた」の義ある kar-men なる古語（その語根は karm）をあらはすものか、或はまた「交・代」の古訓が kar-ma-tün-ta であるから、代王（王にあらざるも王に準ずべき、擬せらるべき王）の義か、と両様に考へられ、なほ追封か否かについては、訓蒙字会に「殮」の訓を kar-mür とすることを証として、追封説を採られた。

葛文王の考究の経過は、右の通り新古にわたり多彩である。当否を別問題として、課題の要点は、殆ど尽されてゐるといへよう。しかし私をしていはしむれば、なほ議すべきことは残されてゐる。

けだし葛文王の正体を把握するには、二つの鍵がある。その一は文献上に於ける葛文王を網羅列挙して、その実際のありかた（王との身分関係）を点検すること、その二は葛文の音義を究めて、そこから葛文の本質を見出だすことである。従来の諸説・諸研究は、それらの鍵をつかまんとするものであつたことに於て軌を一にする。けれどもそこに欠けてゐたと思はれるのは、最も古い時代の葛文王から、最も新しい葛文王に至る時間の介在、年表的にいへば八百

葛文王名	㈠王の父	㈡王母の父	㈢王妃の父	㈣王の同母弟	㈤女王の匹
⑾立宗	○	○		○?	
⑿福勝		○	○		
⒀真正				○	
⒁真安	○			○	
⒂飲					○
⒃△△		○			
(計)	2	3	1	3	1

年を越える時間の介在に対する認識が不充分であつたことである。さすがに今西博士は、上古・中古・下古と、それぞれに葛文王の意味は変転したことを想定されたが、その区別は、葛文王の意味についてのみならず、文献史料の区別にまで及ぶべきではなかつたらうか。私は葛文王の考察は、先づその史料上の区別から始めらるべきを信ずる。即ち上古の部分（智証王以前）に見える葛文王は第一類をなし、中古の部分（法興王〜真徳王）に見えるものは第二類をなし、下古の部分に見えるものは第三類をなす。

第一類の葛文王十人（1〜10）の身分関係は、全面的に造作として否定し得ないこと、いふまでもないけれども、前後五百年間の記事の中に配置された、その何れが真実を伝へるもので、何れが造作であるかは、研究法上、殆ど不可能事に属するものである。故にこの部類を更に分類しても、直接に拠り用ふべき結論を得るすべとはなし難い。

第二類の葛文王六人（11〜16）は、比較数に於ては第一類の十人に及ばぬけれども、中古約百五十年間に見ゆる六人であるから、絶対数に於ては最も大きい。のみならず、既に前章朴氏の夫人の条でも言及した如く、この時期の系図は、比較的混乱ないものと認められ、その六人の身分関係は、或る程度まで歴史事実として承認することが出来、それは右の如く表示される。

かくの如く、中古の葛文王の身分は、すでに五項にわたつて居り（全葛文王の分類も、この五項以外に出るものでない）、しかもその何れの項が、葛文王の第一義的性格を示すものかは判定に苦しむが、それについては、考へかたは二つある。第一は、元来、ある限定された条件の人が葛文王と称されてゐたが、その条件が拡大されて、この時代（中古）には、右の如くいろいろの身分の人が、等しく葛文王といはれるやうになつたのであると考へるか、それとも第二の場合として、葛文王は、本来、広い意味に使はれる尊称として出発した、中古の葛文王と呼ばれた人の身分が、右の如く各種あるのはそのあらはれである、それが社会・文化の進化にともなつて葛文王の意味も分化限定されるに至つたと解するか。この二つの考へかたは、対立するものではなく、互に相関連して、雞と卵との関係の様に、前後を決定し難いものである。しかし私は葛文王をもつて、中古に発生したものとは考へ得ない、それは上古に発生し、中古に発展してやや一般化した名となり、下古にはまた限定された意味の名となるのではないか、と思ふものである。かく思ふわけは、新羅の社会が、すでに上古の下期（奈勿王以後の百五十年）に於て、氏族社会から階級支配社会への転化を遂げ、以て中古に入つてからは、その中央集権的支配関係を大成して行つたとする、歴史の全過程が顧みられるからである。

さすれば、右に指示した如き中古葛文王の身分の種種相には、上古の名残りが当然追求せらるべきである。身分の各項について私の理解するところは、甚だ素朴な程度にとどまるが、大要を記せば左の通りである。

(一) 王の父が葛文王と称されることは何を意味するか。それは父権の発生を前提とすることといふまでもない、とともに王位の男系継承の制がおこらうとする過渡期の所産と考へられるから、葛文王の発生的意味とはなし得ない。換言すれば、王の父が葛文王といはれるやうになつたのは、上古の最下期から、中古にかけての新現象であらうと思はれる。

(二) 王母の父が葛文王と称されたことは何を意味するか。私はこの事実は母の尊重と、一般的な父の尊重との二重の所産と考へ、父の尊重は、前項に考へた如く、父権の発生・成長に伴ふものと解する。母の尊重は母族また母党の存在を前提とし、何等かの形、何等かの意味に於て、自己（王）の族籍が母のそれに属する習俗の残存とみなし得ないであらうか。もしもさうとすれば、このことは、葛文王の本来の意味を推すに、有力な暗示をあたへるものであらう。

㈢　王妃の父が葛文王と称されたことは何を意味するか。これもまた父の尊重と妃の尊重との合成的事実であつて、父の尊重は父権の発生・成長を前提とし、妃の尊重は、妃そのものの尊重ではなく、妃の族即ち一般的には妻族・妻党の尊重である。自己（王）が妻族を尊重するのは、単に対耦族としての尊重ではなく、妻（妃）を介して自己（王）の身分が生じたこと、即ち妻の夫たることによつて、妻族の相続者たり得たことを表示するものではあるまいか。中古の実例は、かかる事実を直接に示さないけれども、王妃の父の尊重は、かかる事実の名残として解し得ると思ふ。その意味に於て、この項は、また葛文王の本来の意味を推すに有力な暗示をあたへるものである。

㈣　王の同母弟が葛文王と称されたことは何を意味するか。このことが成立するためには、男系継承がはじまつてゐることを暗示するとともに、同母兄弟の同格的位置が想定される。同母兄弟の同格は、長子相続制が、未だ決定的な段階にまで、到達してゐなかつたことを示すものに、ほかならぬであらう。

㈤　女王の匹が葛文王の称をもつてゐたことは何を意味するか。この場合は、特に具体的に考へる必要がある。女王は善徳王で、王がはじめて女子の身をもつて、王位に即いたことに関し、史記（巻五）には「真平王、薨じて子無し、国人、徳曼（善徳王）を立つ、云云」といひ、遺事の王暦には徳曼の「父は真平王、母は麻耶夫人金氏、聖骨の男尽く、故に女王立つ、云云」と記してゐる。この善徳王に配耦（飲葛文王）あつたことは、遺事王暦のみの伝へであるが、信じてよからう。

善徳・真徳両女王の即位の事情については、首篇「新羅三代考」の第一章に一応考へてみたところであるが、ここに再考するに、それは男系継承の強行的事実であつて、しかも男子継承制が未だ確立せぬ、過渡期的事象とみなされるのではあるまいか。下代に及んでは、前王の女の配耦たるの故を以て、王位に即いた王（景文王・神徳王）をみるに至ること、またすでに述べたところであるが、中古には、その実証が認められぬ。

右の如き推測を総じていへば、中古に於ける葛文王の身分は、少くとも五指を屈して数ふべく、それは即位の王の尊族及び即位の王に準ずる格に置いて考へらるべき人の名号であつて、しかもそれら各種身分の人は、ただ尊族たるをもつて、或は準位の格をもつて葛文王の名を与へられたといふだけの理解にとどまることは出来ぬ。尊族であるといふこと、また準位とされたといふことの意味の中に、当時の氏族制度また広く社会制度そのものを見出さねばならぬ。私の推測は甚だ未熟浅薄なものであつたことを慚づるものであるが、しかもかくの如き企てによつて、葛文王なる名号の本来の性質、発生的意義が追求されるのではあるまいか。

中古に於いて葛文王たりし人の身分関係として列挙し得るもの五項に及んだのであるが、何れが本来のものであつたかは即断し得なかつた。しかもその間、前後新古あるべきは疑ひなく、私は(二)項・(三)項に於て、前代の名残り、母系また女系的傾向を認め、他の諸項に於て、当代中古に進行しつつあつた男系的傾向、また父権確立の趨勢を認めんとするものである。その点に於て、李瀷が解釈の一半に「異姓」を提示し、また安鼎福が「后妃之父」を指摘したことを尊重するものである。近代の研究者が、これらの点を殆ど無視乃至軽視したことは、史料の分析に却つて災された結果といふべきではあるまいか。けだし分析はいかに細かに、いかに厳密にこれをなすも、なし過ぎるといふことはない、けれども分析の結果の綜合と解釈は、何人といへども万全を保し難いからである。

中古に於ける葛文王を、右の如く理解することは、中古の王代がいかなるものであつたかを理解する一つの有力なる方法であることは承認されるであらう。それは一言もつて被へば、中古は父権制確立の過程、男系男子継承法確立の過程として把握される。かかる過程とするとき、前章に述べた所謂朴氏の夫人の存在は肯定され、また逆に朴氏の夫人の存在は、母系的・女系的傾向の残存を主要性格とする葛文王の存在を肯定せしめるであらう。このことについて思ひ合はされるのは、男系男子の継承が実行された中代（武烈王〜恵恭王）に於て、朴氏の夫人と葛文王とが、共に全く見えないといふ顕著な事実である。武烈王の父龍春が文興葛文王と呼ばれてゐることは、例外をなすといふよりも、むしろ中古に附けて考へてよい。

さて中古の葛文王の解釈を右にとどめるとすれば、次にそれと区別して考察すべしとした上古及び下古の葛文王はいかに解すべきであらうか。

はじめに列挙した葛文王のうち、上古に属する十人の中のあるもは、中古の事実の映しとして造作されたものもあらう、さうして文献の示す血縁関係の如きは、殆ど信用するに足らぬであらう。けれどもさればといつて、みながみな、中古の映しといふことは出来ない、その中のあるものは、上古それ自体の言伝へのままのもの、即ち上古に実在したものもあり得るのである。かく考へることを許容するのは、上古期に十人の葛文王が著録されてゐるからではない。中古の葛文王が上述した如きかたちで認められるからである。

次に下古の葛文王はいかに解されるか。先づ武烈王の父たる文興葛文王についてみるに、その出所たる遺事の王暦、第二十九太宗武烈王の条に

名春秋、金氏、真智王子龍春卓文興葛文王之子也、云云。

とある。卓は或は謚の訛誤かと推定されるが、これを裏づけるのは、史記の巻五、太宗武烈王元年の条に

夏四月、追封王考為文興大王、母為文貞太后、大赦。

とあることで、史記・遺事を併せ採り、且つ葛文王を文興なる諡号に密着せしめて解すれば、この葛文王は追封王号と断定するを得る。また年表的にいへばこの追封は、下古の第一年に行はれたのであるから、文興葛文王は下古の葛文王といふべきであるが、実際的には中古最後の葛文王とみても、さしつかへない。

上に言及した通り、文興をもつて、葛文王は一時中絶し、それより百二十余年、中代の間、全く現れず、下代に入つて更に五十余年を経た僖康王代に至つて、唯一人忠恭葛文王が見えるが、それも確然たるものではない。即ち史記の巻十、僖康王即位の条に

僖康王立（中略）妃文穆夫人、葛文王忠恭之女。

とあるが、遺事の王暦には、同王の条に

妃文穆王后、忠孝角干之女、一云重恭角干、云云。

とあつて、葛文王とはない。追封であるか否かもわからない。しかし一応、葛文王たりしことを認めると、その資格は王妃の父で、かの中古の葛文王の範疇内のものであるから、中古の延長的事実と解して差支へない。しかし中古百五十年間に、六人もの葛文王が見えたのに、文献伝存の度合ひは、次第に上昇してゐる下古の、その二百八十余年間に、わづか一人の葛文王しかあらはれぬといふことは、下古がすでに葛文王の時代でなかつたこと、葛文王といふ称号を産んだ社会的条件が大いに変化してゐたことを思はしめる。

しからばその社会的条件とは何か。その最も根本的なものとしては、前章に想定した如き王室の婚姻関係の変化、王妃族としての所謂朴氏の変化が考へられ、更に思想的には、尊崇観念が進化して、従来の如く、単に葛文王なる名号を贈ることのみで満足せず、中国の制に倣つて、或は宮号・殿号を以て呼ぶこと、或は美しい漢字の諡号をつける

ことによつて、生時の号にも上下あり、死後の号にもまた上下を区別するやうになつたと思はれる。かくなれば葛文王なる名号は、絶滅しないまでも、次第に一般的・通俗的なものに転化せざるを得ない。上述の通り下古の葛文王の二人、文興葛文王（文興大王）及び忠恭葛文王（諡宣康大王）の文献上のありかたは、その間のなりゆきを証するといひ得るであらう。

ここに立ちかへつて考へねばならぬことは、従来の論説に於て有力であつた追封王号説である。即ち追封説は、既記の如く、史記が註記してから、李瀷がくりかへし、近くは葛城・鮎貝・梁三氏、何れもそれぞれの立場からこれを肯定し、裏附けんとしたのに対し、安氏がそれに触れず、今西博士ひとり、追封号としては過程的には認められるが、葛文王本来の性質としては認め難いことを主張された。これを史料によつていへば、確実に追封によつて葛文王となつたとなしうるのは、下古初めの文興一人のみであつて、他はすべて確証はないのであるから、対象を死者に限つた尊号と考へることは無理である、葛文王の号は、尊崇を第一義とし、生死にはかかはりないものであつた、と考へるのが至当であらう。その意味に於て私は今西博士の考へかたにくみするものである。

最後に、従来の研究に於て、分量的には半ばを占めたその音義の問題を再考するに、今西博士の kor-mom（親身）説、葛城氏の čik-kur（崇上）説に対しては、梁氏の批評が必ずしも苛酷ではないと思はれるが、さればとて、梁氏の新解釈が最後的なものであるかといふに、これまた必ずしもさうとはいへない。梁氏は朝鮮語を母語とする人であるから、朝鮮語による解釈としては、黄氏の čuk-ŭn（走斤）説と相比肩する重みを持つてゐる。特に梁氏が葛文をそのまま音読して、その音に極めて近い古語 kar-men（蔵の義、隠の義）を見出だされたことは注目に値ひする。しかし言葉の上からのみでは、梁氏みづから提示された如く、等しく葛文の音読に極めて近く、しかもその義は全く別なる古語 kar-ma-tŭn-ta（交また代の義）も存在することであるから、二語のうち何れとも決し難いといはねばならぬ。のみならず、文献の厳密なる批判に基づいていへば、粱氏の主張たる「お隠れになつた王」は、葛文王全体に通用しない意味となること、上述したところによつて明らかである。よつて私は葛文の音義は不明とするほかなきを思ふ。

因みに私は青丘学叢第九号に載せた旧稿「新羅王代考略」に於ては、葛文の音義に関して、それは発生的には血族関係また氏族関係上の、ある身分を表示するものではあるまいかといふみとほしから、葛文を音読して kar-mun とし、現代語にて祖母・老婆の義なる xar-mom また xar-mò-ni などに関係ある語と考へた(90)。kar と xar との古通は必ずしも立証に難くないと思ふが、今日に於ては確信をもつて主張し得ない。同じく血族関係・氏族関係上の言葉としても、他に解釈の余地あるかと考へられるからである。

結び

以上、本篇に考へたところを再び要約してみるに、

第一章に於ては、先づ中古六王代、六世代の間にあらはれる、王妃或は王母としての、五人の「朴氏の夫人」を列挙し、かつこれを血縁関係につないでみた。その結果、所謂朴氏は、金氏の王に対する王妃族として認むべきではないか、即ちこの場合、朴氏と金氏とは、新羅王族といふ一つの氏族内に於ける、相対する通婚群として認むべきではないか、といふ想定を得た。しかるにかかる想定は、従来一般に行はれてゐる朴氏そのものの解釈と、相容れないものである。何となれば、従来の朴氏についての考へは、専ら純然たる漢字姓としての朴氏を認めるにとどまつて、従つて文武王(七世紀中葉)以前の朴氏は、全く歴史的実在のものとは考へられてゐないからである。よつてここに新羅史を通じて、朴氏を再考してみねばならなかつた。この再考は、当然「新羅姓氏考」なる全般的な考察にまで、展

開することを促すものであるが、それを他日に期して、一応、朴氏のみについて得た結論は、文献上の朴氏は、少くとも四つにわけて理解すべきである、四つとは、㈠始祖伝説上の朴氏及びその延長としての朴氏の七王。㈡上古の王室系図にあらはれる朴氏の夫人と朴氏の普通人。㈢中古の王室系図にあらはれる朴氏の夫人。㈣下代の王室系図にあらはれる朴氏の夫人と朴氏の普通人。これである。中古の朴氏の夫人は、中代を越えて下代の朴氏の夫人と、何等かの関連が認められるべしとなし得る限り、一概に否定されない。中古の常時、果して文献の通りに朴氏と呼ばれたか否かは、わからないけれども、少くとも朴氏的存在は、これを認めねばならぬといふことであつた。即ち中古の王代は、かかる意味に於ける王妃族朴氏と金氏との時代であつた、といふのが私の第一の提案である。

右の如き第一章の附説として、諸唐史にあらはれた新羅の婚姻、王妃の姓に関する記事の考証を試み、私の提案が、必ずしもそれらの記事と相容れぬものではないことを述べた。

第二章に於ては、従来、新羅史の研究者にとつて最も興味ある問題とされ、解釈の諸説も殆ど出つくしたかの感ある葛文王を、改めて中古の王代のものとして考へた。即ち葛文王なる称号は、新羅の原始時代、上古に発したものであるとするも、我我に許容された歴史的把握は、中古のそれを主体とすべきことを、葛文王の文献上のありかたに基づいて提案し、上古の葛文王は、半ば中古の葛文王の反映、下代の葛文王は中古の葛文王の名残りとみられることを述べた。さうして中古葛文王の身分の種種相を、一一分析して、そこに男系的また父権的傾向と、女系的また母権的傾向の両者を認め、前者は当代中古の成長的事実、後者は前代（上古）の残存的事実にあらずや、換言すれば中代は男系また父権制確立の、過渡期として理解すべきではあるまいか、といふ結論に到達した。即ち中古の王代に対する、私の第二の提案である。

要するに本篇の両章は、実質的には「新羅姓氏考」と「新羅婚姻考」とに分離、起草さるべきものであるかも知れない。しかし今は、中古の王代の理解の二つの鍵として、朴氏の夫人と葛文王とを指摘し、且つ朴氏の夫人と葛文王とは、共にこれを中古に即して考察するとき、はじめてその真相に触れることが出来るものとする私案を述べたにとどまる。他日「新羅姓氏考」とともに「新羅婚姻考」を草して、私案を論断にまですすめたいと考へてゐる。

第五篇　新羅仏教伝来伝説考

第一章　高句麗・百済の仏教伝来

高句麗・百済・新羅三国に於ける仏教伝来について、簡単明瞭な答へを与へる文献は、三国史記であらう。高句麗については、巻十八、高句麗本紀六、小獣林王二年（東晋の咸安二年、三七二）の条に

夏六月、秦王苻堅、遣使及浮屠順道、送仏像経文、王遣使廻謝、以貢方物。

とあり、翌翌四年の条に「僧阿道来」とあり、翌五年の条に

春二月、始創肖門寺、以置順道、又創伊弗蘭寺、以置阿道、此海東仏法之始。

といつてゐる。百済については、巻二十四、百済本紀二、枕流王即位年（東晋の太元九年、三八四）の条に

秋七月、遣使入晋朝貢、九月、胡僧麻羅難陁、自晋至、王迎致宮内礼敬焉、仏法始於此。

とあり、翌二年の条に

春二月、創仏寺於漢山、度僧十人。

と記してゐる。新羅については、巻四、新羅本紀四、法興王十五年（梁の大通二年、五二八）の条に「肇行仏法」と

いふ綱文を先づかかげ、つづいてそこに至るまでの経過、即ち初伝より肇行に至る過程を、詳しく記してゐる。

これらをもつていへば、三国に於ける仏教の、伝来の年紀乃至肇行の年紀は、極めて簡明である。けれどもそれは、ただ史記の記載の簡明にとどまり、必しも初伝乃至肇行の事実そのものの、簡明を保証するものではあり得ない。例へば高句麗の場合をみても、下文に引用する智証大師碑（九二四立）には、初伝者として摂摩の名を著録してゐる。また三国遺事（巻三）順道肇麗の段には

高麗本記云、小獣林王即位二年壬申、乃東晋咸安二年孝武帝即位之年也、前秦苻堅遣使及僧順道、送仏像経文、時堅都関中、即長安、又四年甲戌、阿道来自晋、明年乙亥二月、創肖門寺、以置順道、又創伊弗蘭寺、以置阿道、此高麗仏法之始。

といふ逸文をのせてゐる。これを逸文とするのは、引くところの高麗本記は、遺事の他の引用例から推せば「三国史記の高麗本記」の謂に相違なく、しかも阿道をもつて晋より至れるものとすることは、現行史記の記さぬところであるからである。また遺事は、右の引用につづいて

僧伝作二道順道阿道来自魏云者、誤矣、実自前秦来。

と断じてゐる。ここにいふ僧伝は、また遺事の他の引用例からすれば、海東高僧伝の謂と考へられるが、これまた現存の海東高僧伝(91)残巻とは異るものを指すやうである。さうしてその僧伝には順道・阿道、何れも魏より来れるものとしるしてゐるといふ。現存の海東高僧伝残巻（巻一、流通一ノ一）釈順道の条には

高句麗第十七解味(朱)留王或云小獣林王二年壬申夏六月、秦苻堅発使及浮屠順道、送仏像経文（中略）或説、順道従東晋来、始伝仏法、則秦晋莫弁、何是何非。

とある。これを総じていへば、紀年上の異説はないとはいへ(92)、初伝の僧順道の出自については

(イ)　苻秦よりとする説（現行史記・現存海東高僧伝・遺事所引高麗本記）
(ロ)　東晋よりとする説（現存海東高僧伝の一説）
(ハ)　魏よりとする説（遺事所引僧伝）

の三説あり、阿道については、

(イ)　晋よりとする説（遺事所引高麗本記）
(ロ)　魏よりとする説（現存海東高僧伝・遺事所引僧伝）

の両説あつたことになる。苻秦より伝来したとする説の如き、最も重んずべきものであるが、東晋より伝来したとの説また捨てがたく、何れを是、何れを非とも決し得ない。また魏よりとの説を、遺事の撰者はあつさり誤りと断定してゐるが、この説は三七二年といふ年代を主として考ふれば、さういへるとしても、実質的伝来に於ける魏との関係は、無視出来ないのである。結局かかる諸説が並存することは、高句麗仏教の出処の不明確さを物語るものであつて、我我はただその間に、高句麗仏教が、他の一般文物と同様、北方と南方と、両方に源流を有するであらうと推定する、間接材料を見出すにとどまるのである。

次に百済の仏教の起原については、上に引いた史記の記載以外に異説ないけれども、百済の歴史全体の上から考へてみれば、高句麗に後れること、わづかに十二年にして百済に入つたわけであり、また仮りに日本書紀によつて、百済から日本に仏教が伝へられた年を欽明天皇の十二年（五五二）とすれば、其間百七十余年を経てゐる。この間隔は、当代の百済と日本との関係から推して、一応不可思議とすべく、従つて百済に於ける仏教初伝の年代も、かくの如く古きにさかのぼるべきものではないのではあるまいかと、疑ひ得るのである。それにつけて注意されるのは、日本書紀（巻二十二）推古天皇三十一年（六二三）夏四月戊申の一節である。それは一人の僧があつて、斧をとつてその祖父を殴つた事件に関し、百済僧観勒が上つた表文のはじめに、次の如くいつてゐることである。

夫仏法自西国至于漢、経三百歳、乃伝之至於百済国、而僅一百年矣、然我王聞日本天皇之賢哲、而貢上仏像及内典、未満百歳、故当今時、以僧尼未習法律、輙犯悪逆、是以諸僧尼惶懼以不知所如、云云。

この記事は厳密な年代計算をゆるす史料とはならないものではあるが、百済仏教の伝来年代に関しては、上記の史記の記事をのぞけば、唯一無二のものである。よつて少しく考へてみるに、「百済より日本に仏教を伝へてから、いまだ百歳に満たず」といふことは、欽明天皇十三年からこの年、推古天皇三十二年までが七十二年であるから、そのことをいふものとして問題はない。次に「漢より百済にへ伝てから、僅かに百年になる」とはいかなる意味か。これは二とほりに解釈される。その一は「漢より百済に伝へてから、今日現在に至るまで、僅かに百年になる」といふ解釈であり、その二は「漢より百済に伝へてから、僅かに百年になつた」その時日本に伝へた、と下文にかけて解釈することである。解釈その一をとれば、現在（六二四）から約百年前、即ち五二四年頃（聖明王初年）が百済仏教始伝の年代となり、解釈その二をとれば、日本へ伝へた五五二年から約百年前、即ち四五二年頃（毗有王末年）が、百済仏教始伝の年代となる。その何れをとるも、枕流王元年（三八四）よりも降ること百四十年乃至七十八年であつて、更にこれらの年代は「仏教が漢に入つてから後ち約三百年を経た時」であつたといふから、漢に仏教が入つた年代を、二二四年頃とするか、或は一五二年頃とするものである。

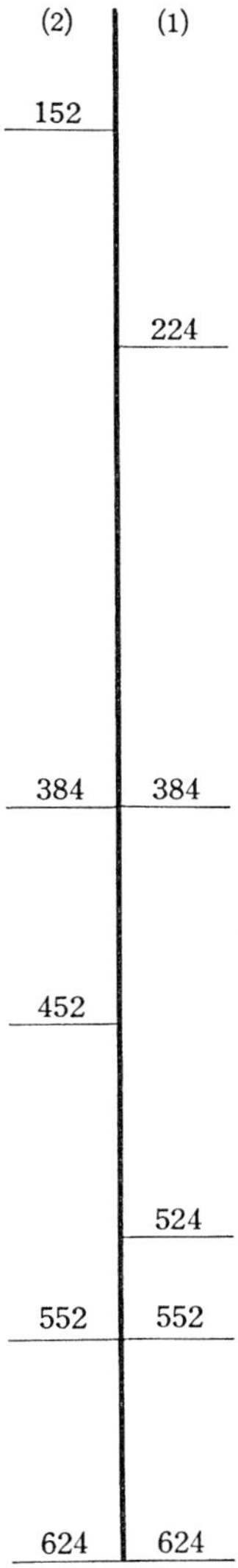

さすればかの「僅かに百年になつた」云云の一句の、二つの解釈の当否は、仏教の漢に伝はつた年となる二二四年と一五二年との、二紀年の当否によつて決せられるともいへる。

中国に於ける仏教初伝の紀年については諸説があるが、後漢の明帝の永平十年（六七）をもつて従来、殆ど定説としてゐたといふ。いまかりにこれをもつていへば、右に算出した二二四年頃、即ち三世紀初期も、一五二年頃、即ち二世紀中期も、当らざること遠しといはねばならぬ。けれどもいま一歩をゆずつて、両時代を第二次的な伝来紀年として解すれば、二世紀中期は、かの安世高・支婁迦讖・竺朔仏らが洛陽に入来した後漢の桓帝（一四七～一七六）の時代に相当し、また三世紀初期は、かの支謙が呉に入り孫権に仕へて、多くの訳経・注釈に従つて、南地の仏教を興した年代（二二二～二五三頃）にあたり、この年代はまた康僧会が建業に来た年（二四七）にも近い。(93)

もしもかくの如く考へることが許されるならば、百済僧観勒の言葉は必ずしもでたらめなものではないとされようが、なほ「漢より百済に伝へて僅かに百年」の二つの解釈の是非は決せられない。私は文章からいつて、解釈その一を採り、従つて観勒は、百済仏教の初伝を五二四年頃、六世紀初期とするものではないかと思ふ。さうでないとすれば四五二年頃、五世紀中期とするものである。けだし百済の王名が仏教的文字を選ぶのは五二三年に即位した聖王（聖明王）に始まる、このことと、仏教の国家的公認とは、関係あることではあるまいか。新羅に於ても仏教公認の当主の謚を法興王とした顕著な事例がある。

要するに高句麗・百済両国の仏教伝来については、初伝者また年代に関して、かくの如く未解決の問題があるが、新羅の場合は、また異つた形に於いて、考究すべき問題が見出だされるのである。

第二章　新羅仏教肇行の紀年

すでに記した如く、新羅の仏教については、史記（巻四）の法興王十五年紀に「肇行仏法」と題する記事が起原的なものである。これは仏教が公許公認された紀年を示すにとどまり、伝来そのものについては同条に詳しく附記されてゐて、別個に考察せねばならぬ。故に伝来のことは次章の問題として、本章では先づ肇行の法興王十五年といふ紀年に関する問題を解決しておくこととする。

法興王十五年は、史記の年表によれば、戊申、梁の大通二年（五二八）に相当するが、遺事の巻三、原宗興法・猒髑滅身の条には、

新羅本記、法興大王即位十四年、小臣異次頓、為法滅身、即梁普通八年丁未、云云。

といつてゐる。ここに引用された新羅本記は、さきの高麗本記と同様、旧三国史記のそれを指すものと信ずるが、その新羅本記には、法興王十四年（丁未）にかけて異次頓滅身のことを記してゐたわけである。後章に述べる通り、この異次頓の為法滅身の年は、即ち史記の肇行仏法の年である。さすれば新羅に於ける仏法肇行の年は、現行史記の法興王十五年戊申か、或は遺事所引の新羅本記の法興王十四年丁未か、二者何れを是とし、何れを非とすべきかの問題となる。ところが新羅及びそのあとをついだ王氏高麗にては、新羅仏教の起原的紀年として、この肇行の年が記憶伝承され、しかもその年を丁未としたこと、次に列挙する数条の史料が立証して、疑ふ余地がない。

その一、高麗霊通寺大覚国師碑（高麗仁宗三年、一一二五、金富軾撰）に「仏法以梁大通元年丁未、肇入新羅」とある。[94]

その二、高麗寧国寺円覚国師碑（高麗明宗十年、一一八〇、韓文俊撰）に「（上缺）梁大通元年、肇入新羅」とある。こ

の碑はいま破損して、下部のみを存し、ここに引用したところは、現存の石に見えぬが、大東金石書に収められた古拓片に拠つた。(95)

その三、海東高僧伝残巻（高麗高宗二年、一二一六、僧覚訓撰）の序文に「新羅第二十三法興王践祚、梁大通元年丁未三月十一日、阿道来止一善県、因信士毛礼隠焉」とあり、また同書の阿道の条では「按古記、梁大通元年三月十一日、阿道来止一善郡、天地震動、師左執金環錫杖、右擎玉鉢応器、身著霞衲、口誦花詮、初到信士毛礼家」とある。

その四、拙藁千百（高麗崔瀣撰）巻一の送僧禅智遊金剛山序（天暦己巳、一三二九、三月甲申作）には、「夫仏法東流、始於漢明永平八年乙丑、而行東国、又始梁武大通元年丁未」とある。(96)

〈その五、三国遺事巻五、朗智乗雲・普賢樹条、「法興王丁未之歳」云々。〉

かくの如く、新羅仏教の起原的紀年として高麗時代に伝承されてゐたのは、梁の大通元年丁未であつた。それは普通八年丁未であり、また法興王十四年丁未である。

しからば次に、この年が、いかなる意味に於て起原的であるか、の考究に先んじて、史記は何故に十五年（戊申）紀にかけて記したか、といふ問題を解いて置かねばならぬ。そのために、史記の法興王紀二十七年間の全記事を点検してみるに、次の如き事実が認められる。

先づ本紀四年の条に「夏四月、始置兵部」とあるのを、職官志には「兵部、令一人、法興王三年始置」とあつて、一年の差がある。また本紀十二年の条に「春二月、以大阿湌伊登、為沙伐州軍主」とあるのを、地理志に「尚州、沾解王時、取沙伐国為州、法興王十一年梁普通六年、初置軍主、為上州」とあり、同じく一年の差がある。それらに対して、本紀十八年の条に「夏四月、拝伊湌哲夫為上大等、摠知国事、上大等官始於此、如今之宰相」とあるのは、職官志にも「上大等、法興王十八年始置」とあつて、両者一致し、また本紀十九年、金官国主金仇亥等の来降の記事も、地理志に「金官小京、古金官国、自始祖首露王、至十世仇亥王、以梁大通四年新羅法興王十九年、率百姓来降、以其地為金官郡」とあつて相一致してゐる。ここを以てこれをいへば、新羅本紀の法興王紀中には、同じ史記の中の他の部分（例へば地理志・職官志）と全く一致する記事と、一年の相違ある（志類より一年後れた年にかけた）記事とがあることを認めねばならぬ。これは史記編修の時、紀年（称元法）の改定に伴つて起つた誤りと考へられるが、十五年の異次頓滅身の記事は、後者の類に入るべきもので、真実は、一年くり上げて十四年紀にかけらるべきものであり、従つて兵部を置いたのは三年、沙伐州軍主を置いたのは十一年として、何れも志類の記事を採るべきことを信ずる。

史記の法興王紀全体の検討に関連し、同時に仏教初伝の紀年に関連する貴重な史料として、ここに附記せねばならぬのは、鳳巌寺智証大師寂照塔碑[97]（新羅景明王八年、九二四、崔致遠撰）に

昔当東表鼎峙之秋、有百済蘇塗之儀、若甘泉金人祀、厥後西晋曇始始于貊、如摂摩*東入勾驪、阿度度于我、如康会南行、時洒梁菩薩帝反同泰一春、我法興王剬律条八載也。

*〈摩、李能和氏作騰。摂摩騰、後漢の高僧、中天竺の人、別称迦葉摩騰、明帝の時白馬経を以て至り、鴻臚寺に舎し、ついに寺の字をとつて居の名となす。（梁伝）〉

とあることである。文によれば、阿道の新羅に入つたのは、法興王が律条を剬めてから八年目に相当する年であるとの謂である。史記によれば、法興王の七年〈五二〇〉春正月、律令を頒示し、始めて百官の公服朱紫の秩を制すとある。この年を起準として数へれば、第八年目は正しく王の即位の十四年である。また以て、新羅に於ける肇行仏法の年を、十四年丁未とすべきことは、既に羅代よりの伝承であつて、史記の十五年にかけたのは誤りであることを物語るものである。

第三章　新羅仏教伝来伝説

新羅仏教の起原的紀年が、法興王十四年丁未（五二七）に在ることを確め得たから、次にその伝来伝説を検討してみるに、今日一般に採用されてゐるのは、上記の三国史記法興王紀の記事である。それは新羅仏教が国家的に肇行されるまでには、三段の経過をたどつたことを主旨とする伝説である。即ち三段三節より成る。

第一段は、新羅仏教の最初の伝来が、訥祇王代にあつたこと、伝来者は沙門墨胡子であつたこと、伝来は直接には高句麗よりであつたこと、受容地は一善郡であつたこと、などを明示して次の如くいつてゐる。

初訥祇王時、沙門墨胡子、自高句麗至一善郡、郡人毛礼、於家中作窟室安置、於時梁遣使、賜衣着香物、群臣不知其香名与其所用、遣人賫香徧問、墨胡子見之、称其名目曰、此焚之則香気芬馥、所以達誠於神聖、所謂神聖未有過於三宝、一曰仏陁、二曰達摩、三曰僧伽、若焼此発願、則必有霊応、時王女病革、王使胡子焚香表誓、王女之病尋愈、王甚喜、餽贈尤厚、胡子出見毛礼、以所得物贈之、因語曰、吾今有所帰、請辞、俄而不知所帰。〔伝説一のイ〕

訥祇王代は、史記の年表によれば、東晋の安帝の義熙十三年から、宋の孝武帝大明二年に至る四十二年（四一七〜四五八）間であるから、その第一年は、高句麗仏教の起原の年たる小獣林王二年（三七二）を降ること四十五年を数へる。故に高句麗から伝はつたとすることは理に合ふ。けれども伝来の沙門墨胡子が、その知識を発揮する機縁を与へたものを梁の使者と記してゐるのは矛盾である。梁の建国は訥祇王代が終つてから三十五年を経てのことであるからである。この矛盾は、右の一節が持つ最も大きな史料的弱点である。そうしてかかる場合、梁使は宋使とあるべきの誤りであると解され勝ちであるが、私は逆に、梁使云云とあるのが、歴史的事実の片鱗であつて、訥祇王代といふのが、伝説のあて推量か、乃至は訥祇王代を、右の如き時間（四一七～四五八）にかけるのは、後世史家の造作に過ぎないと考へる。

第二段は、毗処王（炤知王）の時に至つて、第二次の伝来があつたこと、その伝来者は阿道和尚で、その人の出自は明記しないが、またも一善郡毛礼の家に来り、数年にして病なくして死んだが、その侍者三人が留住講経したことを記して、次の如くいつてゐる。

至毗処王時、有阿道一作我道和尚、与侍者三人、亦来毛礼家、儀表似墨胡子、住数年、無病而死、其侍者三人留住、講読経律、往往有信奉者。〔伝説一のロ〕

炤知王は、史記の年表によれば、斉の高帝建元元年から、廃帝永元二年まで二十二年在位した（四七九～五〇〇）、即ち訥祇王代を去ること二十余年。伝来者阿道の儀表が、さきの墨胡子のそれに似てゐたといふことは、この一節の独自性を疑はしめるに充分である。またその侍者三人が留住して経律を講読し、追ひ追ひ新羅人の信奉者も出来たといふのは、第一段の初伝記事から、下に記す第三段の国家的肇行に至る中間過程としてのみ意味ある記事である。更に考ふべきは、伝来者阿道の名は、高句麗仏教の開祖の一人の名に同じいといふことである。このことはいかに解すべきであらうか。もしも伝説作者が新羅に来た阿道は、高句麗の阿道その人であるとして明示したものとすれば、作者は時間を無視・超越乃至阿道を変幻自在なものとしてゐる。何となれば阿道が高句麗へ入つた年から、ここに至るまで約百二十年を数へるからである。しかしまた考へるに、高句麗紀の阿道がより確かで、新羅紀の阿道がより不確かとは断言出来ないから、私はしばらく彼此両阿道を別個の人と解したい。

第三段は、仏教肇行の直接の動機乃至因縁を説くもので、即ち法興王代に至り、群臣は多く奉仏に反対したが、近臣異次頓の殉教行為によつて、肇行のことは決定具現されたと記すこと、次の通りである。

至是王（法興王）、亦欲興仏教、群臣不信、喋喋騰口舌、王難之、近臣異次頓或云処道奏曰、請斬小臣、以定衆議、王曰、本欲興道、而殺不辜非也、答曰、若道之得行、臣雖死無憾、王於是召群臣問之、僉曰、今見僧徒、童頭異服、議論奇詭、而非常道、今若縦之、恐有後悔、臣等雖即重罪、不敢奉詔、異次頓独曰、今群臣之言非也、夫有非常之人、然後有非常之事、今聞仏教淵奥、恐不可不信、王曰、衆人之言、牢不可破、汝独異言、不能両従、遂下吏将誅之、異次頓臨死曰、我為法就刑、仏若有神、吾死必有異事、及斬之、血従断処湧、色白如乳、衆怪之、不復非毀仏事。〔伝説一の八〕

この最後の一段は、説明するまでもなく、新羅仏教の確立を決した因縁説話として、まとまつてゐる。この種の奇績また効験説は、仏典に類例がある。[98]

以上三段に分ち考へられる史記の新羅仏教の起原に関する記事は、極めて幼稚ながら発展的に編成されてゐる。初伝から肇行までには、時間的にいつて約百年の推移があつたことを示してゐるといへる。この伝へが、どれだけ歴史事実として認められるかを考へることが次の問題であるが、それに先んじて、なほこれを伝説として追究する余地がある。といふのは、右の伝説が、史記編纂当時（一一四五頃）の唯一の決定説ではなかつたからである。そのことに、史記の右三段を記した末尾の分註に

此拠金大問雞林雑伝所記書之、与韓奈麻金用行所撰我道和尚碑所録殊異。

とあるによつて明らかである。金大問は聖徳王三年（七〇四）漢山州都督になつた貴門の子弟、その著はすところ、雞林雑伝のほか花郎世記・高僧伝・楽本・漢山記の名が知られるが、今何れも逸して伝存しない。また金用行については、いつ頃の人であつたかさへ不明であるが、恐らく下古新羅の人であらう。その所謂我道和尚碑といはれるもの

も知られない。故に右の記載が、我道和尚碑と、いかに相違したかは知る由もない。けれども我道和尚碑について絶望するのは早計で、或はその碑文の名残りではあるまいかと思はれるものが、遺事の巻三、阿道基羅の条に、我道本碑として引用されてゐる。その首尾は次の如くである。

我道本碑云、我道高麗人也、母高道寧、正始間、曹魏人我姓我也崛摩、奉使句麗、私之而還、因有娠、師生五歳、其母令出家、年十六、帰魏、省覲崛摩、投玄彰和尚講下就業、年十九、又帰寧於母、母謂曰、此国于今不知仏法、爾後三千余月、雞林有聖王出、大興仏教、其京都内、有七処伽藍之墟、一曰金橋東天鏡林、二曰三川岐、三曰龍宮南、四曰龍宮北、五曰沙川尾、六曰神遊林、七曰婿請田、皆前仏時伽藍之墟、法水長流之地、爾帰彼而播揚大教、当東嚮於釈祀矣、道稟教至雞林、寓止王城西里、今厳荘寺、于時未雛王即位二年癸未也、詣闕請行教法、世以前所未見為嫌、至有将殺之者、乃逃隠于続林毛禄家三年、時成国公主疾、巫医不効、勅使四方求医、師率然赴闕、其疾遂理、王大悦、問其所須、対曰、貧道百無所求、但願創仏寺於天鏡林、大興仏教、奉福邦家爾、王許之、命興工、俗方質倹、編茅葺屋、住而講演、時或天花落地、号興輪寺、毛禄之妹名史氏、投師為尼、亦於三川岐、創寺而居、名永興寺、未幾未雛王即世、国人将害之、師還毛禄家、自作塚、閉戸自絶、遂不復現、因此大教亦廃、至二十三法興大王、以蕭梁天監十三年甲午登位、乃興釈氏、距未雛王癸未之歳二百五十二年、道寧所言三千余月験矣。〔伝説二〕

所謂我道本碑の引用はここで終つてゐる。これが史記に所謂金用行所撰のそれであるか否かは、読まるる通りに証明がない。ところが同じく遺事の他の条、即ち巻三、原宗興法・猒髑滅身の条の分註には、猒髑の伝の一異説として、

又按金用行撰阿道碑、舎人時年二十六、父吉升、祖功漢、曾祖乞解大王。

とある。上の引用には「我道本碑」といひ、ここには「金用行撰阿道碑」と書きわけてゐるから、文字に即していへ

ば、我道本碑と阿道碑とは同一とすることは出来ない。けれども我道と阿道とは、新羅・高麗に於て混用されたし、我道和尚の事績の発展的事実として、〈舎人〉猒髑（異次頓）[99]殉教のことにまで記事が及んでゐたと考へ得るから、しばらく右大小二条の記事を併せて、史記の所謂金用行所撰我道和尚碑とみなして置く。

さてまたかりに、我道本碑と阿道碑とが、異名同碑でないとしても、右に記した〔伝説二〕の我道本碑の文は、新羅仏教伝来伝説の一説として記憶するに足るであらう。この説では、法興王代の仏教興起をもつて、二度目の復活とすることを主旨とし、その前に未雛＝味鄒王二年癸未（二六三）に於ける我道の、高句麗よりの入来と、興輪寺・永興寺創建とを記し、更にその前に所謂「前仏時」の存在、また「前仏時伽藍之墟」の存在を指摘してゐる。即ち年代を知らぬ、或は年代を超越した「前仏時」を以て、新羅仏教の素地としてゐる。これまた三段的で、史記の所録と軌を一にするが、部分的には、大いに異なり、興輪寺以下諸仏寺の創建の縁起をとり入れた点、伝説として数歩進化したもの、従つてさきの雞林雑伝に拠つた史記の伝へよりも、後れて成立したものと解される。なほここにはじめて見える味鄒王二年癸未といふ年立ては、我道の（高道寧）母の預言にいふ三千余月といふ数字と、辻つまを合すべく算出されたものであらう。要するにこの〔伝説二〕は、法興王代の興仏を指示するほかは、歴史性に乏しいもので、高句麗よりの伝来をいひながら、高句麗仏教の起原年代（三七二）など、全く無視しての立説である。因みに、海東高僧伝残巻（巻一、流通、阿道）に「朴寅亮の殊異伝に云ふ」として引用するところは、二三文字の異同があるが、大体に於て右の〔伝説二〕の文と同じいから、ここには改めて引用しない。

新羅仏教の伝来伝説として、従来殆どかへりみられなかつた第三の説は、海東高僧伝残巻（巻一、流通、阿道）に引用された古記の記事である。全文次の如し。

按古記、梁大通元年三月十一日、阿道来至一善郡、天地震動、師左執金環錫杖、右擎玉鉢応器、身著霞衲、口誦花詮、初到信士毛礼家、礼出見驚愕而言曰、曩者高麗僧正方、来入我国、君臣怪為不詳、議而殺之、又有滅垢玭、従彼復来、殺戮如前、汝尚何求而来耶、宜速入門、莫令鄰人得見、引置密室、修供不怠、適有呉使、以五香献原宗王、王不知所用、遍詢国中、使者至問法師、師曰、以火焼而供仏也、其後偕至京師、王令法師見使、使礼拝曰、此辺国、高僧何不遠而（而下恐脱至字）、王因此知仏僧可敬、勅許斑行。〔伝説三〕

この記述は、諸説のうち最も注意すべきものである。阿道入来の年として明示する大通元年は、とりもなほさず第二章に論証した法興王丁未年である。仏教の「勅許斑行」は、この伝説では阿道の焚香の知識と、折から新羅に来れる呉の使者の献香とに因るとされてゐる。即ちここには、史記の伝へで重い要素をなした異次頓の殉教が、未だ全く見えない。それだけに、この伝説は、史実により近い内容を持つてゐる。しかもそれは、なほ、伝説の範囲を出るものではない。何となれば、阿道の入来に至るまでに、先行の因縁として、高麗より僧方正が来り、殺されたこと、ついでまた高麗より滅垢玭なるものが来り且つ殺されたことを記してゐるからである。この三段的構成は、雞林雑伝に基づいた史記の記事〔伝説一〕や、遺事所引の我道本碑〔伝説二〕と共通する、伝説の型である。

さうして〔伝説一のイ〕に見えた梁使の媒介的役割が、この〔伝説三〕では、呉使のそれとなつてゐるけれども、その重要性は、数段加はつてゐることが注意される。これは単に伝説構成上の重要さにとどまるであらうか、それとも何か別に史実にもとづくものであらうか。海東高僧伝は、右の引用に続けて、呉使云云のことに関して第四の説を伝へてゐる。曰く、

又按高得相詩史曰、梁氏遣史（使）曰元表、送沈檀及経像、不知所為、咨四野、阿道逢時指法、相註云、阿道再遭斬害、神通不死、隠毛福（礼）家。〔伝説四〕

高得相が何時代の人であるかは不明であるが、宋史の芸文志に「高得相海東三国通暦十二巻」とあるところの高得

相その人に相違ないから、恐らく王氏高麗朝の人であらう。その述作たる「詩史」は、遺事（巻三、阿道基羅）の引用では「詠史詩」となつてゐる。即ち曰く、

高得相詠史詩云、梁遣使僧曰元表、宣送溟檀及経像。

と。詩史の逸文及び原註〔伝説四〕のみでは、前後を詳知し得ないけれども、梁の使僧元表の名を伝へることと、阿道が斬害に遭ふこと再度に及んだといふことは、上来列挙した諸伝説（一・二・三）といたく異なる点である。単に異るのみならず、より原初的である。元表の名は、古くから伝へられた史実に出づるものではあるまいか。そして阿道が二度の斬害にも滅しなかつたといふのは、上述の三段的伝説構成の原形を想定せしめるのであらう。

新羅仏教伝来伝説の諸異伝を拾つて、一より四に至り、ここにはじめて、伝説としては最も古い形のものを見出だし得たかと思ふ。さうして同時に、一見互に異なる如き右の諸伝は、共通の構成=私の所謂三段的構成に帰一せしめ得る。即ち左表の如し。

	〔第一段〕	〔第二段〕	〔第三段〕
〔伝説一〕	墨胡子（訥祇王代）	阿道（毗処王代）	異次頓（法興王丁未）
〔伝説二〕	（前仏時）	新道（味鄒王代）	（法興王興仏教）
〔伝説三〕	僧方正	滅垢玭	阿道（法興王丁未）
〔伝説四〕	阿道	阿道	阿道（法興王丁未）

伝説が、かかる三段的構成をとつた理由は如何。その根柢は、仏教伝来が、私的にそして波状的にくりかへされて、法興王代の所謂肇行となつた歴史事実そのものに認められる。しかしそれが特に三段といふ数を選んだのは、仏教自体が持つ思惟形態にもとづくものであらう。

しからば次に、かかる三段的諸説の発展の順序は如何。私が仮りに付けた伝説の番号を逆に置いてみれば大略、当

を得たものとなるであらう。即ち四を最古として三・二・一と下るに従つて整へられ、また合理化され、また修飾されてゐる。ここに諸伝説の諸要素の中から、事実の断片と考へ得るものをひろひ出してみるとすれば、

第一には、新羅仏教の伝来者としては、阿道（我道）和尚の名がある。

第二には、新羅仏教の起原的紀年として大通元年＝法興王丁未（五二七）がある。

第三には、新羅仏教の素地をつくつたものは、高句麗仏教（従つて高句麗より転入の僧）であり、この素地の上に、それを肇行にまですすめたものが梁の使僧元表であつたといふことを忘れてはならぬ。法興王丁未年の意義は、わが日本仏教史に於ける欽明天皇十三年壬申（またそれより十四年前なる戊午）のそれに該当するといへよう。

なほここに附言すべきは、伝来の時、伝来の人について加上また重出・三出の形をとつたと同じ考へかたが、寺院創建の伝説にも認められることである。新羅で最も古く最も有名な寺としての興輪寺、阿道創建の寺としての興輪寺に関して、遺事の註記は、

寺自我道始基而中廃、至法興王丁未草創、乙卯大開、真興王畢成。

といひ、阿道を被護した毛禄（毛礼）の妹が尼となつて創めたといふ永興寺については「与興輪寺開同代」といふ。また大体、興輪寺と同様の伝説を持つてゐたことを想はせる。即ちこれらのことは、法興王丁未年が、新羅仏教の起原の年と記録されたにとどまらず、新羅仏寺創始の年ともみなされるに至つたことを示してゐる。

第四章　異次頓伝説の発展

異次頓の殉教が、新羅に於ける仏教肇行の直接の機縁をなしたといふ伝説が、新羅仏教の起原伝説に入つたのは、

時間的にいへば、最も新しいことであらうとは、前章の結論の一つであつた。けれどもその伝説の成立が、少くとも七世紀の終りから八世紀のはじめにかけての頃（金大問の雞林雑伝編纂の時代）以前にあることは、前章〔伝説一のイ〕によつて明らかである。その後、異次頓は、新羅仏教伝来史上、我道・法興王とならんで、三聖の一人として重く考へられた。それを証するのは、異次頓伝説の第二とされる「髑香墳礼仏結社文」である。

この結社文は、遺事（巻三）原宗興法・猒髑滅身の段に略して引用されて居り「元和中南澗寺沙門一念撰」といはれる。元和中は、詳しくいへば、元和十二年丁酉（八一七）で、かの雞林雑伝の後ち約百年の頃である。この結社文では、異次頓の姓は朴、父は未詳、祖は習宝葛文王の子阿珍宗郎なりとし、殉教の時、年二十二、官は舎人であつたといふのみならず、北山の西嶺に葬られ、後ちに異次頓のために、勝地を卜して蘭若を造り刺楸寺と名づけたと記してゐる。しかし前章すでに引用した如く、遺事所引の金用行撰の阿道碑文（製作年代未詳）の逸文によれば、異次頓は、殉教の時、年二十六歳、父は吉升、祖は功漢、功漢の父は乞解大王となつてゐる。かやうな詳しい二つの伝へが、全く異るのは、結局、異次頓の事績が、史実でなく伝説として、新しく造作をくりかへされたことを物語つてゐる。

異次頓伝説の第三とされるのは、遺事が、右の結社文中に分註として引用する「郷伝」である。この郷伝と結社文との新古は決しかねるが、郷伝がその葬られたところをもつて、彼の斬られた頭の飛んで落ちた金剛山頂とし、また別条で、異次頓の忌旦（八月五日―毎月初五）には、郷老が興輪寺に社会を設けて作梵することを記してゐるから、伝説は次次に具体的に金剛山に結ばれ、また興輪寺の縁起に結びつけられたとみえる。

異次頓伝説の第四は、慶州栢栗寺石幢記である。石幢は、もと慶州郡川北面龍江里の栢栗寺境内に在つたものを移して、今、慶州博物館分館に保存されてゐる。栢栗寺の所在は、即ち文献にいふ金剛山の西麓である。[100]

この石幢は六面。仮りにいふ第一面は、陰刻の絵図で、異次頓の頸がはねられて、地に落ち、斬り口から所謂白乳が噴き出る様を示してゐる。第二面以下第六面に至る五面には、各々七行・行二十五字の文が刻されてゐるが、漫漶甚だしく、釈読し得るもの、わづかに三百十余字、全文の半ばに満たぬ。その文の大略は、史記の記載〔伝説一のイ〕及び遺事所引の結社文によつて推察されてゐたが、この石幢記を木板に起した法帖二種が先年見出だされて、漫漶の部分を補ふことすくなからざるを得た。

法帖のその一は藤田教授の所蔵、外題に「興隣君新刻金生書」とあり、全十五行・行十二字。法帖のその二は鮎貝房之進氏所蔵、外題に「元和帖」といふ。前者と同じ板によつて摺成したものと思はれるが、前者よりも行数多く、その摺りも、より古く且つ精巧である。元和帖の外題は、この帖の第一行に「元和十三季云云」とあるによつたものであらう。全二十八行・行十二字。即ち左の如し（各行下の数字、上段は鮎貝氏本、下段は藤田氏本の順位を示す。(イ)(ロ)(ハ)は文の連続序次を示す）。

元和十三季戊戌八月十日仏　1　　(イ)
於王失義不戡順従国隘民役　2
斂□*□民興隆仏法国王寝膳　3　　*〈□□、何租〉
塡臆仰天呼仏嗚呼奈何天下　4　　(ロ)
独吾攀誰為伴建釈遺法時有　5
一子其名猒髑仰眄君顔発憤　6
忘食匍匐徐言君曰*蚊蜩所計　7　6　(ハ)　*〈曰、白〉
君有大意古人有言謀問蒭蕘　8　7
願垂弊邑君即憤僁告曰小児　9　8

非你所能猒敬答曰君之所恤　10　11　(ニ)
是可仏法乎君即徐起喟然如　11　12
曰小子如是豈非是乎若我□*　12　13
下仏教流行蠕動之類得昇人　13　14　(ホ)
天国豊民安可通三韓亦広四　14　15
今於唐永泰二季丙午二百五　15　1　(ヘ)
十三時有老魄抜*策便旋至於　16　2
邑際観望旧墳於中一墳忽出　17　3
王欲建仏法而不成立余是猒　18　10　(ト)
揮涙北面司則脱冠反縛其手　19　(チ)
致於官庭告吴劔命級時頸中　20
白乳一丈当尒之時天雨名花　21
地為六躍人物諜慟動殖不安　22　(リ)
幼魂老魄弔曰噫歟子也但看　23　4　(ヌ)
故人冢墓之丘邂逅欻逢如夢　24　5
子魂ゝ対曰汝不聞乎在昔有　25　9　(ル)
路中携哭井確停足揮涙送殯　26　(ヲ)
葬屍北山立廟西山彼法興王　27

*〈□、天〉
*〈抜、杖〉

即位大同十五年乙未年来達　28　(ワ)

右二十八行を点検すれば、それがかの栢栗寺石幢記そのものであることを発見する。もと石幢記の全文を書写したものかと推察されるが、いまはその中の二十八行三百三十六字を伝へるのみである。しかし帖に写すときは、かの石幢記も殆ど完備してゐたらしく、この三百三十六字のうち、百八十三字は、石幢の漫漶を補ふものである。即ち法帖を、かの石幢記に対校してみると、法帖は原則的には三行づつ連続するもので、(イ)より(ワ)に至る十三個の断片より成ることがわかり、またその十三個の正しい順序も知ることが出来る。最初の三行(イ)の石幢記に於ける位置が不明であるのをのぞき、以下は(ロ)・(ハ)・(ニ)・(ホ)・(チ)・(リ)・(ヲ)・(ワ)・(ヘ)・(ヌ)・(ル)・(ト)の順序を得る。

法帖によつて石幢記を補ひ釈文すれば、次の通りである（傍点ある字が、法帖によつて補ひ得たもの）。

（最初六行、百五十字を闕く）

□□□□□□□□□□□□□□□□□□塡臆仰天呼仏嗚」　以上第二面
呼奈何天下独吾攀誰為伴建釈遺法時有一子其名猒髑仰眄
君顔発憤忘食匍匐徐言君曰蚊蜩所計君有大意古人有言謀
問蒭蕘願垂弊邑君即憤憺告曰小児非你所能猒敬答曰君之
所恤是可仏法乎君即徐起喟然如曰小子如是豈非是乎若我
天下仏教流行蠕動之類得昇人天国豊民安可通三韓亦広四
海猒曰□列臣□□聞秘計□□□□北西之兵恒以四□□□
□□予聞是己□□□□□□□□□□□□為権猒曰□□□」　以上第三面
君臣語諍而故謬□□吾頸臣民靡懈□敢違命君曰雖有此□、

豈敢□於無□之命、猒曰、天下之□、無□於□、仏子之□、無□□
死、□□雖死、仏法流行、□比小□□君□小忘大可□□□□□
則惺然歎、猒曰、□是布衣、□懐□□□□在民心□□王□□□
□是□若如是者、可謂大士乎、王之□□□□必然□□衣□□
於路寝、佩劔之士、備於四方□□□臣□□則□北面而□王乃
問曰、臣等於吾、以信仏法、欲建塔□、故□簒賊、諸臣□拝□□□」

以上第四面

曰、臣等絶無如□逆意、若有□□□□□盟王召□□□□□□
無答、王□告司□於猒子□□而□揮涙北面、司則脱冠、反縛其
手、致於官庭、告呉剣命、級時頸中、白乳一丈、当尓之時、天雨名花、
地為六躍、人物諜慟、動殖不安、路中携哭、井確停足、揮涙送殯、葬
屍北山、立廟西山、彼法興王即位大同十五乙未年来、達今於唐
永泰二季丙午二百卒三、時有老魄、抆策便旋、至於邑際、観望旧
墳、於中一墳、忽出幼魂、老魄弔曰、噫歟子也、但看故人冢墓之丘、」

以上第五面

邂逅欻逢、如夢子魂〻対曰、汝不聞乎、在昔有王、欲建仏法、而不
成立余是猒□□□王□□□□□□□□□□魂聞之□□□
□□訣曰、子与余□□□□□□□□□乎□□□□□□□□
魂、曰□教之為□□□□□□生□□到□□□□□□□□□
与其□命□比□魂聞□法□歎曰□聞□□□□□□□□□

爾□□□□□□□国□□□□□法　主　釈□□□□

□□□□□□□□□□□□□□□□□□□□□」

以上第六面

石幢に於ける位置不明とした(イ)の第一行に「元和十三季戊戌八月十日」といふ十一字があるが、これは恐らく石幢建設か、石幢記撰述に関係ある日附であらう。もしもさうとすれば、それは上記の結社文の日附「元和十二年丁酉八月五日」の翌年（八一八）である。結社文とこの石幢記とを比較してみると、字句に殆ど符合するもの二三あるもの、相異るところが多いから、しばらく二者何れも、異次頓追善供養の所産、異次頓信仰の二つの遺物とみなすにとどめておく。

さて石幢の第五面後半部から第六面のはじめにかけて、永泰二年丙午（七六六）に於ける老魄・幼魂邂逅の怪事を記してゐる。幼魂は異次頓と見られるが、老魄は不明、或は法興王か。何れにせよ、異次頓伝説はここまで進展した。永泰二年丙午を、法興王即位大同十五年乙未から、二百五十三年と数へ出してゐるが、大同十五年乙未は誤記といふべきであらう。何故ならば、法興王の即位年は梁の天監十三年甲午（五一四）であつて、大同十五年ではない。また梁の大同元年は乙卯、五三五年、その十二年に改元あつて、中大同元年となつた、改元を無視して数へても、十五年は己巳である。但し永泰二年（七六六）から二百五十三年を逆算すれば、あたかも法興王即位の年（甲午、五一四）を得る。故に数字は正しい。

ちなみにいふに、海東高僧伝の撰者覚訓は、釈法空伝の末に

予遊東都（慶州）、登金剛嶺、見孤墳短碑、慨然不能自止、是日山人会食、問其故、即吾舎人（異次頓）諱日也、亦可謂去滋久思滋深矣。

と記してゐる。所謂短碑は、今の栢栗寺石幢そのものであらう。

結び

以上、四章にわたつて論証したところを、ここに再び要約摘記してみるに、

第一章に於ては、高句麗・百済の仏教伝来に関する公式の紀年としての三国史記の伝へが、事実の記載として確認されるものでないのみならず、文献的にも不確かなものであり、高句麗のそれを小獣林王二年（三七二）とすることを、一応認めるにしても、初伝の僧の出自、即ち国籍は諸説あつて、到底帰一せしめ難いこと、百済の初伝紀年は、枕流王元年（三八四）が唯一の伝へであるが、それは百済の全歴史の趨勢及び日本への仏教伝輸の年代などから推して、甚だ不合理な伝へとすべきことを述べた。かくて高句麗或は百済を経由したに相違ない新羅仏教の、初伝の年代及び経緯の問題の、再検討を主眼とする本篇の前提とした。

第二章に於ては、先づ新羅仏教の公式的起原の紀年とされてゐる史記の法興王十五年（戊申、五二八）が編修操作上の誤りであることを指摘し、正しくはその前年なる十四年（丁未、五二七）にかけらるべきこと、丁未年の記憶の流行を立証し、且つ史記の右の誤りは、十五年紀のみの単独偶然な誤りでなく、史記の法興王紀全体に関するものであることを例証した。

第三章に於ては、新羅仏教の始原に関する諸伝説を拾ひ集めて、都合四種を得た。さうしてこの四種の伝説は、単に並列的意義を有するものではなく、最初一つのものが、次次に加上・発展したものであらうことを論断した。かくて、加上・発展がくりかへされたにもかかはらず、全体を通じての型は、新羅仏教の三段的発展といふ考へかたであつた。その型は純然たる観念的所産ではなく、歴史的発展、事実の要約乃至固定としても理解さるべきであらう。か

かる経過と型をもつた新羅仏教伝来伝説の中から、歴史事実の断片を抽き出すとすれば、起原の紀年としては丁未年（法興王十四年、五二七）があり、伝来の経路としては高句麗経由といふことであり、流伝また個人的信奉を、国家的信奉にまで推進した契機としては、梁の使者、特に梁の使僧の到来といふ外交的・儀礼的事件が認められるといふことに言及した。

第四章に於ては、新羅仏教伝来伝説の最後の段階＝第四段としての、異次頓殉教の説話の発展を、文献的にあとづけ、中にも近時発見の書帖二種の価値の再認、或は再組織を試みた。

第六篇　新羅六部考

序言

新羅の六部は、高句麗の五族五部、百済の五方五部と相ならんで、古代朝鮮の社会組織に関する重要な課題であることは、改めていふを要しないであらう。しかるに六部についての従来の理解は、極めて低度にとどまつてゐる。といふのは、六部は最小限にみても、西紀六世紀の中葉に、三部の存在が確認されてから、およそ四百年乃至五百年の久しきにわたつて、新羅の歴史とともに推移したものであるのに、任意の、ある時点に於ける六部の横断面的観察にとどまつてゐて、従つてその歴史的把握の目標には、程遠いといはねばならぬ状態であるからである。

私はかつて「京城帝国大学創立十周年紀念論文集　史学篇」（昭和十一年十一月刊）に「新羅六部考」と題する論文を載せて、この問題に関する所見の大要を述べたことがあるが、そこでは、㈠伝説の六部の内容を文献的に総括し、その伝説を構成・維持した基礎的事実を考へ、㈡次に立ちかへつて、その伝説の内容を分解吟味して、それぞれの要素の、横と縦との連絡を検討し、㈢その中で歴史事実と認め得るいくつかの要素の一つを、現実の六部と認定して、伝説の六部に先立つ現実の六部の成立についての、二三の推断を試みたのであつた。しかるにこの新稿では、組み立てを改めて、先づ六部に関する各種資料（文献・金石文）について、個別的に確認し、最後にそれを時間的に配列して、発展と変化の具体相の把握を目ざすものである。

第一章　三国史記に見える六部

史記はその巻一、新羅本紀の冒頭に、朝鮮遺民が、徐羅伐（新羅）の山谷の間に六村を形成したことを伝へて、次の如く記してゐる。

先是、朝鮮遺民、分居山谷之間、為六村、一曰閼川楊山村、二曰突山高墟村、三曰觜山珍支村（或云干珍村）、四曰茂山大樹村、五曰金山加利村、六曰明活山高耶村、是為辰韓六部、云云。

さうして右の六村（六部）は、第三代の儒理尼師今の九年〈三二〉春に至つて、改名されて梁部以下の六部となり、同時に、各部に姓が附与されたとして、次の如く記してゐる。

（儒理尼師今）九年春、改六部之名、仍賜姓、楊山部為梁部、姓李、高墟部為沙梁部、姓崔、大樹部為漸梁部（一云牟梁）、姓孫、干珍部為本彼部、姓鄭、加利部為漢岐部、姓裴、明活部為習比部、姓薛。

右二条の記事が、そのまま歴史事実の記録として受けとりがたいことはいふまでもない。しからばそれは歴史事実としての六部の起原についての伝説とみなされる。

儒理尼師今九年に改め定められたといふ梁部以下の六部（それは後文に述べる通り歴史的実在の六部）の由来に関して、わづかにその前相として閼川楊山村以下の六村時代のあつたことを伝記し、且つその六村は、漠然と始祖赫居世が生誕以前からのものとすることは、新羅人が私の所謂現実の六部について、ただ一半しか理解してゐなかつたことを示し、新羅史に於ける六部が、有史以前的なものとされてゐたことを暗示してゐる。かかる伝説が何時成立したかは全く知り難いけれども、少くとも六部を六村に置きかへて一応満足したことからみれば、それは六部が地理的乃至地域的区別として現存した時期に於てであらう。

さて史記を通覧して、六部に関する個別的・断片的記事は随所に散見するが、六部がまとまつて記された記事は殆どない。巻三十三、雑志二、色服の序に

新羅之初、衣服之制、不可考色、至第二十三葉法興王、始定六部人服色尊卑之制、猶是夷俗、云云。

とあるが、それは新羅本紀の法興王七年〈五二〇〉の条に

春正月、頒示律令、始制百官公服朱紫之秩。

とある事実に対する史記編者の解説的記述で、所謂「六部人」乃至「六部」を、どれほどまで重視してよいか疑問である。

しかるに、巻三十八、雑志九、職官上の終り近くに、六部少監典（六部監典）なる官名をかかげ、その構成を左の如く記してゐる。

梁部・沙梁部、監郎各一人、大奈麻〔各一人、大舎〕各二人、舎知各一人、梁部史六人、沙梁部史五人。本彼部、監郎一人、監大舎一人、舎知一人、監幢五人、史一人。牟梁部、監臣一人、大舎一人、舎知一人、監幢五人、史一人。漢祇部・習比部、監臣各一人、大舎各一人、舎知各一人、監幢各三人、史各一人。〔〔　〕は著者の史料引用時の脱落、編者注〕

従来、六部の研究に於て、右の職官志の一条が、深く考慮されなかつたのは欠点である。何となれば、史記に見える六部関係の史料として、これにまさるものはないからである。

けだし史記の巻三十二から四十にわたる雑志の記事は、極めて雑多な内容から成つてゐて、全部を等質の史料とな し得ないが、中に本紀の記事とは別系統の、しかもよりすぐれた記事をふくんでゐる。その中で職官の部分は、中代の終り、恵恭王十二年（七七六）に官号復故あつて直後、下代の始め頃の現状に関するものが大部を占め、各官各職、その時までの沿革的記述をもふくんでゐる。しかもまま職官に関する断片的古記録が、混入混在してゐることも否めない。右に引いた六部少監典の一条は、或はその後者の類に入るべきかと思はれ、その確実な実在年代は不明であるが、大略、中代のものとみなしてよからうと思ふ。

かくて右の一条は、中代（少くともその末期）に於ける六部の、疑ふべからざる存在を示すとはいへ、六部そのものの実態・内容については、何物をも物語らない。ところがこの点に関して、我我に一縷の望みを見出だしめる記事が、同じく職官志の別条にある。即ち同巻の中ごろに、典邑署なる官名をかかげ、その沿革・構成を次の如く記してゐる。

典邑署。景徳王改為典京府、恵恭王復故。卿二人本置監六人、分領六部、元聖王六年、升二人為卿。位自奈麻至沙湌為之。監四人、位自奈麻至大奈麻為之。大司邑六人、位自舎知至奈麻為之。中司邑六人、位自舎知至大舎為之。小司邑九人、位与弩舎知同。史十六人。木尺七十人。

この一条は、職官志の記事の主体をなすところの、恵恭王の官号復故直後の状態の記述の一部であつて、原註に「本置監六人、分領六部」とあるのは、格別に注意をひく。結論をさきにすれば、ここに「六部を分領した」といふ典邑署の監（六人）は、前条にいふ六部少監典の監郎或は監臣（合せて六人）そのものであらうと推定され、かく推定するわけは、上引の六部少監典の記事を、次の如く図表化することが出来るからである。

	〔A〕	〔B〕	〔C〕	〔D〕	〔E〕
(1) 梁　部	監郎一	大奈麻一	舎知一		史六
(2) 沙梁部	監郎一	大奈麻一	舎知一		史五
(3) 本彼部	監郎一	監大舎一	舎知一	監幢五	史一
(4) 牟梁部	監臣一	大　舎一	舎知一	監幢五	史一
(5) 漢祇部	監臣一	大　舎一	舎知一	監幢三	史一
(6) 習比部	監臣一	大　舎一	舎知一	監幢三	史一

さうして第二条の典邑署の記事は、要約すれば「卿二、監四、大司邑六、中司邑六、小司邑九〔原文は六、編者注〕、史十六、木尺七十」となるから、それはやはり六つの分掌基準に成り立つものであつたらうこと、疑ひない。それを試みに図表化すれば次の如くなる。

	〔A〕	〔B〕	〔C〕	〔D〕	〔E〕	〔F〕
(1) 卿一		大司邑一	中司邑一	小司邑一	史　？	木尺　？
(2) 卿一		大司邑一	中司邑一	小司邑一	史　？	木尺　？
(3)	監一	大司邑一	中司邑一	小司邑一	史　？	木尺　？
(4)	監一	大司邑一	中司邑一	小司邑一	史　？	木尺　？
(5)	監一	大司邑一	中司邑一	小司邑一	史　？	木尺　？
(6)	監一	大司邑一	中司邑一	小司邑一	史　？	木尺　？

即ち六部少監典と典邑署とは、史記の職官志に巻を同じくして記されてゐることからすれば、同時に並存した職官であるかの如く見えるが、右の如くみれば、それらは同時並存のものではなく、六部少監典が拡充・整備・改変されて典邑署になつたとせねばならぬ（六部少監典の各職について、員数のみを記して、各の位階の限界を記さないことは異例で

あつて、その点に於てもこの条が、典邑署の条とは、異なる時期の記録であることを物語つてゐると思はれる)。さすれば両者の職員の改変は、次表の如く理解されるであらう。

〔六部少監典〕		〔典邑署〕
(A)	監郎三・監臣三………	→卿二・監四
(B)	大奈麻二・監大舎一・大舎三……	→大司邑六
(C)	舎知六………………	→中司邑六
(D)	監幢一六………………	→小司邑九
(E)	史　一五………………	→史　一六
(F)		木尺七〇

右の如き前後関係が認められるとすれば、中代から下代にわたる六部は、典邑署とか典京府とか、大・中・小司邑とかの用字が暗示するところに従つて、これを京都の地域的区分であると断定してさしつかへなからう。これが即ち史記に見える六部のうち、確かな事実として受けとり得る唯一のものである。さうして、はじめに引用した六村伝説は、一応、この京都の地区別としての六部の起原乃至前相についての、新羅中代・下代人の解釈を示すに過ぎないといへるであらう。

さて私はあまりにも結論を急いだために、結論そのものが、大胆に過ぎるといふそしりを、まぬがれぬであらう。よつて立ちかへつて、其間に省略した重なものを、ここに第一章の附説として、論証して置く必要を覚える。

附説の第一は、さきに歴史事実の記録ではないと葬り去つた、始祖即位年の条の六村名についてである。閼川楊山村以下の六村の名は、一見して形容文字が多く、機械的命名の跡が著しいけれども、また部分的には固有名辞をも含んでゐるので、一概に棄て去ることは出来ない。

(1)闕川楊山村は、闕川と楊山と二つの名を合せて造つたものであらう。闕川は、後代、例へば東国輿地勝覧（巻二十二）では東川といひ「一云北川、一云闕川、在府東五里、出楸嶺、入堀淵」と註してゐる。今日普通には北川といふ。史実として認められる記事には、

イ　巻十、元聖王即位年、周元宅於京北二十里、会大雨、闕川水漲、周元不得渡、云云。

ロ　巻十、哀荘王五年、秋七月、大閲於闕川之上。

とあるのみで、伝説的記事中には「閲兵於闕川」とか「大閲闕川西」とか数ケ所に見える（南解十一年。婆娑十五年八月。逸聖五年七月。阿達羅七年四月。奈解五年九月。炤知十八年五月）。

楊山は、新羅の開国伝説に出て来る最初の山名である。即ち始祖生誕のところは「楊山麓、蘿井傍林間」である。蘿井は、李朝時代以来、南山の西麓、月南に伝へられてゐる。また脱解が月城の主となる伝説にあつても「望楊山下瓠公宅、以為吉地、設詭計、以取而居之、其地後為月城」とあつて、楊山は今の南山の古一名であつたかと思はしめる。なほ「大閲楊山西」と二ケ所（南解二十五年七月、味鄒二十年九月）に見えるが、何れも伝説的記事の中のものである。史実を記載する部分に於ては、景徳王二十三年（七六四）三月の条に「龍見楊山下、俄而飛去」とあるのみ。

(2)突山高墟村は、突山と高墟と二つの名を合せつくつたものであらう。突山の名は、巻十二、景哀王四年（九二七）の条に「康州所管突山等四郷、帰於太祖（王建）」と見えるのが、実在の地名としての唯一の記事であるが、それは王都外に遠く、この場合の史料とはなすべくもない。それに反して高墟の名は、巻四、真平王四十八年（六二六）の条に「築高墟城」と見えるのみならず、巻三十二、祭祀志に、小祀の地の一として「高墟沙梁」と記されてゐるから、少くも中代、下代に実在の名とすることが出来る。さうしてその所在としての沙梁については、下文に記す通りである。

(3)茂山大樹村も、茂山と大樹と二つの名を合せつくつたものと考へられる。茂山は真徳王元年（六四七）百済の将

軍義直によつて攻められた有名な三城の一として甘勿・桐岑の二城とともに伝聞されてゐる（巻五、真徳王元年の条。巻四十一、金庾信伝。巻四十七、丕寧子伝）が、その地は今の忠州方面に比定されるから、この場合の史料とはならぬ。大樹については、他に何等の伝へもない。恐らく茂山から連想された空名であらう。

(4)觜山珍支村も、觜山と珍支と二つの名を合せてつくつたものと考へられるが、觜山も珍支も、他に見えぬ地名である。珍支については、註記に「一作干珍」とあるが、そのまま干珍にしても、或は干は于の誤として于珍にしても、珍支との連関は確証し得ない（珍支については次章参照）。

(5)金山加利村もまた、金山と加利と二つの名を合せたものであらう。金山は巻四十三、金庾信伝に、庾信を葬つたところを金山原としてゐるから、全然、伝説的地名とはなし得ない。今日、庾信の墓と伝へられる所謂角干墓の所在は、慶州西郊の玉女峯東南丘陵上にある。加利は新羅の地名としては全く見出だされない。高麗時代に入つてはじめて見える加利県は、京山府（今の星州）の属県で、この場合の比定史料にあづかり得ない。

(6)明活山高耶村もまた、明活山と高耶と二つの名を合せたものであらう。明活山は今もその名をもつて、慶州の東郊外に実在する。高耶は、他に全く見えぬ。

以上によつて見れば、六村は、そのまま四字乃至五字の地名としては、一も傍証されないが、各を二地名の複合としてみれば、閼川・楊山・高墟・金山・明活山の五つが慶州近在の実名とされる。さうしてそれは六村名の史実性がそれだけ（十二の中の五）認められることを意味せず、六村名の造作にあたつて、実在の地名が、それだけ利用され、仮り用ひられた、といふにとどまると解すべきであらう。

附説の第二は、儒理尼師今九年の条の記事を、歴史事実の記録ではないとしたことについてである。この条の否定、いひかへればこの条の造作性は、紀年そのものについていつたのみである。儒理尼師今本紀全体が造作されたものであることは疑ひないが、その前提の上に立つて、この九年の条をみると、この年はただに六村名を改めて六部名を定め、六姓を附与した年であるのみならず、十七等の官（伊伐湌以下造位に至る）を設けた年であり、嘉俳・会蘇曲の起りを記す年である。十七等の官はいふまでもなく、嘉俳の俗、会蘇の曲も、歴史時代の新羅に確認される重要な史実であり、実在のものである、しかもそれらの起原年代は、今日これを確定し得ないのみならず、新羅の時代、すでに不明となつてゐたものであらう。しかるに、後世の合理主義的修史家（それが新羅人であつたか高麗人であつたかはわからぬ）が、それらの重要な史実の起原を、不明のままに放置し得ぬにつけて、この年＝儒理尼師今九年紀を設け、そこに一括して記上したものと解するほかはない。

梁部以下の六部の起原を儒理尼師今九年とすることは否定されても、六部そのものは、疑ひ得ない実在である。その実在の六部の最小限度の確認として、史記の職官志の六部少監典や典邑署やの記事によつて、六部は、中代・下代の王都の地区分制として考定されたのであるが、六部は地区分制となる前に、なほ他の種の区分制であつたかも知れない。そのことを考へる前提の一つとして、さきに史記の新羅本紀などに、個別的には随所に見えるといつた六部を、改めて拾ひ上げてみよう。

(1)梁部

梁部が単独に見えるのは、巻三十二、祭祀志に

梁部四川上祭、一犬首、二文熱林、(101) 三青淵、四樸樹。

とあるのみである。これは「梁部に於ける四川上祭」と解され、犬首以下の四つの地点は不明とはいへ、ヒトデ形をなして流れる閼川のほとりに在り、その四地点はまた四方に配せられてゐたであらうこと、疑ひないが、その相互の距離を、どの程度にとつてよいかわからぬから、従つて梁部の中心を、何処に推定してよいかもわからない。ただし

犬首の地名は、今日全く伝へを失つてゐるけれども、高麗中期（十三世紀中頃）の李相国（奎報）全集巻五の「次韻呉東閣世文呈誥院諸学士三百韻詩」中に「犬首作東岱、蚊川倣左伊」といふ対句があり、前句の原註に「新羅記有犬首祠、東京賦云勤岱祈嵩」といひ、後句の原註に「三国史東京有蚊川、東京賦云左伊右瀍」といつてゐる。犬首が都城東方の山乃至丘陵の名であることは疑ひないが、都の中央部からどの程度の距離にこれを求むべきかは不明である。ただ犬首について思ひ出されるのは、後世、慶州の鎮山とされる狼山である。狼山は犬首をいかめしく改めたものと思はれるのみならず、その現位置は、府の東南十鮮里、李相国集の詩句にふさはしい形勢の地点であるからである。(102)

梁部が次の沙梁部を伴つて見えるのは、史記の巻八、神文王三年（六八三）の条、夫人（金欽運の少女）を迎へる記事に

遣波珍飡大常・孫文・阿飡坐耶・吉叔等、各与妻娘及梁・沙梁二部嫗各三十人迎来。

とあるのが一例。巻三十九、職官志（中）の内省の条に

真平王七年（五八五）三宮各置私臣。大宮、和文大阿飡。梁宮、首肹夫阿飡。沙梁宮、弩知伊飡。

とあつて、大宮・梁宮・沙梁宮と並べあげられたのが第二例である。これら宮名としての梁・沙梁は、必しも地域・地区の別をあらはすとすることは出来ない。

(2)沙梁部は、単独に見えること最も多い。即ち次の通りである。

イ　巻五（真徳王）八年春三月、王薨、謚曰真徳、葬沙梁部。（六五四）

ロ　巻十一（真聖王）二年春二月、沙梁里石自行。（八八八）

ハ　巻三十二（祭祀志）小祀、高墟沙梁

ニ　巻四十五（貴山伝）貴山、沙梁部人也。（真平王代）（六〇〇頃）

ホ　巻四十六（強首伝）強首、中原京沙梁人也。（太宗王代）（六六〇頃）

ヘ　巻四十六（崔致遠伝）崔致遠、王京沙梁部人也。（憲康王代）（八八〇頃）

ト　巻四十七（納催伝）納催、沙梁人。（真平王代）（六〇〇頃）

チ　巻四十七（金令胤伝）金令胤、沙梁人。（神文王代）（六八〇頃）

リ　巻四十七（聚徒伝）聚徒、沙梁人。（太宗王代）（六六〇頃）

ヌ　巻四十七（匹夫伝）匹夫、沙梁人也。（同上）

ル　巻四十八（薛氏女伝）嘉実、沙梁部少年（真平王代）（六〇〇頃）

イの沙梁部、ロの沙梁里は、明白に地区をあらはしてゐる。ハの沙梁は、小祀の行はれる高墟といふ地の所在を示すものであるから、亦た地区分として解される。ニ・ヘ・ルの沙梁部、ホ・ト・チ・リ・ヌの沙梁は、必しも地区分と断定することは出来ない。

(3)牟梁部は、沙梁部についで、しばしば見える。即ち次の通りである。

イ　巻十一（真聖王）十年、賊起国西南、赤其袴以自異、人謂之赤袴賊、屠害州県、至京西部牟梁里、劫掠人家而去。（八九六）

ロ　巻三十二（祭祀志）小祀、卉黄牟梁　西述牟梁

ハ　巻四十七（奚論伝）奚論、牟梁人也。（真平王代）（六〇〇頃）

イの牟梁里は、いふまでもなく地区分を示す。ロの牟梁は、何れも卉黄及び西述なる地の所在を示してゐるから、地区分である。さうしてイに京西部といひ、ロの西述が都城の西郊なる西兄山（今の西岳）に比定されることから推せば、大略の方位も知られるわけである。ハの牟梁は、必しも地区分と断定することは出来ない。

(4)本彼部は、直接に部としては見えない。

イ　巻六（文武王）二年二月、中分本彼宮財貨田荘奴僕、以賜庾信・仁門。（六六二）

ロ　巻三十二（祭祀志）立秋後辰日、本彼遊村祭霊星。

ハ　巻三十九（職官志中）本彼宮、神文王元年置。云云（六八一）

ニ　巻三十九（職官志中）本彼苜蓿典、大舎一人、史一人。

イの本彼宮は、上記の大宮・梁宮・沙梁宮に類するものであらう。ロの本彼遊村の意は判定し得ないが、立秋後の辰日に、霊星を祭る地といふ。ニの本彼苜蓿典は、白川・漢祇・蚊川の三苜蓿典と並べ記されてゐる。白川以下、本彼も地名と解してよからう。

(5)漢岐部（韓岐部・漢祇部）の単独に見えるのは次のはじめ三条である。

イ　巻二（沾解王）五年、漢祇部人夫道者、家貧無諂、工書算、著名於時、上徴之為阿飡、委以物蔵庫事務。（二四八）

ロ　巻四十四（金陽伝）陽、於是突囲而出、至韓岐一作漢祇部、均貞没於乱兵、陽号泣旻天。云云（八三八）

ハ　巻四十八（知恩伝）孝女知恩、韓岐部百姓連権女子也。（憲康王代）（八八〇頃）

ニ　巻三十九（職官志中）漢祇苜蓿典、大舎一人、史一人。

ロの韓岐（漢祇）部は明らかに地区分を示すものであるが、イ・ハは必しも地区分と断定されない。いま一つの例としてあぐべきものは

ホ　巻四（真平王）五十四年、春正月、王薨、謚曰真平、葬于漢只。

とある漢只である。漢只は韓岐また漢祇の対訳であらう。只の音 či は、祇（či, ki）・岐（ki）に通ずる。今日真平王陵と伝へられるものは、慶州の東南郊約十鮮里の地点に在るが、俗伝であるから、それによつて漢只の方位を断定す

ることは甚だ危い。

(6)習比部は、巻三十二、祭祀志に「奈歴習比部」と見えるのみ。即ち大祀三山の第一としての奈歴の所在を示すもの、明らかに地区分とされる。奈歴が奈乙・奈林とも書かれ、或は始祖降誕の地名となり、或は始祖廟名ともなつてゐることはすでに「新羅上古世系考」に述べた通りであるが、その方位は不明。今日、始祖発祥の関係地と伝へる蘿井は、慶州の南郊五鮮里、南山の西北麓なる塔里に在る。

なほ同じく祭祀志に、四城門祭として

一大井門、二吐山良門、三習比門、四王后梯門。

を列挙してゐる。四者何れも現位置不明であるが、仮りにこれが東西南北の順位を以て記されたものとすれば、習比門は南方の門となる。

要するに、史記に個別的に見える六部は、殆どすべてが、伝説的ではない歴史事実に関する記述中に在り、その一部は、例へば沙梁里（(2)のロ）、牟梁里（(3)のイ）、韓岐部（(5)のイ）の如く、明らかに地名として用ひられ、六部が地区分であつたこと、ならびに、その地域の範囲が、王都及びその近傍であつたことを物語つてゐるが、他の大部は必ずしも、六部が地区分であることを確証するやうな書きかたではない。即ち地区分と解されるとともに、別種の区分とも解されるやうな書きかたである。しかもその所謂「別種の区分」が、何の区分であるかは、史記に見えたものだけからは皆目わからない。

附説の第三は、同じく儒理尼師今九年の条に、梁部以下の六部に、それぞれ姓を賜与したといふことの検討である。その信用すべからざることは、史記みづからが、これを立証してゐる。各姓は、しからば史記にいかにあらはれてゐるか。

(1)李氏としては、次の五人である。

巻九　（景徳王二十三年八月）大奈麻　李　純（七六四）
巻十　（閔哀王元年）　李順行（八三八）
巻十二（景哀王四年）　李忠式（九二七）
巻十二（敬順王六年）　李　儒（九三二）
巻五十（甄萱伝）甄萱尚州加恩県人　本姓李（九三五頃）

(2)鄭氏としては、次の一人である。

巻十　（閔哀王元年十二月）
巻四十四（張保皐伝附鄭年伝）｝　鄭　年（鄭連）（八三八）

(3)孫氏としては、確かなもの一人もない。但し文字に即していへばわづかに一人ある。

巻八（神文王三年五月）　波珍飡　孫　文（六八三）

孫文といへば、それだけではいかにも孫が姓、文が名のやうに見えるけれども、原資料では「波珍飡大常・孫文・阿飡坐耶・吉叔等」云云とあつて、大常・坐耶、何れも名と思はれるから、孫文も、二字で一人の名をあらはすものとすべきであらう。

(4)崔氏としては次の七人が見える。

巻十　（憲徳王十四年三月）完山長史崔　雄（八二二）
巻十　（憲徳王十七年五月）大学生　崔利貞（八二五）
巻十一　（憲康王十一年三月）　崔致遠（八八五）

巻四十六（崔致遠伝）　同　上
巻四十六（薛聡伝附崔承祐伝）　崔承祐（八九〇）
巻四十六（同　上附崔彦撝伝）　崔彦撝（九三〇頃）
巻五十（甄萱伝）　崔　堅（九三〇頃）
巻五十（同　上）　崔　弼（九三〇頃）

(5)裴氏としては、次の三人がある。

巻八（聖徳王十九年）上大等　裴　賦（七二〇）
巻十（僖康王即位年）　裴萱伯（八三六）
巻四十四（金陽伝）　同　上
巻五十（弓裔伝）　裴玄慶（九三〇頃）

(6)薛氏としては、最も多く次の九人がある。

巻二（伐休尼師今七年）左軍主　薛　支
巻二（奈解尼師今十九年）腰車城主薛　夫
巻四（真平王四十二年）（入唐）薛罽頭（六二一）
巻六（文武王十年三月）沙湌　薛烏儒（六七一）
巻七（文武王十四年）阿湌　薛秀真（六七四）
巻四十六（薛聡伝）　薛　聡（六八〇頃）
巻四十六（同　上）　薛仲業（七七〇頃）

巻四十八（薛氏伝）　　　　　　　　　　薛氏女（六二〇頃）

巻二十八（百済本紀末尾史論）国子博士薛因宣（?）

要するに六姓の起原が、儒理尼師今九年であるといふ記事を、裏着けるものは殆ど無い、といつてよく、わづかに最後の薛氏のみが、伝説時代の部分からすでにあらはれ、歴史時代に入つても、最も古くから姓として見えるのが注意にのぼる。けだし薛氏は或は「新羅」を漢字姓に訳したものではあるまいか。薛の音は sŏr で、新羅の対訳とみなし得るからである。

以上の通りであるから、新羅に於ける漢字の姓は、宗姓の金氏を除いていへば、六姓のみならず、広く一般的には、下代に入つて次第に数を増したもので、後世のやうに、宗族社会の表徴として、古くからあつたとは考へられない。ましてや、六姓と六部との相対関係など、全くこれを認め難く、ただ崔致遠を沙梁部の人とすることは、儒理尼師今九年の記事を、立証するかに見えるけれども、次章、遺事に見える六部の条で言及する通り、致遠を以て本彼部の人とする、全く別の伝へもあるから、六部と六姓とは、九年の記事で関連してゐるのみで、全く取るに足らぬ伝記であるといはねばならぬ。

以上、史記に見える六部についての考察を要約すれば、下代に於て、新羅王都の都政機関と確認される典邑署（一時、典京府といはれた）の、構成基準をなした六つの地区分としての六部が、最もたしかな六部であるといへるのみである。

かくの如き六部の成立を、史記は、新羅の開国以前にありとして、始祖即位の時、既に閼川楊山村以下の六村が先在したことを伝記し、その六村が儒理尼師今九年に改名して六部となり、且つ六部のそれぞれに姓が附与されたとしてゐる。これが六部の記録上の説明のすべてである。その説明がすべて地理的・地域的となつてゐるのは、説明されるもの＝下代の六部が、地理的・地域的機構であつたことに基づく、当然の帰結といふべきである。けれども現実の六部は、そのはじめから、その終りまで、地域的なものであつたとは断言出来ない。史記に個別的に見える六部を拾ひあつめてみると、大部分はやはり地域的なものと解し得るとはいへ、それ以外の何らかの区分をあらはすものもあるやうに思はれる。まして六姓は、六部と即応するものの如くに伝記されてゐるにもかかはらず、殆どこれを史実によつて立証することは出来ない。六姓は結局、六部とは全く別途に考察把握さるべきであらう。

第二章　三国遺事に見える六部

遺事は巻一、新羅始祖の段に、六部に関する伝説と事実とを総括して、次の如く記してゐる。曰く、

辰韓之地、古有六村、一曰閼川楊山村、南今曇厳寺、長曰謁平、初降于瓢嵓峯、是為及梁部李氏祖、弩礼王九年置、名及梁部、本朝太祖天福五年庚子、改名中興部、波潜・東山・彼上、東村属焉。二曰突山高墟村、長曰蘇伐都利、初降于兄山、是為沙梁部、梁読云道、或作涿、亦音道、鄭氏祖、今曰南山部、仇良伐・麻等烏・道北・廻徳等南村属焉称今曰者、太祖所置也、下例知。三曰茂山大樹村。長曰俱一作仇礼馬、初降于伊山一作皆比山、是為漸梁一作涿部、又牟梁部孫氏之祖、今云長福部、朴谷村等西村属焉。四曰觜山珍支村一作賓之、又賓子、又氷之、長曰智伯虎、初降于花山、是為本彼部崔氏祖、今曰通仙部、柴巴等東南村属焉、致遠乃本彼部人也、今皇龍寺南、味呑寺南、有古墟、云是崔侯古宅也、殆明矣。五曰金山加利村今金剛山栢栗寺之北山也、長曰祇沱一作只他、初降于明活山、是為漢岐部、又作韓岐部裵氏祖、今云加徳部、上下西知・乃児等東村属焉。六曰明活山高耶村、長曰虎珍、初降于金剛山、是為習比部薛氏祖、今臨川部、勿伊村・仍仇旀村・閼谷一作葛谷等東北村属焉。

右の一節が遺事の編者（僧一然）自身の文でないことは、これに続けて

按上文、此六部之祖、似皆従天而降、弩礼王九年、始改六部名、又賜六姓、今俗中興部為母、長福部為父、臨川部為子、加徳部為女、其実未詳。

といふ按文が、附け加へられてゐることによつても明らかであるから、この一節の成立年代は、所謂「本朝太祖天福五年〈九四〇〉庚子改名」以後、遺事編纂以前〈一二八九年以前〉、大略十一・十二世紀頃となすを得る。この時代に至つて、かやうなまとまつた、いはば完結された六部の記述をみたといふことは、とりもなほさず、六部がこの頃、具体的に最後の段階に到達してゐたからでなければならぬ。従来の研究者が、この一節を総体的に取り上げなかつたことは、六部の歴史的把握を、自から放棄する結果となつた。しからばこの一節は、いかに完結されてゐるか、いかに総体的に取り上げらるべきであるか。

まづ右の一節は、文章としては甚だ混雑してゐるやうに思はれるが、記事内容からみれば次表の如く、極めて整つたもので、それは六部について、㈠起原の六村、㈡六村長、㈢六村長発祥地、㈣改正六部、㈤六姓、㈥高麗初期の六部、及びその説明としての㈦高麗中期の現在六村の小字、にわたつて説明したものである。

右の如く備はつた内容を、解釈理解するに当つての出発点は、どこに置くべきであらうか。私はその第㈥項（及び第㈦項）であるべきことを断言する。何となれば、これこそ最も確実なる、また最も新らしい現実、いひかへれば右の記事の成立当時の現実であつたからである。第㈠項から第㈤項にわたる部分は、結局この第㈥項の起原・沿革として、設けられたものと考へられる。故に先づ第㈥項を確かめてみよう。

中興部以下の六部が、高麗太祖の天福五年（九四〇）に改め定められたものであることは、上の引用文に明記するのみならず、高麗史の巻五十七、地理志に次の通り記してゐる。

太祖十八年、敬順王金傅来降、国除為慶州、二十三年（天福五年）陞為大都督府、改其州六部名、梁部為中興部、

	(一)	(二)	(三)	(四)	(五)	(六)	(七)		(A注)	(B注)
1	閼川楊山村	謁平	瓢嵓峯	及梁部	李氏	中興部	彸濳 東山 彼上	(東村)	南、今曇厳寺	
2	突山高墟村	蘇伐都利	兄山	沙梁部	鄭氏	南山部	仇良伐 麻等烏 道北 廻徳	(南村)		(四)沙梁、一作沙涿部
3	茂山大樹村	倶礼馬	伊山	漸梁部	孫氏	長福部	朴谷村	(西村)		(二)倶礼馬、一作仇礼馬 (三)伊山、一作皆比山 (四)漸梁部、一作牟梁部
4	觜山珍支村	智伯虎	花山	本彼部	崔氏	通仙部	柴巴	(東南村)	皇龍寺南味呑寺南有古墟云是崔侯古宅也	(一)珍支村、一作賓之、又賓子、又氷之
5	金山加利村	祇沱	明活山	漢岐部	裴氏	加徳部	上西知 下西知 乃児	(東村)	今金剛山栢栗寺之北山也	(二)祇沱、一作只他
6	明活山高耶村	虎珍	金剛山	習比部	薛氏	臨川部	勿伊村 仍仇旀村 闕谷	(東北村)		(七)闕谷、一作葛谷
	(六村)	(六村長)	(発祥地)	(六部)	(六姓)	(高麗初期の六部)	(高麗中期の現地)			

沙梁為南山部、本彼為通仙部、習北（比）為臨川部、漢祇為加徳部、牟梁為長福部。

しからば、それら六部の範囲は如何。第(七)項は、それを具体的に説明するため、各部の主なる部落名をあげて、更に東村・南村などといひかへてゐるが、この東村・南村などの称呼は、未だ行政上の、正式のものではなかつた。それは単に「東方の諸部落」とか「南方の諸部落」とかいふ意味のものにとどまることは、(1)も東村、(5)も東村と記してゐることによつて知られる。しかし其後、李氏朝鮮時代に及んでも、慶州を中心とした周辺の諸部落は、右の遺事の第(七)項の示すところと、大体同様に区分されて存続した。それを証するのは東京雑記であつて[103]、その巻二、古蹟の段の冒頭には、三国遺事・東国通鑑・高麗史地理志を併せ採つて六村六部のことを録するとともに、遺事の註記する部落名（第(七)項）を、更にその当時の名に換へて説明すること、左の通りである。

(1)中興部　府　南　月南・南建等村。
(2)南山部　府　南　仇良火・麻等烏等村。
(3)長福部　府　西　牟梁・朴谷等村。
(4)通仙部　府　東　賓子・柴巴等村。
(5)加徳部　東海辺　上西知・下西知・乃児等村。
(6)臨川部　川　北　勿伊・葛谷等村。

立ちかへつて遺事の第(七)項の部落名を点検してみよう。

(1)中興部に属する波潛・東山・彼上については、全く手がかりがない。そのうち東山については、今日、慶州の東北方二十五鮮里、川北面東山里の名が注意にのぼるけれども、この東山里は、後条に記す如く、勿川里・葛谷里の北に隣接し、臨川部に比定される地域内にあるから、中興部の東山は、別に求めねばならぬ。むしろ今の慶州正東十鮮里余にある東川里附近が有力とされよう。

遺事が中興部を、波潜以下の「東村」とするに対して、上記の東京雑記が「府南」として月南・南建をあげてゐることは注意すべきである。この方位の相違は偶然でなく、高麗時代と朝鮮時代とでは、府の中央部に於て著しい変化あつたことを示すものではないかと思ふ。雑記の月南は、今日、慶州の正南方十五鮮里の地に、里名としてそのまま残り存してゐる。南建は不明。

(2)南山部に属する仇良伐が、雑記の仇良火であることはいふまでもない。その地は東国輿地勝覧の慶州駅院の条に「仇良火村院（府南四十六里）」とあるによれば、今日の蔚山郡斗西面九良里に違ひない。この地は、今彦陽の北方二十鮮里、朝鮮初期に於ける慶州の最南部にあたる。麻等烏は雑記の巻二、各同の条に「自馬等烏至天龍寺為三司」とある馬等烏にほかならず、天龍寺はその当時「府南二十五里」とあり、今日慶州より彦陽への大道の東、高位山麓にその遺址をとどめてゐるから、麻等烏はその北に隣接した地であつたらう。道北・廻徳の二村については未詳。

(3)長福部の朴谷村は、今日、慶州の西方三十鮮里余なる西面朴谷里に比定される。雑記が朴谷とならびあげる牟梁は、今日、朴谷里の東南隣なる毛良里である（牟梁・毛良は音通）。

(4)通仙部の柴巴は東南村といはれることから推して、今日、慶州の東南方三十鮮里余の外東面薪渓里（上薪里・下薪里）の地かと思はれる。その理由の第一は柴巴の柴と、薪渓の薪が、同義であることである。柴巴は恐らく柴の訓によつて sŏp と読まれたであらう。さうして巴（音 pa）は sŏp の尾音をあらはしてゐる。理由の第二は、遺事が通仙部の古名としての珍支（čin-či）を、一に賓之（pin-či）また賓子（pin-ča）また氷之（piŋ-či）に作ると註記し、雑記がその賓子を柴巴とならびあげ、また雑記の別条（巻二、各坊の条）に「自掛陵至龍加山為賓子」と記してゐることである。掛陵は薪渓里の南隣に現存する。

(5)加徳部に属する下西知は、今日、慶州の東南方六十五鮮里の東海岸、陽南面下西里の地として誤りなかるべく、上西知は五万分一地形図には記されてゐないが、「韓国全羅道及慶尚道地質及鉱産図」（四十万分一）によれば、下西の西隣に上西洞として見える。乃児は、右の下西里の北方十里余の羅児里に比定される。羅は語頭にては na と発音されるから、乃（nai）の対訳である。

(6)臨川部に属する勿伊は、今日の、慶州の東北十五鮮里、川北面勿川里に比定される。閼谷を一に葛谷に作るのは閼（kuòr）葛（kar）音通の故を以てである。その地は、右の勿川里の北方に隣接する、今の葛谷里である。仍仇旀（iŋ-ku-mi）は未詳。

以上は第(七)項に記される六部の所属村名を現在の地図上に求めてみたのであるが、十五の部落中、約半数について一応の推定が可能であつた。それは単に六部のそれぞれの一・二の地点を示すのみならず、六部のそれぞれを、一定の地域として考へ定めることをゆるすであらう。即ち以上の推定からして、南山部は、今の南山西麓一帯の内南面、長福部は西面、通仙部は内東面と外東面、加徳部は陽南面、臨川部は川北面のそれぞれに、配当することが出来ると思ふ。さうして中興部はいふまでもなく慶州府治中心の地域で、今の所謂邑内である。但し今の邑内は、主として府城より西方に伸びてゐるが、当時（高麗初期）は、逆に主として東に伸びてゐたかと考へられる。

高麗太祖の時に改め定められた、慶州六部の大略の範囲と方位とが、右の如きものであつたとすれば、更に一歩をすすめて、かかる六部の名の改定が、単なる名称の改定であつたか、それとも改定は、土地の行政上の範囲のそれにまで及んだかを考へさだめねばならぬ。結論をさきにすれば、この名の改定は、唯々名称についてのみならず、行政地域の一大変更であつた。といふのは、その前代―新羅統一時代には、右の如き範囲の地域を一団とする行政区域は、全く認められないからである。

新羅時代の慶州、当時の王都は、他の州・郡と全く行政上の性質を異にし、附属の領地を持たず、全国（九州）の上に超然と存在し、城外周辺はすでに良州の管轄下にあり、即ち東方は大城郡[104]、西方は商城郡の地であつた。但しこの両郡には、王都の防衛として、六つの軍事的県＝六停の設けがあつた[105]。

しかるに、高麗時代に入るや、この新羅の王都を中心とした地域に、行政区画上の変更が行はれた。それが即ち太祖天福五年庚子の改名であり、高麗史地理志に所謂「太祖二十三年、陞（慶州）為大都督府、改其州六部名」そのことであつた。ここに於て、孤立してゐた王都慶州は、新たに幾多の郡県を領属する地方政庁と化した。新羅の王都（慶州）は改めて高麗の慶州大都督府として、謂はば自活出来るだけの地盤を必要とする。そのためには、旧王都を中心として、周辺の郡県の領属関係に一大改廃工作をみた。右に引いた高麗史に「改其州六部名」といふ表現に、ここに改めて、実質的に考へなほさねばならぬ。そのことについては、幸にして高麗史以外に史料があつて、その所謂「改其州六部名」の実態を知ることが出来る。高麗史以外の史料といふのは、三国史記の地理志である。

けだし高麗時代の地方郡県組織についての、高麗史地理志の記述は、高麗末期の状態についてのものであつて、高麗中期以前の状態は、史記の地理志に待つべきものが多い。史記地理志に「今合属慶州」と記すもの[106]、高麗太祖の六部改名とともに慶州府に併合されたと考定される郡県を列挙すれば、次の如し。

(1)臨関郡
(2)大城郡
(3)約章県
(4)東畿停
(5)商城郡

(6)南畿停

(7)中畿停

(8)西畿停

(9)北畿停

(10)莫耶停

臨関郡は、東津県と河西県との二県を所属してゐたが、慶州府の新設に当つて、南部即ち二県の地は、南隣の蔚州(今の蔚山)に合せ、北部即ち臨関郡治の地は慶州府に併合された。その地点は、今の外東面毛火里である。

大城郡は、前間氏の究明された如く、東方は吐含山、北方は兄山(北兄山)及び三岐山を含む地域で、今の慶州の東郊から北郊にわたる。この郡に属した約章県と東畿停の地点は不明であるが、大東輿地図は、約章県址を、今の陽南面内と思はれる地点に記してゐる。よつて大城郡・約章県・東畿停の地域は、今の川北面・内東面・外東面・陽北面・陽南面を包含したと推定する。

商城郡は、慶州西南郊外、邑内西岳里に比定されるが、所属の五停の所在地点はすべて未詳。しかし郡の全範囲は今の邑内の西部から見谷面・西面・山内面・内南面にわたつたと推定される。

要するに、高麗太祖二十三年に於ける慶州大都督府の新設の実体が、右にあげた十郡県の新らしき結成にあつたとすれば、その新設に附随して行はれた、所謂慶州六部の改名は、実はこの、新らしく集め合された十郡県の地を、再編成して六部にまとめたときの、文字による表現であつたといへよう。さすれば、さきに試みた第(七)項の諸村落の現地比定と、ここに試みた高麗中期に於ける慶州府に包含された郡県の比定とは、結局同じことを両面から考へたわけである。さうしてその一致する地域は、其後約千年、今日に至つて大なる変化なく、今日の慶州郡とも、大略一致す

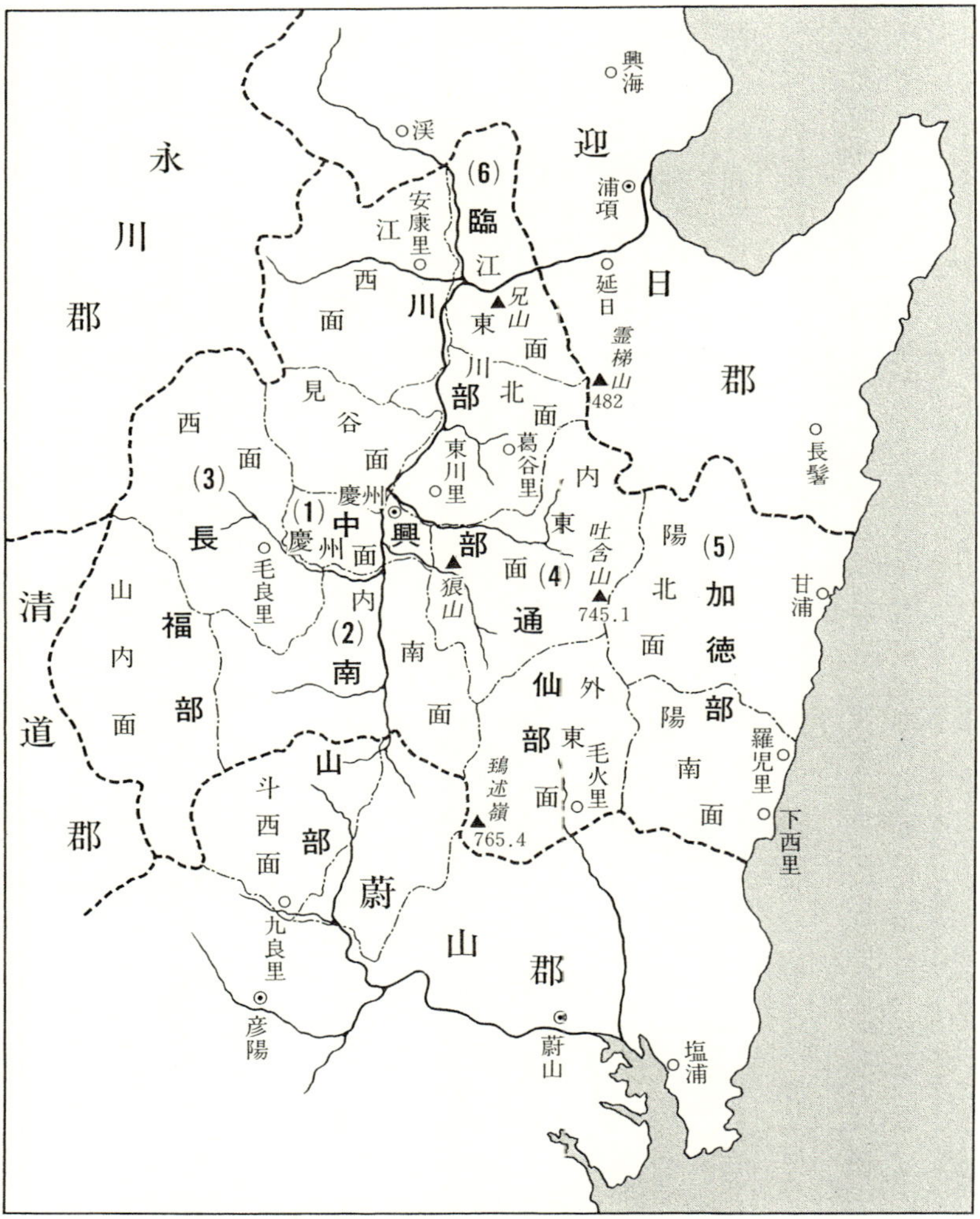

附図第二　高麗初期の慶州六部配置図（A.D.940）

(1)中興部（梁部）、(2)南山部（沙梁部）、(3)長福部（牟梁部）、(4)通仙部（本彼部）、(5)加徳部（漢祇部）、(6)臨川部（習比部）

るものである（附図第二参照）。

以上の考証によつて、完結された六部の記述の土台を見きはめた。次に考ふべきことは、その土台の沿革的説明、思想的裏附けとして組立てられた、第㈠項から第㈤項に至る各項の検討と、各項間の相互関係の追究である。

先づ第㈥項の「六部」の旧名としての第㈣項の「六部」について考へるに、遺事に於て総括的に六部を記したのは、この条のみであつて、それが前章、史記に見える六部のうち、新羅中代の現存六部と認められた王都の地区分としての六部そのものであることは疑ひない。しかも高麗初期以来の六部が、上に考定した如く、旧王都を中心とし四周に拡大され、同じく六つに区分されたものとすることが出来るとすれば、我我は一応第㈣項の六部を中心として、四方に拡大されたものが第㈥項の六部であつて、同じく地区分であるとはいへ、広さの上では、大なる相異あるものであつたとすることが許されよう。

さて遺事に於て、新羅時代の王京に関する記述としては、巻一、辰韓の条に

新羅全盛之時、京中十七万八千九百三十六戸、一千三百六十坊、五十五里、三十五金入宅言富潤大宅也。

といひ、続いてその所謂金入宅の名を列記すること、三十九に及んでゐる。その中で、六部に関係あるものは

本彼宅
梁　宅
漢岐宅
沙梁宅

の四宅で、恐らく所在地の部名から来た名であらう。なほこの三十九宅中には、所在地点を註したものあり、例へば漢岐宅に「法流寺南」と記してゐる。その所在地名中、六部に関係あるものは、

池上宅（本彼部）
巷叱宅（本彼部）

である。六部の全部が揃つて見えぬとはいへ、右の如きは、六部の存在を暗示してゐるのみならず、六部が地区分の名であつたと考へ得るものである。

そのほかには、同じく巻一、辰韓の条に

又崔致遠云、辰韓本燕人避之者、故取涿水之名、称所居之邑里、云沙涿・漸涿等、（羅人方言、読涿音為道、故今或作沙梁、梁亦読道。）

とある。いふが如くかりにこれを崔致遠の記すところとすれば、燕人・涿水の説は単なる附会とするも、また下代に於て、沙涿・漸涿等即ち六部が邑里の名とされてゐた一証となすことが出来る。涿字は恐らく㳂字の刊譌で、次章にいふ金石文の喙字にあたる。

次に遺事に於て、個別的に見える六部は、史記の場合よりも豊富である。しかし結局のところ、一半は地区分としての六部を示すものであり、他の一半は地区分とも考へられると同時に、何か別の区分をあらはすかとも考へる余地を示すもので、史記についての結論と一致する。即ち左の如し。

(1)梁部（及梁部）

梁部は単独に見えぬ。ただ上記金入宅の一としての梁宅が、梁部に関係ありと推察されるのみである。

(2)沙梁部に関係ある記事は

イ　巻一（新羅始祖の段）沙梁里閼英井辺、有雞龍現、云云

ロ　巻一（桃花女の段）沙梁部之庶女、姿容艶美、時号桃花娘、云云

ハ　巻二（恵恭王の段）逆党之宝穀在沙梁・牟梁等里中者、亦輸入王宮、云云

ニ　巻三（栢栗寺の段）夫礼郎母龍宝夫人、為沙梁部鏡井宮主、云云

ホ　巻五（善律還生の段）沙梁部久遠寺西南里、云云

の五条である。イ・ハ・ホの三条は、明らかに地区分をあらはし、ロ・ニは地区分ともみられ、またそれ以外の部わけともみられる。

(3)牟梁部に関して見えるのは、

イ　巻一（智哲老王の段）王、難於嘉耦、発使三道求之、使至牟梁部、云云

ロ　王暦（第二十四真興王）夫人朴氏、牟梁里英史角干之女、云云

ハ　巻三（原宗興法の段）（真興王妃）思刀夫人朴氏、牟梁里英失角干之女、云云

ニ　巻五（大城孝二世父母の段）牟梁里一作浮雲村之貧女慶祖有児、頭大頂如城、因名大城、（中略）是日夜、国宰金文亮家有天唱云、牟梁里大城児、今託汝家、家人震驚、使検牟梁里、城果亡、其日与唱同時有娠生児、左手握不発、七日乃開、有金簡子彫大城二字、又以名之、云云

ホ　巻二（竹旨郎の段）第三十二孝昭王代、竹曼郎之徒、有得烏一云谷級干、隷名於風流黄巻、追日仕進隔旬不見、郎喚其母、問爾子何在、母曰、幢典牟梁益宣阿干、以我子差富山城倉、直馳去、行急、未暇告辞於郎、云云時园測法師、是海東高僧、以牟梁人故、不授僧職、云云

ヘ　巻五（孫順埋児の段）孫順者古今作孫舜牟梁里人、父鶴山、云云

ト　王暦（第五十一真聖女王）理十年、丁巳遜位于小子孝恭王、十二月崩、火葬、散骨于牟梁西卉一作末黄山。

右のうちイは牟梁部とあるけれども、意味はロ・ハ・ニ・ヘの牟梁里と同じであること、明らかである。ホの牟梁は、地区分を示すとみられると同時に、さうでないともみられ、特に「以牟梁人故不授僧職」の一句は、牟梁が何か

出自、生れの区分を意味するものであるらしく、注意される。トの牟梁は地区分を示してゐる。前章史記の祭祀志にいふ「卉黄牟梁」に応ずる。

(4)本彼部に関する記事は

イ　巻一（辰韓の段）本彼宅・池上宅本彼部・巷叱宅本彼部

ロ　巻三（芬皇寺薬師の段）又明年（景徳王、天宝十四年）乙未、鋳芬皇薬師銅像、重三十万六千七百斤、匠人本彼部強古乃末。

とある二条である。イは、上述の通り「新羅全盛の時」、本彼は宅の名となるとともに、部の名としてもあつたことを示し、その部は地区分をあらはしてゐる。ロの本彼部は必しも地区分をあらはすと限られない。

(5)韓岐部（漢岐部）については

イ　巻一（辰韓の段）漢岐宅法流寺南

ロ　巻二（文虎王法敏の段）総章三年正月七、漢岐部一山級干一作成山阿干婢、一乳生四子、一女三子、国給穀二百石、以賞之。

ハ　巻三（芬皇寺千手大悲の段）景徳王代、漢岐里女希明之児、生五稔而忽盲、云云

の三条の記事がある。ハは地区分としてのものであるが、ロは必ずしもさうとは限られない。イの漢岐宅の所在を示す法流寺については、王暦に「第三十四孝成王、法流寺火葬、骨散東海」とあるが、現地不明。

(6)習比部は、単独には見えない。

次に第(五)項の李氏以下の六姓についていふに、遺事に見える六姓の実例は、下に列挙する通りであつて、前章、史記の実例から導き出した結論に一致する。

けれどもその六姓と第㈣項の六部との関連については、史記の所伝と異なるものがある。即ち史記では沙梁部が崔氏、本彼部が鄭氏とあつたのに、ここでは逆に沙梁部が鄭氏、本彼部が崔氏となり、本彼部について、崔侯（致遠）の古宅云云の註を加へてその証としてゐる。この相違は、史記と遺事と、何れか一が誤つてゐるとして片づけられ勝ちであるが、私はさうは思はぬ。この相異る両伝は六部と六姓との相関関係の不確かさ、造作たることの証拠の一端に過ぎないと思ふ。かくして六部と六姓との本質的関係は、史記によつても遺事によつても、確証されない。

(1)李氏

巻五（信忠掛冠）直長李俊（高僧伝作李純）（七四八頃）

巻二（後百済・甄萱）甄萱、本姓李（八九二頃）

巻二（金傅大王）慶州大尉李正言（九二〇頃）

(2)鄭氏

巻五（恵通降龍）鄭恭（唐より還る）（六六五）

(3)孫氏

王暦（第二十六真平王）後妃僧満夫人、孫氏。（六〇〇頃）

巻五（孫順埋児）孫順（孫舜）（八三〇頃）

この孫順は、史記の孫文と同じく、孫を姓とみなし得るや否や、甚だ疑はしい。

(4)崔氏

巻一（新羅始祖）　崔致遠　（八五〇頃）

巻三（三所観音・衆生寺）　崔殷誠　（九二〇頃）

巻三（有徳寺）　　崔有徳・崔彦撝　（九三〇頃）

(5)裴氏なし

(6)薛氏

巻四（円光西学）　円光、俗姓薛氏　（六〇〇頃）

巻四（元暁不覊）　元暁、俗姓薛氏　（六三〇頃）

同　上　　薛聡　（六八〇頃）

右のほかに、巻三（弥勒仙花）に薛原郎があるが、この薛は姓として取り用ふべきものではあるまい。

次に第㈠項の六村についていふに、各々四字より成る造作的名称は、史記の所記と全く一致するから、改めて論証するまでもない。

次に第㈡項の六村長についていふに、史記は唯一人「高墟村長蘇伐公」の名を伝へ、他の五村長の名は全く記さぬ。史記の蘇伐公、遺事の蘇伐都利（sò-pòr-to-ri）の語解として、古く白鳥博士は梵語 Suvarnagotra（蘇伐刺拏瞿呾羅＝金氏）の対訳とされた。[107] この卓見は、他の五村長名をも梵語を以て解釈し得るならば、愈々確認されるが、博士はそれに及ばれなかつた。私は博士の故智に倣つて、謁平（ar-piòŋ）倶礼馬（ku-riòi-ma）智伯虎（či-peik-xo）祇沱（只他）（či-t′a）虎珍（xo-čin）の五村長名を、梵語辞典から検出せんと務めたが、未だ思はしき結果を得ない。

六村長については、その名よりも、天降とする点が重要である。新羅の人的起源としての六村長を、すべて天降とすることは、遺事の独特の伝へである。さうしてその天降の場所として第㈢項が、また史記の全く伝へぬところとして注意にのぼる。

(1)瓢嵓峯は新羅時代の地名としては、他に全く見えず、その実在は証することが出来ない。但し李朝時代以降、瓢巌と呼ばれるものが、今の川北面金剛山の西麓にある、東京雑記巻一、山川（新増）の条に「府の東北五里に在り、俗に伝ふ、新羅の時、此巌の、国都に害あるを以て瓢を種ゑて以て覆ふ、故に名づく」と説明してゐる。閼川楊山村との直接の関連は認め得ない。

(2)兄山は、そのままの名を以ては、全く他に見えないが、北兄山・西兄山としては、各々実在の名と認められる。北兄山は文武王十三年（六七三）九月に築城されたことが、史記（巻七）に見え、また祭祀志に中祀の一山名として記され、その所在は大城郡なることが註記されてゐる。それは正しく今の慶州江東面兄山江の南岸なる兄山に比定される。他の西兄山は、真平王十五年（五九三）七月に西兄山城改築と見えるのが最も古く、下つて文武王十三年（六七三）二月にその増築のことが見え、後の西兄山郡即ち商城郡の地、今普通に仙桃峯（西鳶・西述・西岳）に比定されてゐる。

(3)伊山は、註に「一に皆比山に作る」とあるが、何れにしても他に全く見えぬから、考説の余地がない。

(4)花山もまた不明。

(5)明活山は前章に於て述べた通りである。

(6)金剛山は今の北岳に当てることが出来る。

しかし金山加利村長が明活山に、明活山高耶村長が金剛山に降つたとするのは明らかな矛盾で、金山加利村長が金剛山に、明活山高耶村長が明活山に降つたとすれば、少くとも文字の上では理に合ふこととなる。かやうな矛盾を敢てしてゐることは、要するに第㈠項の六村の配列も、ともに出たらめになされたことの証拠に過ぎないであらう。

もしもかくとすれば、一応遺事の独特な記述とされた第㈡項及び第㈢項、六村長天降の伝説も考へなほしてみる必要がある。新羅の人的起原は、史記は「朝鮮遺民」の流来したものとし、その朝鮮は、恐らく司馬遷の史記の朝鮮伝にいふそれを受けての叙述と考定されるに対し、遺事は天より降れる六村長とする点、いかにも遺事が古伝を存し、史記は漢化した形迹があるが、そのことを除いては、遺事の六村長名及びそれらの天降地名は、殆ど採るに足らない、といふことが出来る。第㈠項と第㈢項との連関も、突山高墟村と兄山（西兄山）に於て、やや具体的証拠があるほか、他の五村と五山との間には何ものも認められぬ。

以上、遺事に見える六部についての考察を要約するに、巻一の新羅始祖の段に記す古伝は、六部の伝説的記載としては最も大成されたもの、従つて最も新らしいものである。その大成された所以は、その基礎的事実として、高麗国慶州府といふ広範囲にわたる一地方行政区の上に立つものであつたからである。高麗国慶州府は、太祖の天福五年に（九四〇）成立してから後ち、今日に至るまで約千年、地方行政区としては大なる変化なく持続されてゐる。この行政的・社会経済的生活圏の、裏づけとして、かの完結された六部伝説は成立したものと思はれる。その伝説構成のためには、従来既にあつた伝説のみならず、新たなる思考をもつて、一見、より古き伝へとさへ思はれるやうな素材を造作附加した。かの六村長の天降とか、天降地とかの明記は、恐らくかくの如き意味しかないであらう。かくて私は、遺事に見える六部について特筆すべきことは、前章、史記によつて確認し得た新羅王都の地区分としての六部が、その六といふ数に因縁して、同じく六部に区分され、命名された高麗初期以後の六部に展開したこと、及びその地域の限界の大略が想定されたことである。新古の、集成された伝説の要素は、史記のそれに加へるもの、殆どないといふも過言でない。

第三章　日本書紀に見える新羅の部

日本書紀に見える新羅の人名は、古くは新羅の王子天日槍あり（巻六、垂仁紀）、新羅王波沙寐錦・質子微叱己智波珍干岐（微叱許智伐旱）・汙礼斯伐・毛麻利叱智・富羅母智あり（巻九、神功紀）、下つて使者汶得至・夫智奈麻礼・奚奈麻礼・新羅王佐利遅・久遅布礼・上臣伊叱夫礼智干岐（巻十七、継体紀）、苦都（谷智）・未叱号失消（巻十九、欽明紀）、枳叱政奈末・安刀奈末・失消奈末（巻二十、敏達紀）あり、天日槍を除き、それらのほとんどすべてが、実在の人名と考定されるが、部名を持つ人名は、推古天皇十八年紀（六一〇）に至つてはじめてあらはれ、以て天武天皇十年紀（六八一）に及び、その後絶えて見えることがない。即ち次の如し。[108]

(1)沙喙部奈末竹世士（巻二十二、推古天皇十八年七月条）　（六一〇）
(2)喙部大舎首智買（同上）　（六一〇）
(3)沙喙部奈末北叱智（同上、十九年八月条）　（六一一）
(4)習部大舎親智。周智（同上）　（六一一）
(5)沙喙部沙湌金多遂（巻二十五、大化五年条）　（六四九）
(6)沙喙級湌金東厳（巻二十七、天智天皇七年九月条）　（六六八）
(7)沙喙一吉湌金忠平（巻二十九、天武天皇十年十月条）　（六八一）

即ち喙部一人、沙喙部五人、習部二人である。この部名及びその数字を理解するためには、その前後の部分の書紀全体を通覧する要がある。こころみに書紀の巻二十二推古天皇紀から、巻三十持統天皇紀までの部分（五九二〜六九七）にあらはれる新羅人名を総算すれば八十一人を得る。その八十一人は、いろいろの角度から観察することが出来るが、当面の部の問題に資すべく、いくつかの分類をこころみ、それをわかりやすく表示すれば、次の通りとなる。

部名を有するもの	八人	有しないもの	七三人
位階を有するもの	七八人	有しないもの	三人

姓を有するもの　五四人　有しないもの　二七人
普通人　　　　　七九人　沙　門　　　　二人
右のうち、姓を有するものを更に細説すれば
金氏　四七人　大阿飡より奈末に至る
朴氏　五人　阿飡より奈末に至る
薩氏(109)　一人　沙　飡
蘇氏　一人　大　舎

となる。分析を右の程度にとどめて置いて、立ちかへつて八人の部名を有するものについての考察をすすめると、先づ第一にいひうることは、新羅人が公式の名乗りに部名を用ひたのは、六八一年の頃、即ち七世紀の末期頃までであるらしいといふことである。但し書紀によつて、部名を公式の名乗りに用ひはじめた年代を、六一〇年前後と推定することは妥当でない。それとともに、部名を有するものと、しからざるものとの比率も、右の数字のままに認めることは危険である、部名を有するものが、落ちなく書紀に記上されてゐるとは保証し得ないからである。我我はただ、そこに記上されてゐるもののみについて、考へ得るにとどまる。

第二に、史記に沙梁部の姓は崔氏とし、遺事に鄭氏としてゐるが、日本書紀によればそれは何れも否定せらるべきである。少くとも六五〇年の頃、沙梁部にして金姓を称するものが存することである。この事実は、単に沙梁部と崔氏（また鄭氏）との関係のみならず、他の五姓との関係も否定せらるべきことを暗示するものであらう。そもそも金姓は国姓即ち王室の姓であつて、金姓を称し得るものは、もと極めて限られた範囲内の人であつたに違ひないが、書紀にあらはれたところによつていへば、大化三年（六四七）の条に於ける金春秋、同五年（六四九）の金多遂を初めと

し、爾後、大略この世紀の終り頃までの間には、右に表示した通り、姓を有するもの五十四人中、金氏は四十七人といふ多数を占めてゐる。この事実は、部についての第三のことを暗示するものといへやう。即ち部による区別の制がすたれて、その代りに漢字の姓による区別が起つた、しかもその姓の決定に際しては、梁部は何の姓、沙梁部はかの姓といふやうな、置きかへ方法は用ひられず、従来の部制を殆ど無視した、姓の選択乃至決定が実行されたのではあるまいかと臆測されることである。

要するに書紀に見える新羅の部は、時間的に限られた一時期（六一〇～六八一）のそれであつて、部の変遷を全体的に示すものではない。けれども幸にして、その所謂一時期は、部の制の最後の一時期であるので、朝鮮史料からは知り得ない、いくつかの事実を推定するよすがとなすことが出来る。部から姓への、うつりかはりの実情、また部と姓との関係のごときがそれである。

第四章　金石文に見える部

六部に関して、史記・遺事の示すところは、上記の通り比較的新しい時代のことにとどまり、また日本書紀に見えるところによつても、部制が正式に行はれた下限年代を推知し得るのみ。総じて六部の前半期については、伝説的また造作的記述があるに過ぎないことを知つたが、その問題の前半期については、幸にして金石文数種が遺存して、我我の考察を展開せしめるのである。

六部史料としての金石文は、真興王の四碑と南山新城碑と、合せて五碑を数へる。(110)

(1)昌寧碑　　辛巳二月一日立　　（五六一）

(2)北漢山碑　？
(3)黄草嶺碑　戊子八月巡狩記　（五六八）
(4)磨雲嶺碑　戊子八月巡狩記　（五六八）
(5)南山新城碑　辛亥二月二十六日　（五九一）

第一の昌寧碑には、下に記す通り、およそ四十余の人名が列記されてゐて、それらは当年随駕の人の主もなるものを示すものと思はれる。各人には原則的に、先づ部名、次に名、次に官位が明記され、特に数人については、官職名を冠してゐる。部を示すに、単に「喙」とか「沙喙」とかいつて、部の字を附けないのは注意すべきで、四十余人のうち、部を明らかに持つてゐたと認められるものが三十八人、部を持つてゐないものが二人であり、部を持つてゐたものは、喙十八人、沙喙十五人、本波一人、不詳四人となる。

(1)　(上闕)屈弥□　大一伐干
(2)　沙喙　□□□　一伐干
(3)　□□折□智　一尺干
(4)　□□□□□　一尺干
(5)　喙　□□夫智　迊干
(6)　沙喙　武力智　迊干
(7)　喙　□里夫□□□干
(8)　沙喙　都□□□□干
(9)　沙喙　□叔智　一吉干

(10)　　　　　　沙喙　忽利智　一□□
(11)　　　　　　□　弥利□次公沙尺干
(12)　　　　　　喙　□□智　沙尺(干)
(13)　　　　　　喙　□述智　沙尺干
(14)　　　　　　喙　□□□□　沙尺干
(15)　　　　　　喙　比叱□□□沙尺干
(16)　　　　　　本波　末□智　及尺干
(17)　　　　　　喙　□□□□□□
(18)　　　　　　沙喙　另下智　及尺干
(19)　　　　　　沙喙　□□智　及尺干
(20)　　　　　　喙　鳳安□　□干△
(21)　□大△等　　喙　居七夫智　一尺干
(22)　　　　　　□□□□　一尺干
(23)　　　　　　沙喙　另力智　□□干△
(24)　□大等　　喙　末得　□尺干
(25)　　　　　　沙喙　智聡智　及尺干
(26)　四方軍主比子伐軍主　沙喙　登□□□　沙尺干
(27)　漢城軍主　喙　竹夫智　沙尺干

(28)	碑利城軍主	喙	福登智	沙尺干
(29)	甘文軍主	沙喙	心麦夫智	及尺干
(30)	上州行使大等	沙喙	宿欣智	及尺干
(31)		喙	次叱智	奈末
(32)	下州行使大等	沙喙	春夫智	大奈末
(33)		喙	就舜智	大舎
(34)	于抽悉□（直）□（何）西阿郡使大等	喙	北尸智	大奈末
(35)		沙喙	須□夫智	奈末
(36)	旨為人	喙	徳文兄	奈末
(37)	比子伐停助人	喙	覔薩智	大奈末
(38)	書人	沙喙	□智	大舎
(39)	村主		□聡智	述干
(40)			麻叱智	述干

第二の北漢山碑は、碑石の磨滅甚だしいため、冒頭にあつたと想定される建碑年月の銘記も不明であるが、第三・第四の黄草嶺碑・磨雲嶺碑に極めて接した年月に関するものであることは疑ひない。随駕人の記載も、もと全部で何人あつたかわからない、唯今日わづかに認め得るのは、下記の七人にとどまる。各人の記しかたは昌寧碑に同じく、部を示すにも、単に「沙喙」といつて、沙喙部といはない。七人のうち、部名の推定されるのは、沙喙三人のみである。

(1)　(上闕) 智△　一△尺干
(2)　内夫智　一尺干
(3)　沙喙　□□智　迊干
(4)　南川軍主　沙喙△ (下闕)
(5)　(上闕) 夫智　及干
(6)　未智　大奈末△
(7)　□□□　沙喙　屈丁次　奈末△

第三の黄草嶺碑は、次の磨雲嶺碑とともに、文字も精巧であり、文章も純然たる漢文の四六体で、四碑中最も整ったものである。碑文の前半に巡狩の主旨を記し、後半には随駕の人名を列記すること、前述の二碑に同じいが、惜しむらくは上部損失して、確認される人名は、次の十八人にとどまる。

(1)　沙門道人　法蔵
(2)　慧忍
(3)　太等　□□□□夫 (下闕)
(4)　(上闕) 智　迊干
(5)　喙部　服冬知　太阿干
(6)　比知夫知　及干
(7)　未知　□奈末
(8)　(上闕) 亇　大舎

(9)　　　　沙喙部　另知　　大舍
(10)　裏内従人　喙部　□亇次（下闕）
(11)　□人　喙部　与難　　大舍
(12)　薬師　沙喙部　蔦兄　　小□
(13)　奈夫（下闕）
(14)　（上闕）典　喙部　兮知　　吉之
(15)　裏公　　欣平　　小舍
(16)　　　　□末買（下闕）
(17)　　（上闕）喙部　非知　沙干
(18)　助人　沙喙部　尹知　　奈末

第四の磨雲嶺碑は、上記の黄草嶺碑と全く同じい題銘を持ち、戊子八月の巡狩に関するものであるが、内容細部に於ては勿論異なるものあり、本碑銘文の末尾には「引駕日行至十月二日癸亥向渉是達非里□□□因諭辺堺矣」とあるに対し、前碑の相当個所には「廻駕顧行至□月□四日云云」とあるが如き、また随駕人の列記に於ても、十中七八は一致するものの、なほ二三異なるものあり、特に同一人の記しかたに於て、借用された漢字の相違は興味がある。本碑は表面推定字数二百十六字中、欠字八字、裏面推定字数百九十九字中、欠字二十一字にとどまり、所記の人名も、次の如く二十二人まで確認出来る。

(1)　沙門道人　　法蔵
(2)　　　　　　　慧忍

(3)	太等	喙部	居杝夫智	伊干
(4)			内夫智	伊干
(5)		沙喙部	另力智	迊干
(6)		喙部	服冬智	大阿干
(7)			比知夫知	及干
(8)			未知	大奈末
(9)			及珎夫知	奈末
(10)	執駕人	喙部	万兮	大舎
(11)		沙喙部	另知	大舎
(12)	裏内従人	喙部	没兮次	大舎
(13)		沙喙部	非尸知	大舎
(14)	蹋人	沙喙部	為忠知	大舎
(15)	占人	喙部	与難	大舎
(16)	薬師		蔦支次	小舎
(17)	奈夫通典	本波部	加良知	小舎
(18)	□□	本波部	莫沙知	吉之
(19)	及伐斬典	喙部	夫法知	吉之
(20)	裏内	□□□□□□□名		吉之

(21)　（上闕）悲智　沙干
(22)　助人　沙喙部　舜知　奈末

便宜上、第三・第四両碑を併せ考へるに、第一・第二両碑では喙・沙喙などと、部字を書かなかつたが、第三碑・第四碑に於ては部字をつけてゐることが注意される。第三碑で十八人、第四碑で二十二人の人名が確認されるといつたが、各人の所属部はどうなつてゐるか。これには問題がある。第一碑では確認される四十人中三十八人について、一一部名を記してゐるが、第三碑では、十八人中、部名を記すものは八人（喙部五人、沙喙部三人）、第四碑では二十二人中、部名を記すものは十三人（喙部六人、沙喙部五人、本波部二人）である。けれども、例へば「沙門道人法蔵・慧忍」といふ場合、沙門道人は法蔵と慧忍と二人にかかること明らかであるとすれば、「喙部居杔夫智伊干・内夫智伊干」とある場合、喙部を居杔夫智と内夫智と二人にかけて解するのは無理ではあるまい。但し同部の人名連記の場合でも、官職名が異るときは部名をくりかへし記したやうである。例へば第四碑の⒀⒁、⒄⒅の如きこれである。例外として第四碑の⒃薬師萬支次小舎は、第三碑の⑿薬師沙喙部萬兄小舎にほかならぬと考へられるから、この場合は、沙喙部と書くべきを省略乃至脱落したものと思はれる。かく解すれば、第三・第四両碑にあらはれた部名の数は次の通りである。

	〔喙部〕	〔沙喙部〕	〔本波部〕
第三碑	七人	三人	
第四碑	十人	六人	二人

第五の南山新城碑は真平王十三年（五九一）二月に於ける築城工事に関するもの、記念物としての価値は、前四碑に劣るものであるが、六部の研究資料としては、前四碑との時間的間隔が二十三年の近さに在るので、孤立化するこ

となく、殆ど同じ価値が認められる。全文九行、行二十字、約百七十字のうち、はじめの三十四字と、末尾の数字とを除いて、他はみな人名の列記である。しかし総数十五人の中、部名あるいは沙喙部の人三人のみ。この碑でも昌寧碑・北漢山碑と同じく部字を用ひず、単に沙喙某と記すこと次の通りである。

(1) 阿良邏頭　沙喙　音乃古　大舍
(2) 奴含道使　沙喙　含親　大舍
(3) □□道使　沙喙　□□□知　大舍
(4) 郡上村主　阿良村今知　撰干
(5) 柒吐□□知尒利　上干
(6) 匠尺　阿良村末□　次干
(7) 奴含村次□□　□干
(8) 文尺　□文知　阿尺
(9) 城使　上阿良没奈生　上干△
(10) □尺　阿□□　次干
(11) 文尺　竹生次　一伐
(12) 面提上　珎巾　□□
(13) 提上　知□　次□
(14) 提上　首尒　次干
(15) □提上　辱□□（下闕）

新羅三代の金石文は数多あるなかに、部の研究に資し得るのは、わづかに上記五碑にとどまる。書紀によつて確認出来るやうに、少くとも六八〇年代＝中代初期まで、公式の称呼に所属の部名を明示する慣例があつたのに、何故か新羅金石文には右の第五碑（五九一）を最後として、そのあと部名を記す史料が絶えてないのは不思議であり、残念である。

さて五碑の年代は、六世紀の後半五十年間内に限定される。その中でも考証の史料価値は一様でない。そのことを先づ言つて置かねばならぬ。第一碑から第四碑に至る四碑は、真興王の親しく指揮した拓境・巡狩の刊石銘記で、公的・国家的石文として、何れ劣らず最高史料であるが、第二碑と第三碑は、碑石の破損、碑文の磨滅多く、個個のまとまつた結論を導き出すには不充分な史料である。第五碑は文字も比較的よく残り公的史料ではあるが、前四者を国家的とすれば、これは部落的といはねばならぬ程の差がある。それらのことを前提として、第一碑と第四碑と第五碑とを主なる対象として、そこにあらはれた部を考へてみよう。

第一には、部のいはば対外的性質が推察されることである。第一碑によれば、部を称しないものが最後の二人(39)・(40)であり、第五碑によれば十五人中十二人（(4)～(15)）が部を称しない。しかるにこの部名の有無と表裏をなす事実がある。それはこれら無部の人の官位が、不明の(17)を除いてすべて史記の所謂「外位」であり、有部の人の官位が「京位」であることである。よつて一応、部の性質は、京位と外位との問題として考へ得る見込みがある。

しからば外位とは何ぞや。史記（巻四十、職官志下）は、次の如く記してゐる。

> 外位、文武王十四年、以六徒真骨出居於五京九州、別称官名、其位視京位、嶽干視一吉湌、述干視沙湌、高干視級湌、貴干視大奈麻、選干一作撰干視奈麻、上干視大舎、干視舎知、一伐視吉次、彼日視小烏、阿尺視先沮知。

これによれば、外位の創設は文武王十四年（六七四）のこととされてゐるが、碑文によれば、述干は第一碑に見え、撰干・上干・阿尺・一伐は第五碑に見える。してみれば外位は、少くとも部分的には、すでに六世紀後半代に成立してゐた。またその外位は、右の職官志には「六徒真骨の出でて五京九州に居る」ものの、別に称する官名であるとしてゐるけれども、第一碑の(26)〜(35)などの例をもつてすれば、少くとも六世紀後半代に於ては、さうでなかつたといはねばならぬ。故に私は職官志の記事を次の如く理解する。即ち文武王十四年に至つて、外位は京位に対する制度として確立し、その第一より第十に至る順位、ならびに京位に対する相当位も決定したものであり、京位は中央官に、外位は地方官に授けられることとなつた。かやうに理解することは、その前後の頃の新羅が、一大転換期、発展期に当面してゐたことを想へば、極めて容易である。即ち新しく広大な百済の故地遺民の大半を併せ、高句麗の少くとも南半を併せた新羅は、それらの新附の土地人民を摂取するためには、旧来の新麗人の小さな区別制にこだはつてゐることを許されない。史記によれば、すでに前年、文武王十三年、百済人を新羅の地方官のみならず京官にさへ採用する基準を定めてゐた、京官としては最高を第十等の大奈麻とし、以下第十五等の大烏に至り、外位としては、最高を第四位の貴干とし、以て一尺に至つた。* その後数年を経た神文王六年（六八六）には、高句麗人にも京官を授ける基準を定めた、その最高は京位第七等の一吉湌から第十五・十六等の烏知に至る八段階に至つた。**

*百済人位、文武王十三年、以百済人授内外官、其位外視在本国官銜。京官、大奈末本達率、奈末本恩率、大舎本徳率、舎知本扞率、幢本奈率、大烏本将徳。外官、貴干本達率、選干本恩率、上干本徳率、干本扞率、一伐本奈率、一尺本将徳。

**高句麗人位、神文王六年、以高句麗人授京官、量本国官品授之、一吉湌本主簿、沙湌本大相、級湌本位頭大兄・従大相、奈麻本小相・狄相、大舎本小兄、舎知本諸兄、吉次本先人、烏知本自位。

〔新羅の京位十七等・外位十等と百済・高句麗人位の相当表〕

1 伊伐湌　伊罰干・于伐湌・角干・角粲・舒発翰・舒弗邯

			〔外位〕	〔百済〕	〔高句麗〕
2	伊尺湌	伊湌			
3	迊　湌	迊判・蘇判			
4	波珍湌	海干・破弥干			
5	大阿湌				
6	阿　湌	阿尺干・阿粲			
7	一吉湌	乙吉干	1 嶽干		主簿
8	沙　湌	薩湌・沙咄干	2 述干		大相
9	級伐湌	級湌・及伏干	3 高干		位頭大兄・従大相
10	大奈麻	大奈末	4 貴干	達率	
11	奈　麻	奈末	5 選干	恩率	小相・狄相
12	大　舎	韓舎	6 上干	徳率	小兄
13	舎　知	小舎	7 干	扞率	諸兄
14	吉　士	稽知・吉次・幢	8 一伐	奈率	先人
15	大　烏	大烏知	9 一尺	将徳	自位
16	小　烏	小烏知	10 彼日		
17	造　位	先沮知	11 阿尺		

文武王十四年以後の外位は、かくの如く、いはば解放された外位である。けれどもそれ以前の外位、例へば上記の六世紀後半代の碑文に見える外位は、職官志の記事からはなれて、碑文そのものに即して考へる余地がある。かくて碑文によつていへば、京位は新羅プロパー人に、外位は他国人・他部落人に与へる位階であつたと思はれる。かやう

な自他内外を区別する位階制度が、既に六世紀後半代に一応成立してゐたことは、新羅の国家的・社会的発展の保守的傾向と、同時に階級的傾向の、よきあらはれである。新羅はかかる自他内外を区別する制度と機構とによつて、次次に新らしい人物、新らしい土地を包摂して行つたのであらう。

さて碑文に立ちかへつて、六世紀後半代に於て、すでに京位と外位とが出来て居た（それは文武王十四年以後のそれとは、意味を異にするものであつたが）とすれば、たとへ部名を有することと、京位を有することとが、表裏の関係をなす事実であつたとしても、時代はすでに「位」の時代であつて、「部」の制は、一時代前のものとなつてゐたと考へられる。

しからば当時の部名は、全く過去の残存癒着物にすぎなくなつてゐたかといふに、必ずしもさうではないやうである。碑文は、ある程度までその問題についても物語つてゐる。

上記五碑にあらはれた部名は、喙と沙喙と本波との三部である。これは何よりも厳然たる事実である。次にはそれら三部が、いかなる形に於てあるか、三部は並立的か、段階的か。例へば第一碑にあつては、喙十八人、沙喙十五人、本波一人。第四碑にあつては、喙部十人、沙喙部六人、本波部二人。かくの如き人数の比率は、偶然か否か。私は偶然とは思はない。何となれば、三部の人人の位階をみるに、次の如くである。

	〔最高〕	〔最低〕
喙	伊　干（第二位）	吉之（第十四位）
沙喙	一伐干（第一位）	大舎（第十二位）
本波	及尺干（第九位）	吉之（第十四位）

人数の比率と、各人の位階の上下とを総合するに、喙と沙喙とは、殆ど上下優劣を認め得ないが、本波は甚だ下れるものであつたやうである。私はこれをもつて、部制が並立並存的なものではなくて、段階的なものであつたと推定

する。この推定は、立ちかへつて、碑文に見える部名が三つにとどまることについての解釈をうながすであらう。即ち碑文の時代＝六世紀後半代の部は、三部に限られてゐたか。それとも当時すでに六部あつたが、碑文には三部しか見えぬまでであるか。これは重大な問題であるが、しかもそれを決定する史料はない。といふよりも、どちらとも考へられる。

先づその当時は三部しかなかつたと考へ得る理由は如何。第一碑の如く挙国的拓境の盛儀にあたつて、しかも四十人に及ぶ大小の臣僚が著録された中に、部名としては三部しか見えぬといふ事実は、三部以外にはなかつたからであるとしても、あながち無理な推断ではない。それに反して、当時すでに六部あつたが、碑文には三部のみがあらはれてゐると考へ得る理由は如何。上記の如く、碑文に見える三部についてみても、喙・沙喙の優劣は殆どないとはいへ、本波に至つては、甚だ劣れる部とせねばならぬ。それから推せば他の三部（牟梁・韓岐・習比）は更に下れる、小さな部であつたので、碑文に上るほどの人物を、持たなかつたがためであるともいへる。

従来の研究に於ては、右の問題は殆ど問題にされてゐない、いひかへれば、当時すでに六部あつたが、碑文にはそのうちの三部のみが見えるといふ解釈である。私はかかる解釈の余りに安易に過ぎることを危ぶむものである。少くとも史料として取扱ふ場合、喙・沙喙・本波の三部と、牟梁・漢岐・習比の三部とは、区別して考へるだけの、余裕を設けて置くことが必要であらう。

ここに回顧注意されるのが、文献上の六部の配列順序である。史記・遺事・高麗史を通じて、左の三種を認める。特に史記の職官志と高麗史とに於て、第一を梁部・第二を沙梁部・第三を本彼部とする順序は、意味ありげに思はれる。

〔史記儒理王紀 遺事辰韓条〕	〔史記職官志〕	〔高麗史地理志〕
(1)梁部	(1)梁部	(1)梁部

(2)沙梁部　(2)沙梁部　(2)沙梁部
(3)漸梁部　(3)本彼部　(3)本彼部
(4)本彼部　(4)牟梁部　(4)習比部
(5)漢岐部　(5)漢岐部　(5)漢岐部
(6)習比部　(6)習比部　(6)牟梁部

後世の六部、完成された六部、七世紀後半以後の六部は、次第に並立的・並存的・等質的なものとなつて行つたこと、第一章の別表第一及び第二に明らかである。それにもかかはらず、その時代の六部といへども、全然等質的であつたとはいひ得ない。今ここに、かの別表第一及び第二を回想して、そこに認められる六部の不等質性（職名及びその員数による）を指摘すれば、次の三つの場合がある。

(A)（梁・沙梁・本彼）と（牟梁・漢岐・習比）とに二分される
(B)（梁・沙梁）と（本彼）と（牟梁・漢岐・習比）とに三分される
(C)（梁・沙梁）と（本彼・牟梁・漢岐・習比）とに二分される

六部を以て、等質的なもの、六つから成り立つものでなくて、右(A)(C)の場合の如く、二つの群から成立つたか、(B)の場合の如く、三つから成立つたか、と考へることは、やや機械的に過ぎる考へ方かも知れないが、しかも六部の不等質性として、否定し得ない事実である。私はかかる具体相の根柢に、六部の沿革、換言すれば、六部の発生、発展過程の相違を想像せざるを得ない。

碑文によつて考へられる第三のことは、部字の意味である。第一・第二碑及び第五碑にあつては、単に喙・沙喙などとあつて、部字を記さず、第三・第四両碑にあつては、喙部・沙喙部などとあつて部字を記してゐる。この事実は、部の本質に関して考へんとするものの、みのがし得ないことである。思ふに部字は、古代東方諸族諸国史上の謎の字である。最も古くは高句麗について「本有五族」といひ、その五族の説明としては「涓奴部・絶奴部・順奴部・灌奴部・桂婁部」の五部を列挙してゐる（魏志高句麗伝・後漢書高句驪伝）。この場合、部字は中国史家の解釈として附加されたものであるかも知れない。五族また五部の基本的実体としては、族・部などに相当する高句麗語を別に求むべきと思ふ。高句麗の末期（七世紀）に於ける五部（内部＝黄部、北部＝後部、東部＝左部、南部＝前部、西部＝右部）に至っては、中国史家の解釈にあらず、漢字を習得した高句麗人みづからが、選択、使用した文字であらう。百済に於ける部は、中央に於ける、内官・外官の分掌部司の部となり、都下の五部（上部・前部・中部・下部・後部）の部となつてゐるが、これも漢字を習得した百済人みづからが選んだものであらう。日本に於ける部は、既に諸説ある如く、最も解明困難なものであるが、私は先進国たる半島諸国（特に百済）の使用例に暗示せられ、遠くは中国に於ける部字の字義を学び知つて、日本の実体を翻訳解釈したものと解してゐる。即ち部の字によつて書きあらはされたものに当る日本本来の言葉があり得ると思ふものである。

かくて新羅の部、特に碑文にあらはれた三部が、或る時は部字を伴ひ、或る時は部字を伴はないことは、要するに部字が、謂はば修辞的な附加物で、それはあつてもよく、なくてもよいものであつたことを示してゐる。即ち当代の部字は、新羅人の解釈・翻訳であると思ふ。しからば、我我の追求する所謂部の基本的実体は何であらうか。次章結論に附けて考へてみよう。

第五章　結　論

——六部発生史論——

以上、四章にわたつて考へたところは、新羅王朝史上また新羅社会史上、最大の眼目ともいふべき六部を最も平凡な方法によつて、即ち史料別に、ありのままに追求したものである。

第一章、三国史記に見える六部に於ては、中代以降、王京の行政的・地域的区分として実在した六部を確認し、その六部の名称が、儒礼尼師今九年に起原するとか、六部の前名・旧名が六村であつたとか、六部にはそれぞれ固定した姓が附与されたとかの記事は、結局、中代・下代の六部の説明的造作にとどまることを考へた。史記に個別的にあらはれる六部の、それぞれの姿は、また大部分、右の実在の六部（中代〜下代の六部）の一端と解し去つて、差支へを認めないとはいへ、なほそれ以外のもの、王京の地域的区分以外の区分と、考へ得るもののあることを、認めざるを得なかつた。

第二章、三国遺事に見える六部に於ては、六部の全体的説明として、最も備はつた叙述を認め、かかる備はつた叙述、謂はば完成された説明記事は、高麗初期に拡大設定された慶州大都督府なる行政的経済的地盤に基づくものなることを確かめた。この新地盤の設定に際しては、新羅時代の王京の六区分の原則が踏襲されたが、部名はすべて改定された。部名の改定と、地域の変更・拡大とが相伴つたことは、従来殆どみのがされた事である。六部に関する古来の伝へが、この新地盤の説明として総括されたのみならず、新らしい理智は、一見、史記以前、史記よりも古い伝へであるかの如く思はしめる伝説の素材をもつけ加へた。私の所謂備はつた叙述の内容とは、結局かくの如きものである。従つて叙述の上では、五つにわたる項目（六村・六村長・六村長発祥降誕地・六部・六姓）が、縦にも横にも互に連絡・密接してゐるのに、歴史事実としては、殆どこれを確証し得ず、中に就いて、個別的に見える六部のそれぞれは、史記の場合と同様、王京の地域的区分としての、それの一端と考ふべきものが大半を占めることを認めた。しかしそれとともに、なほそれ以外の区分として解し得るもののあることを保留した。

第三章、日本書紀に見える新羅の部については、伝説にあらざる、実録的記録としての書紀の、推古天皇紀以下、天武天皇紀に至る部分に見える新羅使人にして、部名を公称する実例数個を認め、書紀は部名公称の起原年代は確証しないが、部名公称の終末年代に関する、極めて有力なる史料であることを考へた。

第四章、金石文に見える部に於ては、部の研究史料としての新羅金石文は、真興王の四碑と真平王代の南山新城碑と、わづかに五碑にとどまり、時間的にも六世紀後半五十年間に限定されるが、部の根本史料としては、これより重きはなく、これより古いものもないことに注意した。そこにあらはれた部の総合的また分析的考察から得た結論は、先づ少くとも六世紀後半代の部が、後世（中代・下代）のそれの如く、六部といふ数をみたしてゐたか否か疑問である（碑文には三部しか見えない）ことから出発して、部のいはば対外的意味を、王京人と地方人とを区別する点に認め、その区別は、ある程度、本来の新羅人とそれ以外のものとの区別に置きかへられると解し、次に部のいはば対内的意味を、三部のそれぞれのありかたの相違に認め、各部が並立的・並存的でないこと、換言すれば、部に大小、上下、新古あつたかと帰納した。この帰納は、碑文にあらはれた部が、史記に認められた中代以降の、王京の行政的・地域的区別としての六部とは同一視すべからざるものであることを暗示するものである。碑文にあらはれた新羅人は、部によつて区別され、位階によつて区別され、更に官職によつて差別されてゐる。かかる三重の区別に於て、最も根源的なものは、いふまでもなく、部の区別である。しかし根源的といふことは、必ずしも血縁上の区別を意味しないことを反省せねばならぬ。

しからば部は、発生的にはいかなるものであらうか。次に私は空想にあらざる、史的推測を試み、本篇の結論にあてようと思ふ。

すでに述べた通り、部の史料は六世紀後半代に於ける五個の碑文より古きはない。故にいかなる推測をなすにしても、この最古の史料からはなれては不可能である。史記や遺事の起原伝説は、この五碑よりも新しい歴史事実たる、新羅中代以後の六部、乃至高麗初期の六部にかたどつた投影でしかなかつたことに比ぶれば、碑文にまで溯ることは、それだけ真実に近づくことになるであらう。私の試みは、その限りに於て有望といへよう。

部の発生的研究を、五碑からはじめるとすれば、五碑の年代に対する充分な認識が先づ必要である。前章に述べた如き、部のいくつかの性質は、要するに六世紀後半代の新羅史上の事実であることを、充分理解して置かねばならぬ。六世紀後半代といへば、新羅がとにかくも一国家として形をなしてから、すでに三百年を経過した時である。碑文にあらはれた如き位階制・職官制の、一通りの整備からみても、当代の新羅が、原始的なもの、太古的なものではなくて、新しいもの、征服的なもの、従つて中央集権的なものであつたことは明らかである。しかも、かかる新しい新羅への飛躍の時間的モメントとして、我我は法興王代（五一四〜五四〇）を知つてゐる。それは碑文の年代を溯ることわづかに二十余年。新羅史はこの法興王代に於て一期を画した、即ち所謂「上古」期を終り「中古」期に進んだのである。碑文の時代に於ける部が、三部であつたとするにせよ、六部であつたとするにせよ、そのことにはかかはりなく、碑文の部は、中古期始めのものである。とすればそれには二た通りの理解のみちがある。その一は部をもつて前代＝上古期の名残りとしてみること。その二は部をもつて当代＝中古期が新しくつくり出したものとしてみることである。私は前章の末尾に一言しておいた通り、部制を以て前代の名残りと解し、時代はすでに「部」の時代ではなく「位」の時代に進んでゐたとした。しかも更に詳しくいへば、その「位」の時代も、当時すでに分化期、即ち京位のほかに、外位といふ第二の系列が発生するに到つてゐたのである。後世、新羅の官位十七等といはれるものが、真興王碑中、十二等までも確証されるといふことは、ある意味では驚くべきことである。また外位十等も、昌寧碑と南山新城碑とに、六等まで確証される。

かかる事実からいへば、六世紀後半代の新羅は、いはば法制的な、官職的な時代であつた。かの「法興王胐律条」の年（五二〇）は、かかる時代の出発点として考へられる。

かくてこの時代に残存した部に対する我我の期待は、甚だ薄弱なものとならざるを得ず、ましてその前の部の時代の部について考へることは、殆ど想像の範囲内のものとなるであらう。けれども私はなほそのことを敢てせねばならぬ。一体、本来の部は、いかなる発生、いかなる性質のものであつたらうか。今西博士は「新羅史通説」の三、建国伝説の条に於て(11)

然らば此六部とは何ぞや、原始時代に於ける六部は血属団なりや。余は思ふに血属団にあらずして、諸種のものが集合せる Tribe ならざりしかと思ふ。Tribe は祖先を同うするもの丶集合たるを要せざるなり。（中略）六部は世襲の長ありし Tribe たりしが如し。此六つの Tribe は、其の地勢上よりして、後に新羅王城の作られし今の慶州邑城のある郊を中心として、市場の如きものを作り、聯合の姿をなせしものならん。

といはれた。その意味するところ、明瞭でないとはいへ、所謂血属団にあらずとされる点は暗示的である。これに反し、白南雲氏の見解(12)は極めて明瞭である。曰く、

なるほど詳かでないが、六部は実は部族同盟形態として、母氏族、父氏族、子氏族、女氏族、兄氏族、弟氏族等の各氏族があつたに違ひない。而かも、それは、最初から六部の氏族別があつたのではなく、母氏族の分化過程に於て、部族が形成されると共に、子氏族、兄弟氏族、従兄弟氏族等が出現されたのであらうから、実は六部のみでもなかつた訳である。しかしながら文献に従つて、六部に限定して考へても、それらは、六つの氏族から構成された部族同盟であつたこと丈は一点の疑を容れないのである。

この種類の解釈―想定は、比較的流行してゐるものと考へられるが、我我はかかる公式化を試みる前に、なほ能ふ

限り、文献批判の努力を怠つてはならぬであらう。

部の発生的考察は、飛躍的にその出発点を求めることよりも、碑文にあらはれた事実を基礎として、そこから逆推するといふみちをたどるのが、より堅実と考へる。よつて改めて、再び碑文に見える三部の意義を追求してみることにする。

(1)　喙・喙部

喙字は、今の字典では嘴端の義、その音カイ（中国音 xui, 朝鮮音 xu̯oi）であるが、古くは啄字と通用しタクの音あつたこと、早く狩谷棭斎が詳考したところである。(113) また日本書紀に見える喙字は、今の字典では笑の義、その音はロクで、啄・喙とは明らかに区別されてゐるが、釈日本紀（巻十九・秘訓四）によればトクまたタクとよませてあるから、喙は喙の異体字と解される。さうして史記の梁部の梁が、喙・喙に当り、トクとよまれたことは確かである。先づ遺事の分註に「羅人方言、読梁云道」とあるのは、トク・タクの頭音を伝へたものであり、史記の地理志に、押梁郡を一に押督郡とも書いてあるのは、梁をトクと訓んだことを、最も明らかに示すものである。梁の後世の訓を tor といふ。訓蒙字会（上）に「梁、tor, ri̯aŋ. 水橋也、又水堰也、又石絶水為梁」とある。tor は tok に通転する。

次に梁部を〈史記、神文王三年紀に「及梁・沙梁二部嫗……」、また〉遺事に及梁部と書いてゐることについては、前間恭作氏の語解に従ふべきであらう。即ち氏は及字の訓 mit を以て、元本の義の mit (mis) をあらはしたもの、及梁部は「元からの梁部」の意味であるとされた。(114) さうしてかく解することは、次の沙喙の解釈にかかはりあり、また裏づけられる。

(2)　沙喙・沙喙部

沙喙が書紀の沙喙、史記・遺事の沙梁であることは改めていふを要しない。沙喙の意味については、また前間氏の説に従ひ得る。氏は及梁を「元からの梁」とするとともに、沙梁の沙は「新」の義の新羅語とされた(115)（新の訓は sai.）。沙が新の義なることを立証するのは、史記の地理志にある幾多の地名である。例へば沙尸良県を改めて新良県とし、沙平県を改めて新平県とした如きがそれである。沙喙をかく解することは、喙と沙喙との関係を暗示し、それを更にわかりやすく表現したのが及梁・沙梁の名であるといへる。さすれば喙と沙喙との関係は、本家と新分家との関係になぞらへて考へることも出来、両者の間にはいかにも血縁的本末関係があつたのではあるまいかと疑はしめる。

しかしまた沙梁の漢字に即して考へれば、注目すべきものがある。それは六部の一としての沙梁のほかに、沙梁伐国といふ国があることである。この国は史記の地理志などには「沙伐国」と書かれてゐて、今の慶尚北道尚州の地であるが、列伝（昔于老伝）には「沙梁伐国」とあるから、沙伐は沙梁伐の省約とみなし得る（伐はまた火とも書かれ、新羅語「村落」の義）。

(3)　本彼・本㴲部

本㴲はいかによまれたか、逆にいへばいかなる新羅語をあらはす文字と解すべきか。それが史記・遺事の本彼なるはいふまでもない(116)。その音は pon-pi であるから、それに近似な語を推定するか、また両字の訓によるか、また音訓合せてよまれたか、何れとも決し難い。

本彼のよみかたはわからないが、本彼といふ漢字そのものにもとづいていへば、史記の地理志に、康州星山郎の属県の一たる新安県の古名を本彼県と著録してゐるのが注意される。新安県は新羅末期（そのはつきりした年月は不明）に碧珍郎となり、高麗太祖二十三年（九四〇）に京山府となつた、今の星州である。本彼と新安との言語上の関係はわからぬ（恐らく言語上の関係ない美字訳であらう）が、本彼と碧珍との関係は認めてよささうである。といふのは碧の音 piŏk は、本彼の彼 pi を写したと考へられるからである。のみならず珍字を新しく附加したのは、偶然でないと思ふ、珍字は、梁字と同じく tor, tok, tar, tak 等の訓を持つてゐた、と考へられ[117]、本彼も、もと「本彼トク」といはれてゐたのではないかと疑はれるからである。珍字についてのかかる解釈はしばらく措くとするも、この本彼をもつて、日本書紀の継体天皇紀に見える伴跛国（釈日本紀の秘訓にはハヘと訓む）に充てる今西博士の説[118]は、充分肯はれるであらう。かくとすれば、本彼は両字の音によつて、その地名をあらはしたものとしてよからう。そしてそれが、洛東江中流の、加羅の代表的な国名であつたことは、書紀の継体天皇紀の明示するところである。

さて碑文に見える部名の沙喙・本波のもとづくところを、新羅が併合した二大国名、いひかへれば、地方の部落名（沙梁伐国・本彼国）と解し得るとすれば、次には当然、その併合事実を歴史的にあとづけてみねばならぬ。けだし新羅の地理的発展の次第は、五世紀末までは、文献上全く暗黒で、史実として、年時にかけて把握されるものは絶無といふも過言ではない。けれども併合地の主なるものは、昔物語として新羅人の口碑に幾つか残つてゐた。さうしてそれは法興王紀以前の史記の記事の一部分となつてゐる。その概要は、上文第三篇第三章に記したところであり、沙梁伐国併合記事は、その中の主なる一条である。史記によれば新羅が沙梁伐国を併合したのは沾解尼師今代と伝へられ、併合戦の主役をつとめたのは昔于老とされ、于老の没年は同尼師今の三年夏四月となつてゐるから、年表的には沾解尼師今元年・二年（二四七・二四八）の頃といへる。ただし史記の沾解尼師今紀の年代そのものは、全く信用し得ないものである。従つて沙梁伐併合が極めて古いこと、また重要な事実であつたことが承認されるのみで、それがいつごろのことであつたかは、全く不明である。とはいへおほよその年代を推察してみることは不可能ではない。かの三五〇年代に、新羅が一国として成り立ち、遠く前秦にまで遣使貢献したのは、近隣の諸小国（諸部落）の統合の前提上に立つものでなければならぬが、そのいふところの近隣は、いかなる範囲であつたらうか。私は西北方、洛東江上流地域に重点を置いて考へたい。それは古くは楽浪・帯方との関係、近くは高句麗との関係をかへりみてのことである（新羅の、東南方への進出は、法興王以後、即ち六世紀に入つてから以後のことである）。かの沙梁伐国の併合の伝説は、その洛東江上流域統合の、集約的表現とみることは出来ないであらうか。沙梁伐国即ち尚州は、新羅統一時代以降、李朝末に到るまで、慶州と相対して重要な政治都市であつた、そのことは慶尚道の名が、この南北の代表的都市名を結ぶことによつて、成り立つてゐるのによつても、了解されよう。

次に本彼の併合は、史記には伝説的にさへ、記してゐないから、沙梁伐以上に不明である。しかしもしも「本彼即伴跛」の説に従ふことが許されるならば、やや光明を見出だすことが出来る。何となれば、日本書紀によれば、伴跛国は洛東江中流域の重要な国で、少くとも五一四年の頃までは、新羅の所領とはなつてゐなかつたことが明らかである。その滅亡、新羅の伴跛併合の正確な年代はわからぬが、前後の事情から推して、五一四年以後、遠からず亡んだものと思はれる。かの真興王碑から溯ること約五十年である。碑文に見える沙喙部人が喙部人に比して、数に於ても位に於ても殆ど甲乙なかつたにもかかはらず、それら喙・沙喙と本彼との差が、数に於ても位に於ても大変な差あるのは、被併合年代の新古にもとづき、碑文の時代に於ける社会的位置が、前二部と本彼部との間に、大なる相違あつたものと考へることは出来まいか。

以上は新羅の金石文にあらはれた三部についての臆説を述べたのであるが、そこから導き出し得るものは何か。沙喙・本彼を、一応地名として解釈し得るといふことは、ひるがへつて第一の喙（及梁）も地名として解釈することを許容する、即ち喙は新羅プロパー、辰韓斯盧国を意味するといへよう。後世、新羅の国号の一とされる「雞林」が、もと王京（慶州）の地名に発するものであることは明らかであるが、その「雞林」こそ「喙の村」である。即ち雞の訓（tark）と、林の訓（spur）とを借りて「喙の村」（tak-spur）をあらはしたものである。またその城名「月城」は、月字の訓（ter）を借りて喙をあらはしたものと解される。

なほ、六部のうち、碑文に見える三部と、見えない三部とは、明らかに区別して考へ、区別して取扱はるべきであるが、見えない三部は、当時全く存在しなかつたと断言することは出来ない。その意味に於て、見えない三部の音義に対する考察をここに附記して置くことは、失当ではあるまい。

(4) 牟梁部・漸梁部・漸涿

牟梁と漸梁とを対訳とすれば、牟（mo, mu）は漸（č'iòm, č'am）を約してその尾音（m）をあらはしたものであらう。さうして č'iòm は或は「若」の義なる čorm をもつて解し得るかと思ふ。漢字上からは、牟梁としても漸梁としても、さきに第一章・第二章に拾ひ集めたもの以外に、地方の地名（郡名また県名）としては全く見えない。

(5)漢岐部・韓岐部・漢祇部

漢・韓は共に音 xan, 岐・祇はともに音 ki であるから xan-ki とよまれたとしか考へられぬ。地名としては、第一章及び第二章に集めた事例以外、地方の地名としては全く見えぬ。

(6) 習比部・習部

日本書紀の習部は習比部の略記であらう。(119) 習は音 sùp, 比は音 pi, pir であるから、sùp-pi, sùp-pir などとよまれたであらうか。

漢字に即してみれば、史記の地理志に、溟州金壌郡の属県の一なる習谿県の古名を習比谷といつたことが注意される。その地は、今の江原道の北端に近い歙谷である。この地が新羅に併合された年代は全く不明であるが、江原道の東海岸に於ける、新羅の支配権の伸長次第をみるに、史記によつて確認し得るのは、悉直（三陟）に州を置いたのが五〇五年であつたといふことである。真興王の昌寧碑によつていへば、五六一年にはすでに碑利城軍主があり、碑利は史記の比列忽で登州即ち安辺であるから、その安辺の東方わづかに六十里なる習比谷が新羅領となつたのは、その直前の頃であつたと思はれる。といふのは当時、軍主の置かれた地は占領早々の軍政地帯で、民政地帯は使大等によつて、治められてゐたからである。碑利城以南には于抽・悉直・河西阿郡使大等がゐた。于抽は寧海・蔚珍地方、悉直は三陟、河西阿は江陵である。

さてたちかへつて、我我は、喙・沙喙などを、単なる地名としてみることから一歩をすすめて、共通する「喙」の原義・原体を考へてみねばならぬ。次篇「新羅幢停考」に述べる如く、私は喙をもつて、前代高句麗が配置した軍隊の駐屯地乃至軍営所在地とするものである。慶州の喙（及梁）と尚州の沙喙（沙梁）と星州の本彼とは、幾多ある喙の中の代表的な喙であつた。それが次の時代（碑文の時代）には、王京人の所謂「部」を構成する母体となつたわけである。しからばそのうつりかはりの事情は如何。

それにつけて思ひ合はされるのは法興王十九年（五三二）新羅が金官国を併合した時の処置である。その時金官国王は、妃及び三子とともに新羅の王京に移り、新羅の位階を授けられ、故国（金官国）をその食邑として認められた。(120)また新羅の最後の日（九三五）にあたつて、敬順王が王建の高麗に降つたときも大同小異の処置法がとられてゐる。(121)即ち被征服国王の征服国都への移住と、征服国の官位の授与と旧領土の食邑化と、それから今一つ重要な政策、通婚政策がとられた。高麗の場合、太祖の長女楽浪公主をもつて、敬順王に妻し、更に敬順王の伯父億廉匝干の女を太祖に納れた。金官国併合の場合、通婚政策は、直ちには実行されなかつたけれども、出降の金官国王（仇亥＝仇衡）の孫及び曾孫の時代に至つて重ねられた次第は、首篇「新羅三代考」第二章に詳記した如くである。

右の如き後代の実例に基づいて、喙・沙喙・本彼の関係を推せば、部の制は、本来の新羅（喙）が、沙梁伐国を併合し、本彼（伴跛）国を併合して行つた、その征服過程に於て成立したとみなし得る。さうしてその各部間の関係も、上例の如き通婚を契機として出発し、やがてそれは拡大されて、部と部とは通婚団体的如きものにまで、成長変化したかもしれないといひ得るのではあるまいか。

かくて私は、新羅の氏族制度について、生物学的な細胞分裂過程的な発展を考へることは、極めて古い時代、楽浪郡時代以前にとどめ、楽浪郡時代に入ると、やがて発展の契機が対外的なものとなり、郡の滅亡の前後（三〇〇年頃）から約半世紀にわたつては、征服併合の歴史的過程とともに発展したと考へる。喙と沙喙との、いはば二部制は、その一たんの成果である。その後二百年近くも経た六世紀のはじめに至つて、本彼を加へ、三部制を出現した。けれども本彼と、在来の二部との比重は、格段の差あるものであつた。この本彼が加へられた頃は、新羅が軍事的・政治的・文化的に急激な発展をみる頃で、その現実に即応する中央集権化の方向は、部の成長を止め、官職官位制度の整備となつた。五六〇年代に於ける真興王の四碑に見える三部（喙・沙喙・本波）と、同じ碑に見える京位・外位の制は、結局、如上の歴史の中のものとして理解される。

成長を止められた部の制は、其後約一世紀間存続した。それは日本書紀が立証するところである。しかも書紀は、喙（喙）と沙喙（沙喙）のほかに、碑文には見えなかつた習部を著録してゐる。この習部が推定の如く、史記・遺事の六部の中の習比部にほかならずとすれば、他の二部、即ち牟梁（漸梁）部と漢岐（韓岐・漢祇）部も、この百年間に加置されたのであらう。かくとすれば、部はその本質的成長が停止した後に於て形式的に完成したことになる。けれどもそれには謂れが考へられなくもない。時代が「位の時代」に移つても、部の制は、その排他的・保守的性格をもつて、特権的階層の制として、官職制の上に立つことが出来るからである。私は、所謂骨品制に見える一〜六頭品は、もと右の如き六部の人人によつて構成されたものではあるまいかと思つてゐる。そうして、六部はその実質を頭品にゆづるとともに、六部の名は移つて王京の地区分のそれとなり、更に高麗初期に拡大改名されて、所謂慶州府の六部となつたのである。

註

〔第一篇　新羅三代考〕

（1）「巳下下古真骨」を、原本には「巳上下古真骨」としてゐるが、巳上が巳下の刊誤たるべきことは、今西博士が、芸文、第十三年、第五号（大正十一年五月）「新羅葛文王考」の「附言」にて考訂されたところである。新羅史研究（昭和八年刊）二六四頁。

（2）「真徳」を李朝中期活字本が「見豫」に作つて以来、近代の通行諸本、みなこれに従つてゐるが、それは原本となつたと思はれる正徳刊本が、板の磨滅ではつきりしなかつたから、見豫と誤読したのであつて、正徳本の最善本として知られる慶州玉山李氏本を景印した古典刊行会本（昭和六年刊）によつてみれば、「真徳」であることが判明する。

（3）日本書紀、巻二十五、孝徳天皇大化三年、是歳の条に「新羅遣上臣大阿湌金春秋等、送博士小徳高向玄理小山中中臣連押熊、来献孔雀一隻・鸚鵡一隻、仍以春秋為質、春秋美姿顔、善談咲」とある。

（4）旧唐書、巻三、太宗下、貞観二十二年閏十二月癸未。冊府元亀、巻一百九、帝王部、宴享一、貞観二十三年二月癸巳の条。

（5）三国遺事、巻一、太宗春秋公の条に「以永徽五年甲寅即位、御国八年、龍朔元年辛酉崩、寿五十九歳」とあるによつて逆算すれば、春秋の生年は、真平王二十五年癸亥である。

（6）史林、第七巻第一号（大正十一年一月）「新羅骨品考」。新羅史研究、二一一頁。

（7）朝鮮金石総覧（大正八年刊）上巻、一一一頁。

（8）三国史記、巻四十三、金庾信伝（下）。庾信には別に失姓の夫人があつた、即ち所謂「庶子軍勝阿湌」の母である。或はこの失姓夫人が前妻で、智炤夫人は後妻ではないかと思はれる。のみならず、智炤夫人は武烈王の第三女といふけれども、その母は庾信の妹（文姫）ではあり得ないから、武烈王にも先妻（失名）あつて、その間に生れた女子ではないかと思はれる。右の想定を図示すれば次の通りである。

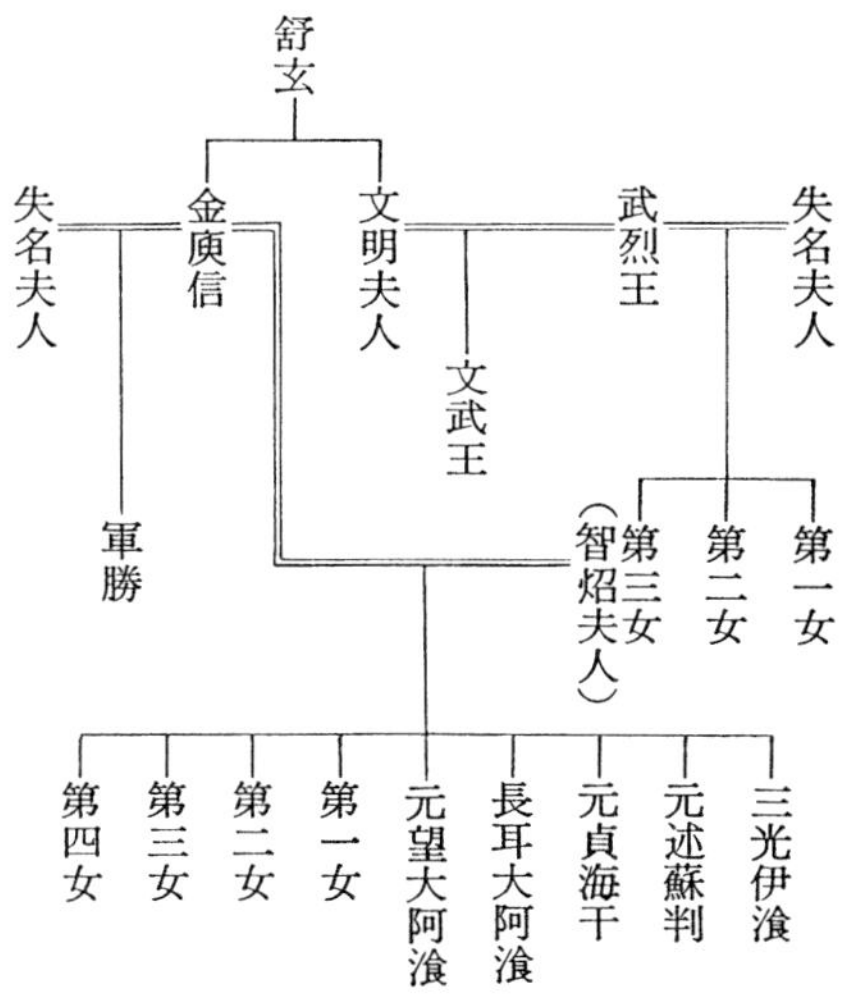

(9) 東洋学報、第十五巻第二号（大正十四年十一月）所収。

(10) 史林、第七巻第一号（大正十一年一月）所収。後に遺著、新羅史研究に収められた。

(11) 東洋学報、第二十八巻第三号（昭和十六年八月）所収。

(12) 骨品制を総体的に且つ具体的に示す文献は、三国史記、巻三十三、雑志二、色服・車騎・器用・屋舎の条であつて、そこには男女の「骨」また「頭品」の段階に従つて、各項の許容の範囲・制約の限度を指示してゐる。その段階は、各項の数量によつていへば、次の十段階が認められる。

(1) 真骨　(2) 真骨女
(3) 六頭品　(4) 六頭品女
(5) 五頭品　(6) 五頭品女
(7) 四頭品　(8) 四頭品女
(9) 平人（百姓）　(10) 平人（百姓）女

けれども骨・頭品の段階としては、(1)・(3)・(5)・(7)・(9)の五段となる。しからばかかる段階の実在年代はいつかといふに、それは雑志にある右の規定の前言として理解される、次の教書によつて、興徳王九年（八三四）の現在と考へてよからう。曰く

興徳王即位九年、大和八年下教曰、人有上下、位有尊卑、名例不同、衣服亦異、俗漸澆薄、民競奢華、只尚異物之珍奇、却嫌土産之鄙野、礼数失於逼僭、風俗至於陵夷、敢率旧章、以申明命、苟或故犯、固有常刑。

右の興徳王九年から五十余年を経た真聖王四年（八九〇）の頃に建立されたと推定さる崔致遠撰述の「聖住寺朗慧和尚白月葆光塔碑」に、朗慧和尚の世系を記して

俗姓金氏、以武烈大王為八代祖、大父周川、品真骨、位韓粲、高曾出入、皆将相戸知之、父範清、族降真骨一等、曰得難、

といひ、得難に註記して

国有五品、曰聖而、曰真骨、曰得難、言貴姓之難得、文賦云□求易而得難、従言六頭品、数多為貴、猶一命至九、其四五品、不足言。

といふ。ここにあらはれた骨品の段階は、次の五段である。

(1)聖而　(2)真骨　(3)得難（六頭品）　(4)五頭品　(5)四頭品

ひとしく五段階とはいへ、五十余年前のそれとは、首尾に於いて相違するものがある。前者は真骨からはじめて、平人（百姓）に終り、後者は聖而からはじめて四頭品に終る。後者の聖而の解釈は、従来、困難とされつつ、しかも「聖骨」に比定された。私は「聖而」と書かれたことそれ自体が、すでに聖骨また聖而の、非現実的なものとなつてゐたことを暗示してゐると考へる。そのことをしばらくおくとするも、真骨・得難（六頭品）・五頭品・四頭品の四段階は、両者に共通するものであつて、これによつていへば、少くともその当時（八三四〜八九〇）前後の所謂骨品制が、「骨の制」と「頭品の制」との化合・合一した制であつたことを認め得るであろう。さすれば骨品の制は、その前段階として、「骨の制」と「頭品の制」と並立した時期のあつたことが想定され、「骨の制」は、過渡的には王族の族制、「頭品の制」は一般人の族制ではなかつたか、それらが、ある時期に一本立の身分階層制として整理統合されたのではないか、さうして頭品の制は、残存する六

頭品・五頭品などの呼称から推して、元来、一頭品から上って六頭品に至る六階制ではなかつたかと想像するものである。

(13) 史林、第四巻第三・四号（大正八年七・八月）所載。後に遺著、朝鮮古史の研究に収められた。

(14) 新羅の加羅諸国併合の過程については、拙著、任那興亡史（昭和二十四年刊）〔本著作集第4巻所収〕一〇三〜一八八頁参照。

(15) 真興王磨雲嶺巡狩碑。本書、附録第一〔本著作集第2巻所収〕参照。

(16) 任那興亡史、一四三頁参照。

(17) 三国史記、巻五、太宗武烈王紀による。

(18) 東洋学報、第十五巻第二号、一九九頁。

(19) 満鮮地理歴史研究報告、第十二（昭和五年刊）所収、池内宏「高句麗滅亡後の遺民の叛乱及び唐と新羅との関係」参照。

(20) 太宗—○1—○2—○3—○4—○5—周元6—┬—憲昌7—梵文8
└—宗基7—貞茹8—陽9

(21) 朝鮮金石総覧、上巻、一二〇・一二四頁。

(22) 朝鮮金石総覧、上巻所収の深源寺碑（五八頁）、聖住寺碑（七八頁）、鳳巌寺碑（九三頁）、及び崇福寺碑（一一三頁）、いづれも献康大王と記してゐる。

(23) 文聖王に子女のあつたことを伝へる文献はない。けれども子女のなかつたことを明記する文献もない。

〔第二篇　新羅上古世系考〕

(24) 新羅文武王陵碑の第二石に「始蔭祥林、如観石紐、坐金輿而云云」と見え（朝鮮金石総覧、上巻、一一〇頁）、また史記の巻十二、新羅本紀末尾の史論には「新羅朴氏昔氏、皆自卵生、金氏従天入金樻而降、或云乗金車、此尤詭怪、不可信、云云」とある。

(25) 三国遺事、巻一、第四脱解王の段の末尾の分註。

(26) 高麗史、巻十七、仁宗世家二十三年十二月壬戌の条に「金富軾進所撰三国史」とある。

（27）三国史記、巻四、真興王六年の条に「秋七月、伊湌異斯夫奏曰、国史者記君臣之善悪、示褒貶於万代、不有修撰、後代何観、王深然之、命大阿湌居柒夫等、広集文士、俾之修撰」とある。

（28）「新羅王の世次と其の名につきて」東洋学報、第十五巻、二〇四〜二〇五頁。「新羅の骨品制と王統」東洋学報、第二十八巻、三五六〜三五七頁。

（29）日本書紀、巻十九、欽明天皇七年紀、是歳の条に分註として引かれた百済本記の傍訓。

（30）白鳥庫吉「朝鮮古代王号考」史学雑誌、第七編第二号（明治二十九年二月）。前間恭作（前掲論文）。梁柱東著、朝鮮古歌研究―詞脳歌箋注（昭和十七年刊）。小倉進平『在城』及び『居世干』名義考」朝鮮、第二〇三号（昭和七年四月）。

（31）「新羅骨品考」新羅史研究、二二四頁。

（32）訓蒙字会、中巻、彩色の部。（万暦）千字文。

（33）訓蒙字会、下巻、雑語の部。（万暦）千字文。朝鮮語辞典（大正九年刊）三六〇頁。

（34）三国史記、巻一、儒理尼師今即位の条、金大問の説明。

（35）朝鮮語辞典、一七四〜一七五頁、nu-ta（nur-o, nun）（活）㈠延ぶ（自）。（nur-ta）。㈡殖ゆ。（nur-ta）。㈢拡がる。nur-ta（nur-o, nun）（活）nu-ta に同じ。（万暦）千字文、老 nur-kur. 朝鮮語辞典、一七五頁 nurk-ta（nur-o, nurk-un）（活）老ゆ。

（36）朝鮮語辞典、五六四頁、a-tur（名）男の子。（a-tur-čə-sik）。韓英字典（第三版一九三一年刊）、九九六頁、a-tar s. A son.

（37）朝鮮語辞典、一五三頁、na-ta（na, nan）（活）出づ。生ず。na-u-ta（na-oa, na-on）（活）出で来る。na-s-t′a（na-xa, na-xun）（活）生む。na-t′a-na-ta（na-t′a-na, na-t′a-nan）（活）㈠顕はる。㈡露顕す。

（38）朝鮮語辞典、七五四頁、čop-ta（čop-a, čop-un）（活）㈠狭し（面積にいふ）。（čop-ta-ra-t′a）。㈡狭し（人の度量にいふ）。（čop-ta-ra-t′a）。

(39) 朝鮮語辞典、七〇三頁、čak-ta (čak-a, čak-u̇n) (活) ㈠小さし (čok-ta)。㈡少なし (čok-ta)

(40) 朝鮮語辞典、七二五頁、čorm-ta (čorm-o, čorm-un) (活) 若し。

(41) 訓蒙字会、中巻、人類の部、世 nu-ri, sio̯i. 当時為世、又父子相継為世、又一代為世、又十年為世。

(42) 朝鮮語辞典、一五〇・一四八頁、kir-ta (kir-o, kin) (活)「ki-ta」に同じ。ki-ta(kir-o, kin) (活) ㈠長し(ki-ta-ra-t′a. kir-ta)。㈡久し (ki-ta-ra-t′a. kir-ta)。

(43) 朝鮮語辞典、一一五頁、kurk-ta (kurk-ȯ, kurk-u̇n) (活) 太し (kurk-ta-ra-t′a)。

(44) 訓蒙字会、下巻、雑語の部、上 ma-tɐ̯i, si̯aŋ.

(45) 朝鮮語辞典、二九九頁、mas (接頭)「年長」又は「初始」の意を表はす辞。mas-nu-u̯̇i (名) 最も年長の姉 (伯姉・長姉)。mas-star (名) 長女。mas-a-tu̇r (名) 長男 (家督・長子)。

(46) (万暦) 千字文、端 ku̇t, tan. 朝鮮語辞典、一三九頁、sku̇s (名) ㈠末。㈡端。sku̇s-na-ta (sku̇s-na, sku̇s-nan) (活) 終る。(sku̇s-čaŋ-ta)。ku̇s-ta (ku̇-ȯ, ku̇ŋ) (活) 線を劃す。ku̇s-č′i-ta (ku̇s-č′ȯ, ku̇s-č′in) (活) ㈠止む。止まる。(sku̇s-ta)。

(47) 韓英字典、一一七六頁、i-tu̇-ru̇r-xa-ta S. To glisten; to shine. To be soft; to be tender. 朝鮮語辞典、六八二頁、i-tu̇r-u̇-ru̇ (副) 潤沢あるさま。同、五八〇頁、i̯a-tu̇r-u̇-ru̇ (副) 光沢あるさま。(i̯a-tu̇r-i̯a-tu̇r)。

(48) 訓蒙字会、下巻、雑語の部、清 mɐr-kɐr. č′ióŋ. (万暦) 千字文、澄 mɐr-kɐr. tiŋ. 朝鮮語辞典、二九九頁、mark-ta (mark-a, mark-u̇n) (活) 清らかなり。mark-a-t′a (mark-a, mark-u̇n) (活) ㈠mark-ta に同じ。㈡全し。㈢清し。㈣知覚さとし。mar-kan (副) 全く。

(49) 朝鮮語辞典、一五二頁、kis-pu-ta (kis-pu-o, kis-pun) (活) 喜ばし。(kis-kóp-ta)。kis-pu-ȯ-xa-ta (活) 喜ぶ。

(50) (万暦) 千字文、悲 su̇r-xɐr, pi. 朝鮮語辞典、五三三頁、su̇rp-xu̇-ta (su̇rp-xo, su̇rp-xu̇n) (活) 悲し。

(51)「新羅史通説」新羅史研究、三四頁。「新羅骨品考」新羅史研究、二一一頁。「新羅母系相続の一例」新羅史研究、二六六頁。

(52) 小田先生頌寿記念朝鮮論集 (昭和九年刊) 一〜三八頁。

（53）法学協会雑誌、第二十六巻第四～六号（明治四十一年四～六月）宮崎道三郎「阿利那礼河と新羅の議会」。後に中田薫編、宮崎先生法制史論纂（昭和四年刊）に収められた。
（54）史林、第十八巻第一～三号（昭和八年一～三月）「古代朝鮮に於ける王者出現の神話と儀礼に就て」。
（55）新羅史研究、二三二頁。前間氏前掲論文、東洋学報、第十五巻、一九五頁。
（56）訓蒙字会、下巻、雑語の部、爇 pùr-pù-t'ùr, sĭor. 朝鮮語辞典、四一五頁、pur-pus-č'i-ta（pur-pus-č'o, pur-pus-č'in）（活）火に焼く。

〔第三篇　新羅建国考〕
（57）百済の名が、中国の史籍にあらはれた最初は、晋書（巻一百九）載記第九、慕容皝の条に収めたる記室参軍封裕の諫めの言葉の中に「句麗・百済及宇文段部之人、皆兵勢所徙、非如中国慕義而至、云云」とあるものであらう。この諫めは、咸康八年（三四二）から永和元年（三四五）までの間のことと思はれる。編年的記事としては、資治通鑑（巻九十七、晋紀十九、孝宗上之上）の永和二年（三四六）正月、慕容皝が世子儁をして夫余を討たしむる記事の冒頭に「初夫余居于鹿山、為百済所侵、部落衰散、西徙近燕、而不設備」といふ。この前後の百済の実態には疑問が多いが、一国としての百済の成立を示すのは、晋書（巻九）咸安二年（三七二）春正月辛丑の条に「百済・林邑王、各遣使貢方物」とあり、同年六月の条に「遣使拝百済王余句、為鎮東将軍領楽浪太守」とある記事である。
（58）芸文、第二年第四号（明治四十四年四月）「新羅真興王巡境碑考」附説。読史叢録（昭和四年刊）八一頁。章宗源著、隋書経籍志、巻四、覇史の条、及び燕京大学引得編纂処編、太平御覧引得（民国二十四年刊）に拠る。
（59）小倉進平著、郷歌及び吏読の研究（昭和四年刊）二三八頁によれば、冬は音 toŋ であるが、史記・遺事に於ける吏読的借字としては tùr, rù, rùn, tùn, tŭi などの音をあらはす文字であるから、ここでは rù を採用する。梁柱東氏は、武冬弥知を mùr-mit とよんで「水辺」の義とされた、朝鮮古歌研究、一一〇頁。
（60）史苑、第二巻第六号（昭和四年九月）池内宏「公孫氏の帯方郡設置と曹魏の楽浪帯方二郡」に於て、「韓伝に挙げられてゐる辰韓十二国の国名の一は冉奚であるが、那と冉とは書き誤まられさうな文字であるから、那奚と冉奚との比定も許るされるであらう（何れか一方を伝写の誤りとして）」といはれた。満鮮史研究、上世編（昭和二十六年刊）二四七頁。一歩をすすめて、冉は冄の誤りとすれば、冄奚即ち那奚といへる。

(61) 管山郡の管は「菅」の誤りであらう。訓蒙字会、上巻、草卉の部によれば、菅の訓は kor であるから、古戸山郡を改めた字としては、菅山としてはじめて理解される。

(62) 任那興亡史、一八一～一八三頁。

(63) 辰国及び辰王については、史学雑誌、第五十五編第一号（昭和十九年一月）三品彰英「史実と考証――魏志東夷伝の辰国と辰王――」がある。また辰国については、古代学、第一巻第三号（昭和二十七年七月）拙稿「漢真番郡治考」の結語を参照。

(64) 「三曰弁辰」を、魏志諸本何れも「三曰弁韓」に作るも、いま韓伝の下文及び翰苑残巻（大正十年景印）所引の魏略に拠つて弁辰に改める。

(65) 臣智激韓忿の五字は、従来いろいろに読み、或は「臣智は激し、韓は忿る」とよみ、或は「臣智、韓人の忿を激せしめた」意味にとつてゐたが、百衲宋本魏志には「臣幘沾韓忿」に作つてゐる。さすれば「臣幘沾韓が忿る」と読むことが出来、その「臣幘沾韓」は、馬韓五十余国名の列挙の中の「臣濆沽国」にほかならぬであらう。即ち幘と濆、沽と沾とは、何れも一方が他方の誤写誤刊と思はれる。

(66) 任那興亡史、三七～七〇頁。

(67) 夫余族の消長を詳考して、その南遷にも論及されたのは、満鮮地理歴史研究報告、第十三、所収の池内博士の「夫余考」であるが、博士は夫余の走入したといふ沃沮を北沃沮として、今の間島地方にあてられた。ついで白鳥博士は「穢貊民族の由来を述べて夫余・高句麗・百済の起原に及ぶ」といふ講演（その要旨は、史学雑誌、第四十五編第十二号―昭和九年十二月―にあり）に於て、その走入したといふ沃沮を、南沃沮として、今の咸鏡道にあてられたのみならず、なほ流動的に考へて、夫余は更に南西に遷つて、百済の建国を導いたものであらうと推測された。史学、創刊号（昭和二十二年十二月）に、遺稿として発表された「百済の起源について」に詳しい。

(68) 那珂通世遺書（大正四年刊）外交繹史、巻之四、四九四頁。

(69) 邑借を、通行本は「借邑」に作るも、いま百衲本魏志によつて改める。
(70) 稲葉岩吉著、朝鮮文化史研究（大正十四年刊）四頁。
(71) 安錦を改めて寐錦と推定する説は、鮎貝房之進著、雑攷、第一輯（昭和六年刊）三二丁、及び池内宏著、日本上古史の一研究（昭和二十二年刊）六七頁に詳しい。楼寒を麻立干に比定する説は、那珂通世遺書、外交繹史、巻之二、一五八頁にはじまり、前間氏前掲論文、東洋学報、第十五巻、一九二頁にいたつた。
(72) 鮎貝氏著、雑攷、第一輯、四六丁。今西博士「新羅骨品考」新羅史研究、二三〇頁。
(73) 「近獲の二三史料」読史叢録、五〇一〜五〇三頁。
(74) 朝鮮史講座（大正十二・十三年刊）特別講義、稲葉岩吉「高句麗の泉男生墓誌に就て」及び朝鮮総督府刊、朝鮮史、第二編（昭和七年刊）五〇頁に、拓本写真が附載されてゐる。〈内藤湖南「読史叢録」に男生・男産の墓誌釈文あり。〉
(75) 「新羅骨品考」新羅史研究、一二三一頁。

〔第四篇　新羅中古王代考〕

(76) 保刀夫人は、遺事の王暦、法興王の条には「巴刁夫人」と見え、巻三、原宗興法の段には「巴刁夫人」とある。日丑は恐らく巴刁の訛字であらう。刀（音 to）と刁（音 tio）と、何れか是なるを知らず。
(77) 思道夫人は、遺事の王暦、真興王の条には「母只召夫人、一作息道夫人、朴氏、牟梁里英史伯□之女」といひ、真智王の条には「母英失角干之女、息途、一作色刁夫人、朴氏」といひ、巻三、原宗興法の段には「妃思刀夫人、朴氏、牟梁里英失角干之女」といふ。王暦、真興王の条の「母」は「妃」の誤、伯は角の訛であらう。失と史とは、何れか是なるを知らず。思道・思刀・色刁・息道・息途は対訳と考へ得るが、只召はそのまま対訳とするか、或は思刀などの訛とすべきか。
(78) 知道夫人は、遺事の王暦、真智王の条に「妃知刀夫人、起烏公之女、朴氏」とあり、巻一、桃花女の段にも同じやうに見える。知道と知刀は対訳。
(79) 延帝夫人を、遺事の王暦、法興王の条には迎帝夫人に作る。延・迎は音通。
(80) 月明夫人を、遺事の王暦、真徳女王の条には「母阿尼夫人、朴氏、奴□追進《??》□□葛文王之女也、或云月明、非也」とあり、朴氏とすることは同じいが、月明の名は非としてゐる。

(81) 前間氏前掲論文（東洋学報、第十五巻、二〇四頁）。

(82) 継烏夫人を、遺事の王暦、元聖王の条には「母、仁□、一云知烏夫人、謚昭文王后、昌近伊已《(干)》之女」とある。

(83) 包道夫人を、遺事の王暦、僖康王の条には「母、美道夫人、一作深乃夫人、一云巴利夫人、謚順成大后、忠衎大阿干之女也」とある。

(84) 貴宝夫人を、遺事の王暦、閔哀王の条には「母、追封恵忠王之女、貴巴夫人、謚宣懿王后」とある。

(85) 真矯夫人を、遺事の王暦、神虎（武）王の条には「母、貞□夫人、追封祖礼英□恵康大王」とある。

(86) 光和夫人について、遺事の王暦、景文王の条には「母、神虎（武）王之女光和夫人」とある。

(87) 真興王妃が牟梁部出身であることは、(77)に引用した遺事の王暦に明記されてゐる。法興王母、即ち智証王妃が同部出身であることは、遺事の巻一、智哲老王の段に見える。

(88) 今西龍「新羅葛王考」芸文、第十三年第五号（大正十一年五月）。遺著、新羅史研究に収めらる。
葛城末治「新羅葛文王に就いて」東洋学報、第十三巻第四号（大正十三年四月）。後に同氏著、朝鮮金石攷（昭和十年刊）に収めらる。
鮎貝房之進著、雑攷、第一輯—新羅王位号並に追封王号に就きて—（昭和六年刊）
梁柱東「葛文王・其他」青丘学叢、第二十二号（昭和十年十一月）。

(89) 青丘学叢、第二十五号（昭和十一年八月）附録として、華音方言字義解は複印されてゐる。

(90) （総督府）朝鮮語辞典、九一九頁。xar-mo-ni（名）祖母の敬称。（祖母。古語、xan-ma-ni)。xar-mom（名）㈠卑賤なる老婆。（老姑・老媼・老婆）(xar-mi)。㈡卑賤なる者の祖母。(xar-mi)。
（文世栄）朝鮮語辞典、一五三八頁には xar-mo-ni の方言として xar-ma-ssi, xar-maŋ, xar-ma͜i, xar-mo͜i などを記してゐる。

韓仏辞典、八〇頁には xar-me͜i-am, xar-mo͜i, xar-mo-ni などを記してゐる。

〔第五篇　新羅仏教伝来伝説考〕

(91) 高麗高宗二年（一二一五）の序あり、覚訓の撰。伝存するは巻一、流通一ノ一。巻二、流通一ノ二のみ。大日本仏教全書「遊方伝叢書」第二（大正六年刊）及び大正新修大蔵経、第五十巻、史伝部二（昭和二年刊）に改められてゐる。

(92) 高句麗仏教の伝来の紀年については、文献上異説がないといつても、詳しくいへば必しもさうではない。後章に言及する如く、新羅仏教の伝来に関する伝説の一部分、乃至一要素として伝へられるところによれば、曹魏の正始年間（二四〇～二四九）高句麗に仏教信者があつたとされてゐる（遺事の巻三、阿道基羅の段に引く我道本碑）。しかしこれは上述の小獣林王二年説と、対立する程の価値なき史料であるから、ここには採用しない。

(93) 中国仏教の記年・事実に関しては、岩波講座、東洋思潮に載する宇井伯寿「仏教思潮」三～六頁による。

(94) 朝鮮金石総覧、上巻、三一〇頁。

(95) 昭和七年三月刊、京城帝国大学景印、大東金石書、八四頁。

(96) 昭和五年九月刊、前田家尊経閣叢刊本。

(97) 朝鮮金石総覧、上巻、八九頁。

(98) 仏教典籍のことに明るい和泉得成氏の示教によつて、大正新修大蔵経、第四巻、本縁部下に載する賢愚経の第二巻羼提波梨品を検するに、忍辱行者羼提波梨が、波羅棕国迦梨王に忍辱行を試みられて、両手を切られ両脚を断たれ、耳鼻を截られても、顔色を変へずして「我若実忍、至誠不虚、血当為乳、身当還復」といつたところ、「其言已訖、血尋成乳、平完如故」とある。

(99) 異次頓は、漢字でいろいろに書かれてゐること次の如し。
異次頓（史記本文）・処道（史記分註）・猒髑（遺事本文）・異次・伊処・猒覩（遺事分註）・猒髑（元和帖）。遺事の分註には（猒髑）「或作異次、或云伊処、方言之別也、訳云厭也、髑・頓・道・覩・独等、皆随書之便、乃助辞也、今訳上不訳下、故云猒髑、又猒覩等也」と説明している。これについて梁柱東氏は、異次・伊処は、訳して猒といふとあるのは、猒（猒＝厭＝イトフ）の古訓が ic' であつたことを証する、といはれた。朝鮮古歌研究、一八〇・六三五頁。

(100) この石幢記の釈文の最も古いものは、考古学雑誌、第八巻第十一号（大正七年七月）今西龍「朝鮮慶州栢栗寺六面石幢刻文」で、後に遺著、新羅史研究に収められた。それを更に精読したのは朝鮮金石総覧、上巻、五〇～五二頁の「栢栗寺石幢記」である。

〔第六篇　新羅六部考〕

(101) 文熱林は祭祀志にまた「文熱林、行日月祭」と見え、日月祭の行はれる場所でもあつた。遺事の巻三、皇龍寺丈六の段に「真興王鋳之於文仍林」と見え、また巻五、恵通降龍の段に蛟龍「来本国文仍林、害命尤毒」と見える文仍林の対訳であらう。仍の音 iŋ. 熱の音 iȯ̮r.

(102) 続日本紀（巻三、文武天皇慶雲三年十一月癸卯の条）に載する新羅王への詔書の一節に「騰茂響於鼇岫、維城作固、振芳規於鴈池、国内安楽」とある鼇岫もまたこの犬首か、或は狼山の別名ではあるまいか。

(103) 李朝顕宗己酉（一六六九）閔周冕増修、粛宗辛卯（一七一一）権以鎮改修、憲宗乙巳（一八四五）成原默増訂。

(104) この大城郡については、三国史記の地理志に誤記あり、その誤記を受けて、従来すべての記述がその所在を、後の清道郡（慶州の西南方百余里）の地としてゐたが、前間恭作氏によつて、その誤記が指摘されたのみならず、大城郡の正しい方位も判明した。詳しくは坪井九馬三著、我が国民国語の曙（昭和二年刊）四五二～四五七頁。三韓古地名考に附載された前間氏の「三韓古地名考補正」の追記参照。

(105) 六停については本書第八篇「梁書新羅伝考」〔本著作集第2巻所収〕に詳述する。

(106) 史記地理志にはこの十郡県のほかになほ一つ東安郡（生西良郡）を「合属慶州」と記してゐるが、これは明らかに「合属蔚州」とあるべきものの誤記であるから、今、数の中に入れない。東安郡は今の蔚山郡西生浦の地である。なほ大城郡については、上記の如く、史記に大なる誤記があるので、高麗時代に於けるその所属を明知するを得ないが、属県（約章県・東畿停）二つながら慶州に合属してゐることからして、ここに大城郡も慶州に合属したものと推定する。

(107) 史学雑誌、第七編第二号（明治二十九年二月）白鳥庫吉「朝鮮古代王号考」。E.J. Eitel: Handbook of Chinese Buddhism being A Sanskrit-Chinese Dictionary. Tokyo. 1904, 166 p.

(108) (2)と(4)とは任那使人となつてゐるが、当時いはゆる任那使人は名儀上のもので、実質上は新羅人であつたから、任那の文字にかかはる必要はない。

(109) 薩氏は、天武天皇八年十月甲子の条の沙飡薩䕸生であるが、続日本紀の巻三十五、宝亀十一年の条にある薩仲業が、正しく元暁の子の薛仲業であるから、薩は薛の誤記とするよりも、当時、薩・薛通じて書かれたとみるべきであらう。因に薩は音 sar, 薛は音 sŏr である。
(110) これら五碑については、本書の附録、第一・第六〔本著作集第2巻所収〕を参照。
(111) 新羅史研究、三〇～三二頁。
(112) 白南雲著、朝鮮社会経済史（昭和八年刊）三二四頁。
(113) 日本霊異記考証、巻上、第九不喙の条にいふ。「即啄字、新撰字鏡云、喙丁角反、食也、歠也、口也、久不、又波牟、又須不、後魏中岳崇陽寺碑云、異禽巡獣飲喙相鳴、並啄字作喙、又素問玉機真蔵論云、如鳥之喙、新校正云、別本喙作啄、難経如雀之啄、素問新校正引作喙、聖恵方同、盍古通用」。
(114) 東洋学報、第十五巻、一九九頁。
(115) 同上。
(116) 本湫について、前間氏は「これはこの時代に原義のまゝ使ふ漢字と郷語に借用する漢字の混同を避けた一種特色のある用字法」とされたが、六部名の他の漢字も同じ性質のものなのに、かかる加工をみないから、俄かに従ひ得ない。東洋学報、第十九巻、二六四頁。
(117) 朝鮮古歌研究、七〇七～七〇九頁。
(118) 朝鮮古史の研究、三六〇頁。
(119) 史林、第十五巻第三号（昭和五年三月）三品彰英「新羅の姓氏に就いて」参照。
(120) 三国史記、巻四、法興王十九年紀。
(121) 三国史記、巻十二、敬順王九年紀。高麗史、巻二、太祖十八年冬十月壬戌～十二月辛酉の条。

〔解説〕末松保和先生のひとと学問

武田幸男

故学習院大学名誉教授・文学博士の末松保和先生は、わが国での近代的な朝鮮史研究を推進した学者の一人であり、朝鮮の解放・独立を前後する昭和期の代表的な朝鮮史研究者であった。いまここに、先生の優れた学問的成果を集成し、『末松保和朝鮮史著作集』全六巻を刊行する。

先生があげた多くの研究成果は、朝鮮史を主題としたものが中心である。この著作集を「朝鮮史著作集」と命名したのはそのためである。しかし、朝鮮史の展開自体が日本列島と深い関連をもち、アジア大陸の史的動向と密接に関係しあっていたことはいうまでもない。先生の研究関心は朝鮮史を基本としながらも、必ずしも地理上の朝鮮半島に限定されず、朝鮮史の史的展開に即して、つねに東アジアの史的動向を視野におさめていた。本著作集では、それぞれ各巻の書名は朝鮮史上の主題に従ったが、その背後につらぬく視野の広さを無視してはならない。

なかでも、著書『任那興亡史』・『日本上代史管見』は古代日本史を正面から見すえ、日本と朝鮮や東アジアとの関係を論じ、歴史学界で注目を浴びた出色の成果であった。先生は東京帝国大学文学部国史学科卒業生であり、江戸時代の日本—ロシア関係を解明した卒業論文「近世に於ける北方問題の進展」を提出し、翌年そのまま刊行された。先生の史的関心の根底には、早くから日本史を基盤とし、日本史をとりまく国際関係への興味が根づいていて、それが折りにふれて近世から古代へ、あるいはロシアから朝鮮・中国へと転回し、具現したものといえよう。それゆえ、著

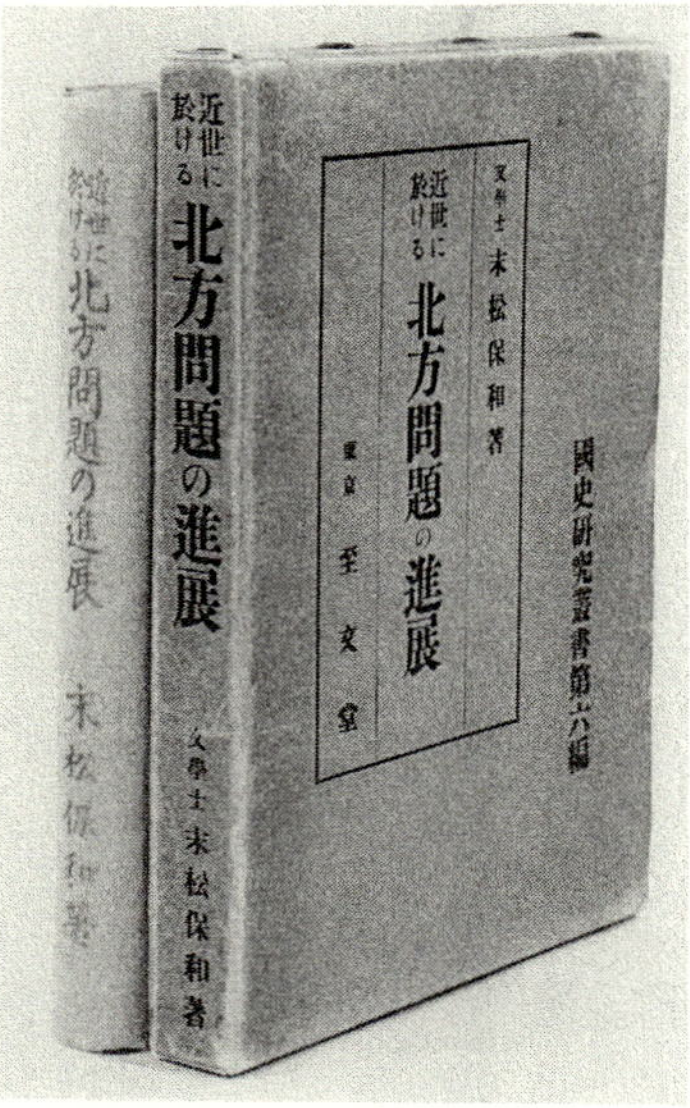

『近世に於ける北方問題の進展』。東京市赤坂の至文堂より昭和３年11月15日発行、Ａ５判、405頁。先生の卒業論文。

書『近世に於ける北方問題の進展』はその後の先生の研究生活のうえで無視できない意味をもつ。さらに、同書がわが国の対ロシア関係史研究のうえでも先駆的な意義をもっており、そしてそのことを承知していないわけではない。それだけに、同書をこの著作集に収録できなかったのは残念である。ここにそのむねを記し、寛恕を乞うものである。

先生の後年の回想によると、歴史との最初の出会いは中学三年のときだったという。先生は地元新設の田川中学校から、家庭の都合で小倉中学校に移った。同校第三学年第三組末松保和の『作文帳』の末尾に、その年頃に似合う叙情的な、または道義的な文章にまじり、ただ一つ歴史に題をとった「東洋史中の人物（帖木児）」があって、それは「英雄ノ末路ハ斯ノ如キガ常カ否カ、我ガ豊臣秀吉ノ征鮮中ニ死シ、蒙古ノ成吉思汗ノ六盤山ニテ征金ノ途ニ死タル、皆之ヲ証スルニ足ラン」と結んでいる。これがいわゆる歴史との最初の出会いに関連するという保証はないが、末松少年のいささか昂ぶった史的心情を示唆していて興味深い。

否応なしに歴史と対峙したのは、先生が佐賀高等学校を経て、東京帝大の国史学科に進み、卒論作成に直面したときであった。前記の「近世に於ける北方問題の進展」がその果実であるが、そこに至るまでの過程は必ずしも平坦ではなかった。先生はかねて黒板勝美教授の国史概説を聞き、日本史の展開に与えた中国の楽浪郡と、ヨーロッパの切支丹バテレンとの意義に強い印象をうけた。とくに切支丹バテレンには心惹かれ、はじめこれを卒論にと考えたが、

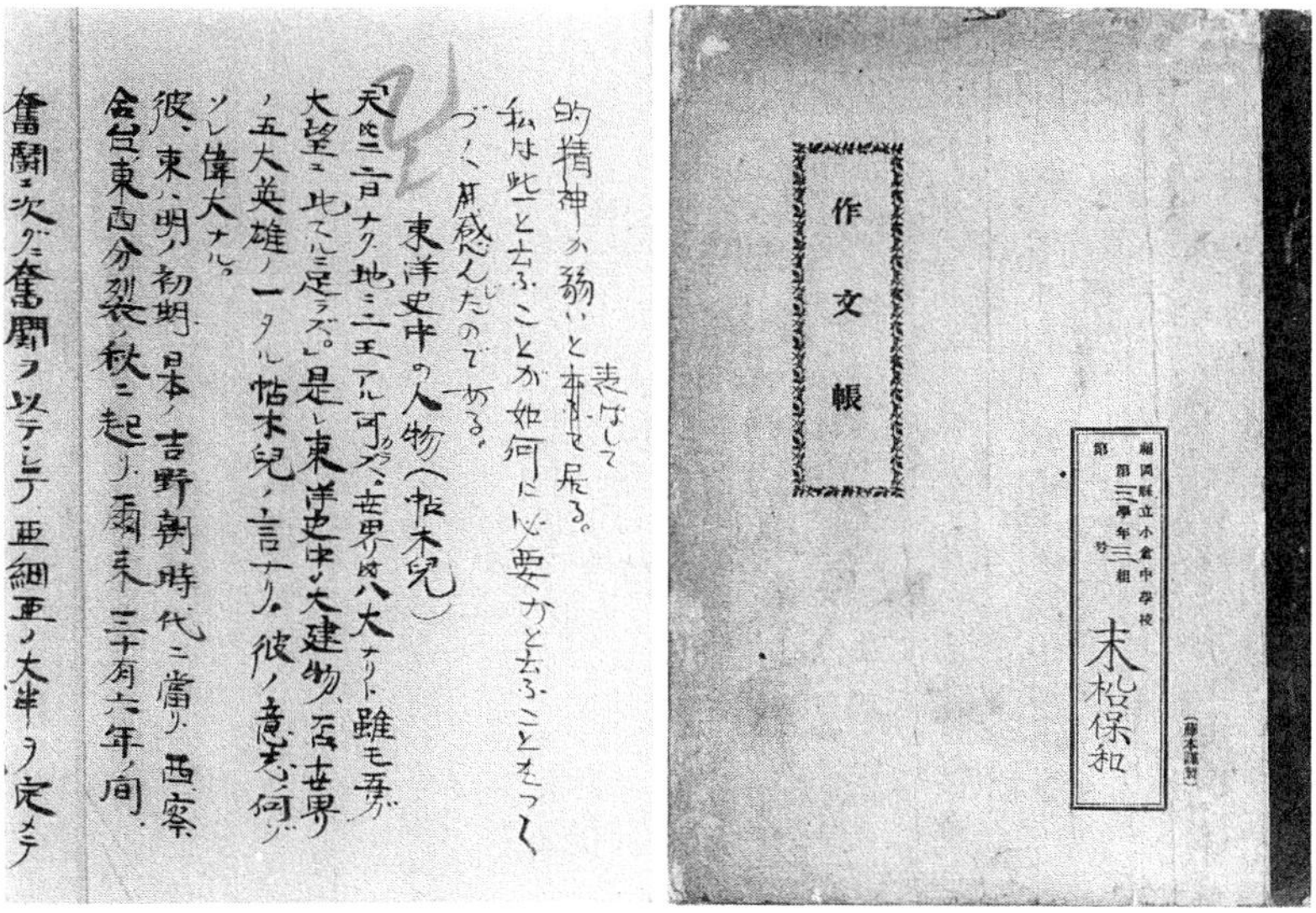

右は、小倉中学校第三学年第三組　末松保和『作文帳』（表紙）。
左は、大正８年頃の作文「東洋史中の人物（帖木児）」の冒頭部、評価は乙上。

それに必要なイタリア語・フランス語の関係から断念し、結局は、いわゆる北方問題に取りくむことになった。楽浪郡は後々好んで取り上げた論題であり、また北方の北海道は敗戦帰国の後、最初に就職が内定していた大学の所在地であって、ひるがえってみれば、後年の先生にはいずれも因縁浅からぬものとなった。ちなみに、先生は安倍能成院長の一言でその内定を断り、学習院教授に就任した。

先生は大学卒業の日を目前にして、急遽、朝鮮総督府朝鮮史編修会に就職した。それは黒板勝美教授の強い指示によるのであり、先生は卒業証書を手にしないまま海を渡り、任地朝鮮の京城におもむいた。はじめ任地の生活は心身ともに落ちつかず、そのため一時東京に舞いもどり、史料編纂所への転職を当てにしていたふしがあり、事情によっては歴史研究を放棄しようとまで思いつめた。かねて地理学・心理学・社会学への強い興味をもっていたからでもある。ところがみなあてが外れ、それこそ死ぬ覚悟で、再び任地におもむ

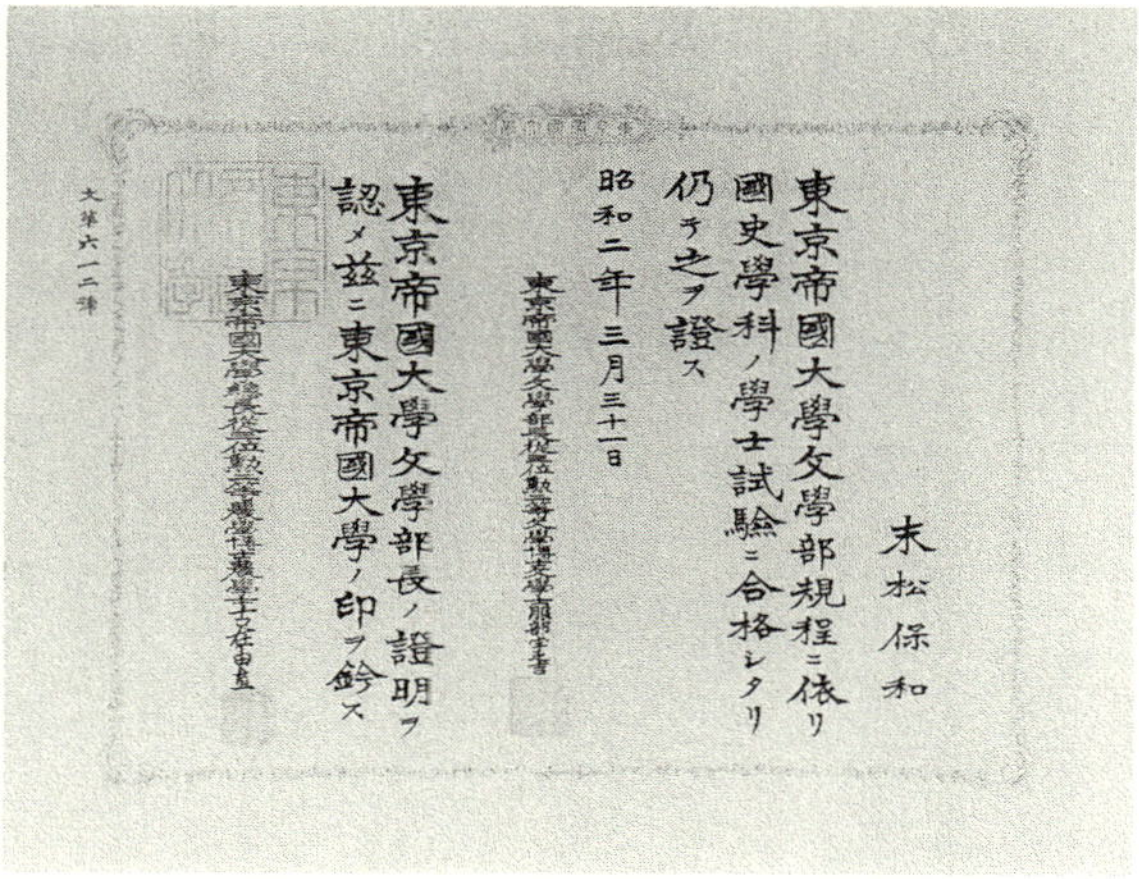
末松保和
東京帝國大學文學部規程ニ依リ國史學科ノ學士試驗ニ合格シタリ仍テ之ヲ證ス
昭和二年三月三十一日
東京帝國大學文學部長ノ證明ヲ認メ茲ニ東京帝國大學ノ印ヲ鈐ス

末松先生の「卒業証書」。東京帝国大学文学部国史学科、昭和２年３月31日付。

いたという。しかしその覚悟があってこそ、ここにおいて先生の生涯は大きく方向づけられたのであった。本格的な朝鮮史への取りくみが始まり、朝鮮史との間は切っても切れない太い絆で結ばれていった。

はじめの八年間ほどは朝鮮史編修会に属し、その最初と最後に第五編部（李氏朝鮮時代中期）、中間に第一・二編部（新羅統一以前・新羅統一時代）を担当した。また、朝鮮に渡って六年めに京城帝国大学法文学部の講師を委嘱され、翌々年に専任となって以来、十二年のあいだ教壇から朝鮮史を講じた。当時の演習のテキストにはほぼ一貫して李氏朝鮮のものが選ばれたが、最後の講義では朝鮮と日本との古代関係史を取り上げた。これが戦後刊行される著書『任那興亡史』の骨格となった。編修会と京城帝大をあわせ、先生は前後十八年間にわたり、朝鮮において朝鮮史の研究と教育に専念した。

先生の朝鮮史に関する最初の論文は、昭和五年発表の新羅真興王巡狩碑の研究であり、また同年に魏志倭人伝関係の二編を発表した。後者の一編は同窓同年の羽仁五郎氏「明治維新史解釈の変遷」に刺激を受けたといい、またこれら二編とも新婚当時の春子夫人が覚えたてに唱えたお題目、「ギシワジンデン」の記憶を呼びおこし、先生の若き日日への遥かな追憶に連なってゆく。勿論、その根底では、先生の国際関係にたいする学問的な関心が、そのころ近世から古代へと昇華しはじめたことを示している。さらにその背後に、京都の学問風土が感じとられないでもない。もとより先生は東京帝大で歴史学を修めたのであるが、卒業直後におもむいた編修会の上司に今西龍教授がおり、わけても漢文読解の熟練や朝鮮史料の手ほどきを受けた稲葉岩吉氏がいて、内藤湖南の学風にふれる機会があったという。先生の学風を考えるとき、これは見逃してはならない点であろう。ちなみに、耶馬台国の所在問題では、先生は終始変わらず、湖南と同じ近畿説をとった。

さて、前者はその前年の発見にかかる磨雲嶺碑の調査・研究である。それまで真興王巡狩碑として知られた黄草嶺碑について、その碑石の移動や歴史的な性格などをめぐり論議をよんでいたところであって、おりしも池内宏教授が後人による碑石の移動を論断し、一段と疑惑が強まった矢先のときであった。教授の論断が根拠を失ってしまったのはいうまでもない。その当時の反響だけでなく、先生にとってこの調査・研究は、後日のライフワークとなった新羅史研究の始まりを告げ、ひいては後年入魂の高句麗広開土王碑の碑文研究にも連なるのであり、そういう点でも意義深いものといえよう。この年より以後、先生の研究は縦横に展開し、注目すべき多くの成果をあげ、斯界第一人者としての地歩を築いていくのである。その間、編修会の中村栄孝氏と図って始めた専門誌『青丘学叢』三十巻の編集・刊行に尽力し、その終刊までを見とどけたことも忘れ難い。

しかし、やがて、その行く手に歴史的な大変動が待ちかまえていた。長年にわたる大陸侵略が破綻をきたし、日本は昭和二十年の敗戦を迎えた。朝鮮でこの事態を直接体験したときの先生の心の中は、いまはほとんど解きあかすべがない。ただ、軍事警察力を失った植民地支配がもろくも崩壊を急ぐありさまを目の前にし、解放された朝鮮民衆のエネルギーを肌に感じ、また焦土と化したと伝えられる日本を思いやりながら、クロポトキンの『フランス革命』を思いおこして、「革命」を実感したと回想している。リュックザックひとつに手荷物をさげ、その年のうちに無事

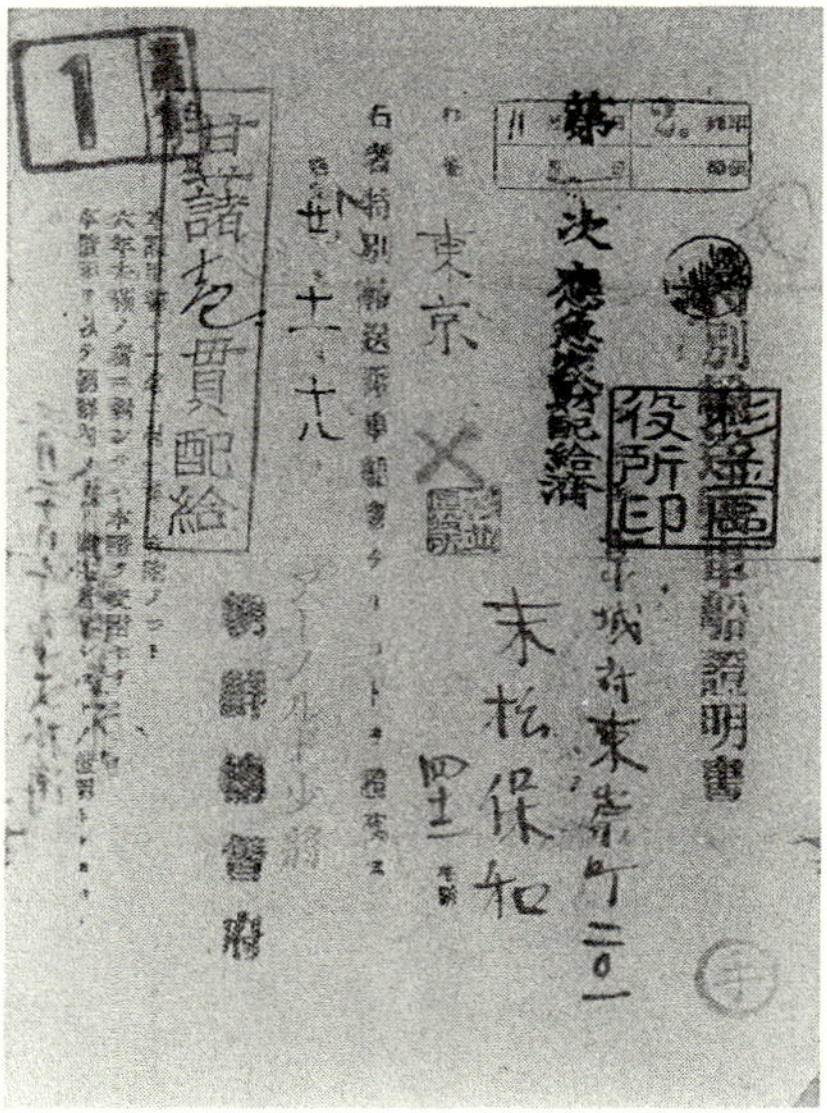

「特別輸送乗車船証明書」。合わせて「甘藷壱貫配給」等とみえる。昭和20年11月18日は帰国乗船の２日前。

帰国できたのは、幸いといえば幸いであった。

　敗戦・帰国は先生の研究生活を二分する画期となった。しかし、帰国のころは、再び大学にもどることも、まして朝鮮史研究を続けることも念頭になかったという。そうとはおもいながら、先生の朝鮮史にたいする情熱は消え失せず、先生の「朝鮮史をやりたいという本心」と、それなら「学習院へこないか」という安倍院長の一言が絶妙なタイミングで交差しあい、それが現実のものとなった。先生の朝鮮史研究と教育活動は、東京の学習院で昭和二十二年から再開された。

　その学習院では、教授として旧制高等学校の日本史を教え、学習院大学が設立されると文政学部教授に任じ、昭和三十六年に文学部史学科が創設されるとこれに属し、定年退職まで二十九年におよんだ。その間、図書館長・東洋文化研究所主事の要職を務め、多くの功績をあげた。また学習院大学の外では、東洋文庫研究員・東方学研究日本委員会委員・朝鮮学会副会長・大学設置審議会専門委員などに就任したほか、各大学の非常勤講師はごく限定して応じただけであった。先生は学習院大学を愛し、学習院大学に誇りを感じていた。先生は定年退職にあたって名誉教授の称号をうけ、学術上の功績によって安倍賞（学術賞）を受賞した。先生はその後半生をかけて、学習院大学での研究と教育に専念したといって過言ではない。

非常勤講師といえば、学習院大学の在職中に応じたのは、ほとんどが天理大学（外国語学部）の連続五年の集中講義、東京大学（文学部）の前後十一年に限られていた。東京大学はたまたま辞退した四年度分を除き、昭和二十五年から東大定年相当の昭和三十九年におよんだ。個人的な感慨で恐縮するが、私が在学中に講義・演習に出席し、親しく先生の謦咳に接することができたのは、まことに幸運であった。当時を想いおこせば、教室での先生は格別能弁というわけではなく、むしろ訥々としていたが、しかしその口調は熱気を帯び、眼鏡の奥の眼光は真剣そのものであった。

当時、東大東洋史研究室の学生の間では、先生が期末にふるまわれる浅草の焼肉のご馳走が話題であったが、その一方で、はなはだ厳格な先生だという噂が神話化していた。最近気づいたことであるが、遅刻学生の入室を拒否したという伝承は、学習院大と東大との双方に残っている。また、学習院大では「史学科道徳係」の敬称が奉られた。学生をバーに誘った同僚教授に直言したという話が一躍有名になって、当時の名残をその敬称にとどめているのである。たしかに、先生には一途な真面目さ・真剣さがあった。定年後に「末松青年」の愛称が奉られたほどに、それには前後して一貫性がある。だが、真剣さや厳格さのほかに、それを裏打ちした朴訥な思いやりがあり、また改めて学問の上での厳格さを思い知るのは後年のこと、先生に親しく接していただき、少しは先生の学風が呑みこめるようになってからのことである。学問では、先生に妥協はなかった。

さて、再開した先生の朝鮮史研究は、それまでの研究成果を基盤にして、一方では著書『任那興亡史』を刊行し、学位論文を整理して著書『新羅史の諸問題』を公刊するかたわら、以前よりもさらに縦横闊達に展開していった。それらの特徴にふれるならば、その一つは研究史料の整備と普及である。先生の史料解題や索引・目録作りは、敗戦・帰国を前後する先生の前半生と後半生とを問わず、研究生活の全般を通じておこなわれた。一部から「索引教授」の称号が奉られたのはそのためである。しかし、先生一人で進めた普及版『李朝実録』全五十六冊の影印出版は、韓国での復刻刊行に先んじ、またその規模・経費・時間などの多大なる点で、先生がそれ以前に手がけた作業とは比較にならない。しかも『三国史記』から『続大典』などまで、朝鮮史の基本史料を陸続と影印出版し、合わせて十三部・十六冊からなる「学東叢書」が完成し、内外研究者の要望にこたえた意義は少なくない。

その二つは、高麗史の開拓である。先生の本格的な高麗史研究は帰国後に始まった。じつは、帰国のとき背にしたリュックの底に、愛用の『三国史記』・『三国遺事』のほか、『高麗史』三冊を忍びこませていた。万一機会が到来するならば、高麗史に取りかかるつもりだったという。そしてその機会は到来した。高麗史にかんする優れた論文は、このころまとまって書かれている。私が自覚して歴史研究に取りくみ、朝鮮史にふれ、高麗史を実感した機縁は、はじめて先生の昭和三十一年度講義を聴講し、先生から抜刷「高麗初期の両班について」をいただいたことにあった。

その三つは、翻訳である。先生には朝鮮語の翻訳書が一冊だけある。金錫亨氏の著書『朝鮮封建時代農民の階級構成』の共訳である。先生の朝鮮語学習は、かつて京城時代に試みたことがあると噂され、東京時代では学生諸君などにすすめたことはあるが、ご自身の成果のほどはとくにきいたことがない。だが、このときばかりは真剣であって、熱心に学習し、その訳稿はすぐに出版された。金氏の著書は意欲的な社会経済史研究であるが、独自のマルクス主義史学理論にのっとり、必ずしも先生の学風に直結するようにはみえなかった。しかし、先生はこれを高く評価し、先生なりに朝鮮語とマルクス主義史学との双方に同時に挑戦した。つねに正面から立ち向かおうとする真摯な態度と、その思考の柔軟性はいかにも先生らしいといえよう。私たちはその後の先生の演習でも、金錫亨氏と朴時亨両氏の朝鮮語論文を講読し、新しい朝鮮史研究の方向に想いをはせた覚えがある。ちなみに、金・朴両氏は解放後の共和国の歴史学界をリードした重鎮であり、かつての先生の教え子であるという。

昭和23年、東京阿佐ケ谷の自宅。

昭和10年、京城府東崇町102番地の自宅。

昭和27年、東京目白の学習院官舎。

末松先生ご夫妻

その四つは、高句麗の広開土王碑文の研究である。先生は早くから「辛卯年」条記事を考証し、現地に碑石を訪ね、戦後も碑文研究をすすめて、その史料解説を発表していた。しかし、研究の動向は昭和四十年代から新しい展開が始まり、碑文偽造論の登場ともからんで大きな社会的関心をひき、論議も国際的な拡大をみせた。先生はかねて碑文研究に取りくんできた立場から、碑文の根本的な再検討の必要性を指摘し、新たに碑文関連の論文を執筆した。当時話題の偽造論などには終始くみせず、学術的な視点からこれを厳しく批判し、むしろ水谷悌二郎氏の所蔵になる「水谷拓本」を正真の原石拓本と認め、それを高く評価した。みずから水谷氏の論考と拓本写真を単行書『好太王碑考』にまとめ、解説を付して刊行したのはそのあかしである。すでにこれまで、原石拓本は内外合わせて十数本ほど発見されており、偽造論などは無用のものとなった。先生の問題提起はみごとに実ったのである。そして、精力的に進められた先生の碑文研究が、ほとんど定年退職後に始まり、闘病生活の中での所産にほかならなかったことを知るならば、だれしも或る種の感慨にうたれることであろう。碑文研究は先生晩年の、入魂のテーマであった。

闘病生活といえば、先生の歴史学即ち人間学がおもいだされる。先生は自らの来し方を回想した「史海漂泊」の口述のさい、気障な言い方かもしれないがと断りながら、「私の歴史学は人間学である。人間学というのには、史的な方面と肉体的な方面とのふたつがある」と洩らしたといい、あとはなぜか中断したまま、口述は未完に終わった。筆録にあたった中尾美智子さんは、中断後の部分が〈肉体的〉方面に相当するものと推測している。これは当っていると思う。残されたメモ等では、その部分は「生れと健康と病気」「近親と医療」「病床」等を主題に予定していた。具体的な内容は知る由もないが、先生は病床にあって、病気・医療・健康のことを考え、生れ・近親のことを思い、それらを通じて歴史学の根本命題を洞察しようとしていた。口述を断念したのは、その命題が生理的、具体的、日常的に過ぎ、それだけ重かったからではあるまいか。

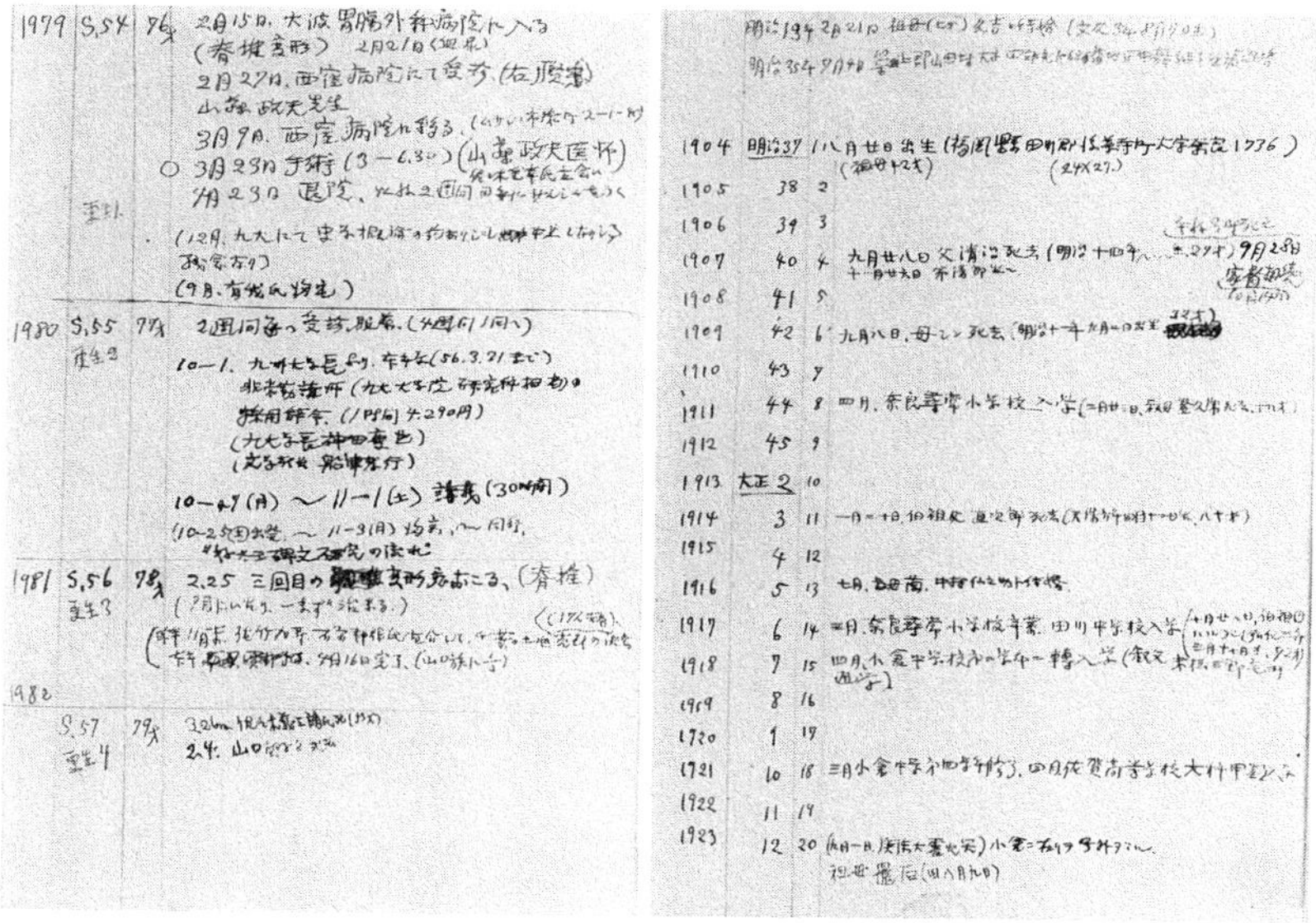
1979 S.54 76才 2月15日、大波胃腸外科病院に入る
2月27日、西窪病院にて受診
3月9日、西窪病院に移る
3月23日手術（3－6.30）
4月23日 退院
1980 S.55 77才
10－1、九州大学
1981 S.56 78才 2.25 三回目の
1982 S.57 79才

1904 明治37 1 八月廿日出生
1905 38 2
1906 39 3
1907 40 4 九月廿八日 父清治死去
1908 41 5
1909 42 6 九月八日、母シン死去
1910 43 7
1911 44 8 四月、奈良尋常小学校入学
1912 45 9
1913 大正2 10
1914 3 11
1915 4 12
1916 5 13
1917 6 14 三月、奈良尋常小学校卒業
1918 7 15 四月、小倉中学校
1919 8 16
1920 9 17
1921 10 18
1922 11 19
1923 12 20

末松先生自撰の略年表より。右は、出生から数え20歳まで。
左は、手術した数え76歳、昭和54年を「更生１」年と称した。

東伏見在住の先生は日ごろ健康に留意し、しばしば万歩計をお供に武蔵野の散歩を楽しんだ。ところが、六十歳を過ぎてから大手術を経験する。自撰年譜には昭和四十一年八月「胃潰瘍をわずらい、九州大学付属病院にて手術を受ける」とある。また先生には、いくつか略年表を手作りし、それらを愛用する癖があったが、そのうちの一冊の昭和五十四年条に、二月「大波胃腸外科病院に入る」、三月「西窪病院に移る」「手術（三～六・三〇）」と記入した。括弧の数字は手術にかかった時間であろう。この二度めの大手術は先生七十六歳のときであり、とくに今回はおおいに感ずるところがあった。略年表はこの年を更生1年とする。「更生」紀元が始まったこの年から、先生の本格的な闘病生活が始まった。それは同時に、広開土王碑文との格闘と融合の始まりでもあった。

　先生は福岡県後藤寺町（いまの田川市本町）に生まれ、祖母ヒデの愛情に包まれて成長した。幼くして父清治・母シンを亡くしていたからでもある。任地の朝鮮でもうけた一女ハトリは、父母の愛情を一年ほど貪って先を急いだ。その後呼び寄せた祖母は、朝鮮の解放の年、帰国を二か月ばかり前にして他界した。先生の還暦を前に、東伏見の新宅に移転して一か月半後、正月を目前に春子奥様が亡くなった。晩年、先生の身辺で世話をした加藤美紗子さんも、先に逝った。世間的な意味で、先生は家族・近親に恵まれていたとはいい難いであろう。しかし、先生にとって、病気・肉親等の〈肉体的〉方面もまた、〈史的〉方面と共に人間学の柱であり、歴史学そのものであった。先生にしてそう言いきるところに、先生のひととなりをみる思いがするのである。先生は平成四年の春四月、安らかに永眠した。享年とって八十七歳、「更生」紀元の十四年めであった。

さて、一方の〈史的〉方面については、本著作集全六巻がそれぞれおのずから物語るであろう。だがそのさい、先生による朝鮮史研究の前半部の展開が、日本による朝鮮の植民地支配と無縁のところに成りたったのではなく、それと密着して進められたことは事実である。しかし、その研究成果の学問的な評価については、どのような研究分野でも同じように、なによりもまず具体的な論述に即して正確に理解することが前提であり、客観的な研究史をふまえておこなうものでなくてはならない。そのようにしてこそ、この著作集は朝鮮の解放・自立を前後する昭和期の同時代証言として、今後に生かすことができると思う。

最後に逸してならないのは、本著作集の編集を一任された先生のご遺族をはじめ、多くの関係者が原稿整理・写真収集・校正やその他の実務などに快く応じてくださったことである。結果的に編集の重責を果たしえたものかどうか、みずから危ぶまないわけではないが、とにかく本著作集をこのような形で世に送ることができるのは、それらの方々の好意のたまものであり、それには深く感謝するものである。また、本著作集の刊行を許諾された吉川弘文館の吉川圭三社長に心より謝意を表したい。

なお、第1・2巻に分載する『新羅史の諸問題』の解説は、第2巻に掲載した。

出典一覧

自序にかへて　『新羅史の諸問題』（東洋文庫、昭和二十九年十一月、及び自家版、昭和四十七年六月重刊）に掲載。

新羅三代考　『史学雑誌』第五七編第五・六号（昭和二十四年五月）に原載。多少訂正して『新羅史の諸問題』（同上）に収録。

新羅上古世系考　『京城帝国大学文学会論纂（史学論叢）』第七輯（昭和十三年三月）に原載。多く訂正を加えて『新羅史の諸問題』（同上）に収録。

新羅建国考　『史学雑誌』第四三編第一二号（昭和七年十二月）に「新羅の軍号〈幢〉について」として原載。その前半部分を補訂・改題して『新羅史の諸問題』（同上）に収録。

新羅中古王代考　『青丘学叢』第九号（昭和七年八月）に「新羅王代考略」として原載。その中古の部分を増補・改題して『新羅史の諸問題』（同上）に収録。

新羅仏教伝来伝説考　『朝鮮』第二〇六号（昭和七年七月）に「新羅仏教伝来伝説」として原載。その後半部分を中心に補訂・改題して『新羅史の諸問題』（同上）に収録。

新羅六部考　『京城帝国大学創立十周年記念論文集（史学篇）』（昭和十一年十月）に原載。書き改めて『新羅史の諸問題』（同上）に収録。

索　　引

あ

い

う

え

お

か

き

く

け

こ

さ

し

せ

そ

た

ち

つ

て

と

な

に

は

ひ

ふ

新羅の政治と社会 上
末松保和朝鮮史著作集1

平成七年十月一日 第一刷発行

著者 末《すえ》松《まつ》保《やす》和《かず》

発行者 吉川圭三

発行所 株式会社 吉川弘文館
東京都文京区本郷七丁目二番八号
郵便番号一一三
電話〇三―三八一三―九一五一(代)
振替口座〇〇一〇〇―五―二四四

印刷＝平文社／製本＝誠製本

末松保和朝鮮史著作集 1
新羅の政治と社会 上（オンデマンド版）

2017年10月1日　発行

著　者　末松保和《すえまつやすかず》
発行者　吉川道郎
発行所　株式会社 吉川弘文館
〒113-0033 東京都文京区本郷7丁目2番8号
TEL 03(3813)9151(代表)
URL http://www.yoshikawa-k.co.jp/

印刷・製本　株式会社 デジタルパブリッシングサービス
URL http://www.d-pub.co.jp/

末松保和（1904～1992）
ISBN978-4-642-78161-9